王青伟

许寒冰

著

国际象棋甲级联赛的

那些人和事

2008～2013年中国国际象棋甲级联赛经典对局

经济管理出版社·棋书中心

图书在版编目（CIP）数据

国际象棋甲级联赛的那些人和事/王青伟，许寒冰著.—北京：经济管理出版社，2015.5

ISBN 978-7-5096-3508-7

Ⅰ.①国…　Ⅰ.①王…　②许…　Ⅲ.①国际象棋-联赛-历史-中国　Ⅳ.①G891.173.9

中国版本图书馆 CIP 数据核字（2014）第 276327 号

组稿编辑：郝光明　史思旋
责任编辑：郝光明　史思旋
责任印制：黄章平
责任校对：超　凡

出版发行：经济管理出版社
　　　　　（北京市海淀区北蜂窝 8 号中雅大厦 A 座 11 层　100038）
网　　址：www. E-mp. com. cn
电　　话：（010）51915602
印　　刷：保定金石印刷有限公司
经　　销：新华书店
开　　本：720mm×1000mm/16
印　　张：13.25
字　　数：245 千字
版　　次：2015 年 5 月第 1 版　2015 年 5 月第 1 次印刷
印　　数：1-5000 册
书　　号：ISBN 978-7-5096-3508-7
定　　价：68.00 元

前　言

　　国际象棋是仅次于足球的世界第二大体育运动项目，被革命导师列宁称之为"智慧的体操"。自1991年谢军夺得女子世界冠军以来，我国已经先后涌现出谢军、诸宸、许昱华、侯逸凡四位女子世界冠军，女队曾四夺奥林匹克团体赛冠军，三夺女子世界团体赛冠军，男队更是在2014年夏天一举夺得第41届国际象棋奥林匹克团体赛的桂冠！可以说，我国的国际象棋水平真正进入了世界一流行列。

　　中国国际象棋甲级联赛自2005年创办以来，已经进入第十个年头。"联赛"为一大批年轻棋手创造了锻炼棋艺、施展才华的舞台，为我国培养了一位又一位国际象棋精英。11岁和12岁即登上"联赛"舞台的侯逸凡、余泱漪、韦奕等人，现在均已是国家队的核心。"联赛"见证了一批优秀棋手的成长，并早已成为世界上最具影响力的国际象棋联赛之一。包括世界冠军波诺马廖夫在内的众多大牌棋手慕名受邀前来参赛，更是进一步提升了中国国际象棋联赛的品牌。

　　看到"联赛"如此美好的发展前景，甚感欣慰。但在"联赛"的宣传和报道力度上，做得还远远不够。特别是"联赛"已经举办十年，尚没有一本关于"联赛"的国际象棋书籍问世，笔者殷切希望这一空白能够尽早填补。

　　在这样的背景下，这本《国际象棋甲级联赛的那些人和事》应运而生。本书精心录了2008～2013年，六届"联赛"中的40盘精彩对局。以独到的视角，深入浅出的分析，以及对比赛场景鞭辟入里的描述，使读者在欣赏国手们精彩对局的同时，仿佛身临其境。另外，本书还穿插记述了"联赛"中许多奇闻逸事，使读者能够全面领略"联赛"的风貌。

　　在棋局的评述上，笔者把对变化的深入分析和对棋理的讲解有机地结合起来，文笔清新，通俗易懂。因此，本书不但适合一般的棋艺爱好者作为提高水平之用，也可以作为专业棋手的宝贵资料。

如果本书的问世能够将"联赛"的宣传上升到新的高度，让更多的人能够关注并参与到国际象棋中来，笔者将深感欣慰！

目　录

第一局　梁充 负 张鹏翔

2008 年全国国际象棋甲级联赛第 12 轮

　　这是第 12 轮广东队对河北队比赛中的快棋之战。广东队上轮比赛告负后跌入降级区，急需止跌反弹；而河北队高居积分榜第三位，只落后京沪双雄 2 分，有争冠的希望。因此，这场比赛双方势在必争。

　　本局对阵的梁充和张鹏翔两位特级大师同为 1980 年出生，彼此间交手无数，知根知底。梁充棋风稳健，属绵里藏针型；而张鹏翔在棋坛有"猛张飞"之称，棋风凶悍，且反应敏捷，因此在联赛中常被河北队安排出战快棋赛，胜率颇高。这盘快棋也是颇能体现张鹏翔棋风特点的一局。

　　1. d4 d5　2. c4 c6　3. Nc3 d×c4

　　张鹏翔选择了斯拉夫防御中一路较激烈且相对少见的变化（和 3...Nf6 相比），意在避开梁充比较擅长的布局套路。从实战来看，这一选择收到了很好的效果。

　　4. e4 b5　5. a4 b4　6. Na2 Nf6　7. f3?!

　　不知梁充是对此变例不够熟悉，还是为了避开对手可能的准备而以变对变，但他的选择效果并不理想。白方此时最常见的续着是 7. e5。以卡斯帕罗夫与斯维德勒在 2004 年全俄冠军赛中的对局为例，接下来是：7...Nd5 8. B×c4 e6　9. Nf3 Be7　10. Bd2 a5　11. Nc1 Nd7　12. Nb3 h6　13. 0-0 Qb6 14. Qe2 Ba6　15. Rfc1 0-0　16. B×a6 Q×a6　17. Q×a6 R×a6　18. Kf1 Rc8 19. Ke2 Kf8，黑方取得大致均势的局面，因为 a5、c6 两只兵的弱点可因良佳的 d5 据点及白方黑格象的呆板而获得相应补偿。

　　7... e5!　8. B×c4

　　白方试图维护先行之利，为此不惜弃兵。如改走 8. d×e5 Q×d1+　9. K×d1 Nfd7　10. e6（10. f4?! c3!　11. b×c3 b3　12. Nb4 Nc5，黑方较优）f×e6 11. B×c4 Nb6　12. Be2 a5，黑方顺利取得满意的局面。

　　8... e×d4!?

　　用兵吃兵是力求复杂的下法，亦可改走 8...Q×d4　9. Q×d4 e×d4

10. Ne2 c5!? （如走 10...Bc5 11. Bd2 a5 12. Nac1 Bb6 13. Nb3 c5 14. Nf4，再 Nd3。白方尽管少兵但并不难走，因为白方的双马位置极佳且黑方的 a5、c5 两兵易受攻击）11. e5 Ba6！ 12. B×a6 N×a6 13. e×f6 b3，吃回一子之后，黑方形势不错。

9. Qb3 Qc7 10. N×b4 Bd6

比较简明的处理方法是 10...B×b4+!? 11. Q×b4 c5 12. Qa3（12. Qb3 Nc6）Be6 13. B×e6 f×e6 14. Ne2 0-0，黑方可以满意。

11. Ne2（图一）

图一

11...0-0

典型的"快棋赛着法"。黑方无视重要的 d4 兵被捉，迅速完成易位，以期利用白王滞留中心之际展开快速进攻。一般来说，在快棋赛中，争夺棋局的主动权是非常重要的，因为处于守势的一方在思考时间有限的情况下，找到最好的防守方案往往是一件非常困难的事情。笔者认为，张鹏翔之所以选择这种走法，与他丰富的快棋赛经验和对自己处理复杂局面的自信心是密不可分的。

"普通"的下法是 11...c5，在 12. Nd5 N×d5 13. B×d5 Nc6 之后，黑方前景乐观。但是，代替 12. Nd5，白方另有一步不寻常的着法 12. Bg5!?，黑如接走 12...c×b4?!，则在 13. Rc1 之后，面对白方的种种威胁，黑方没有满意的应着。对于 12. Bg5，黑方最好的应着是 12...Nbd7！，在 13. B×f7+ Kf8 14. Nd5 N×d5 15. B×d5 Rb8 16. Qc2 h6 17. Bh4 Ba6 之后，形成双方互有

顾忌的局面。

12. Nd3

白方不愿让局势进一步复杂化，故而拒吃 d4 兵。但就棋论棋，白方应该吃兵，在 12. N×d4 之后，接下来可能是 12...Nbd7（12...B×h2 13. Kf1）13. Nd3！（不宜走 13. Nb×c6?! Bb7 14. Nb4 Rac8，黑方有非常危险的主动权）B×h2 14. Be3 Bg3+ 15. Kf1，笔者认为，在这一局面中，白方的机会更好一些。

12...c5 13. Bg5

以下走法并不可取：13. e5?! B×e5 14. N×e5 Q×e5 15. Bf4 Qe7 16. B×b8，因为在 16...d3！ 17. Q×d3（17. B×d3?! Be6）R×b8 之后，黑方轻松吃回一子并获得满意的局面。但值得注意的是 13. Bf4！?，消除 b8-h2 斜线上的压力，这样白方可以尽快完成短易位，局面比较安全。

13...Nc6！

大局感极强！黑方并不担心白方走 14. B×f6 破坏己方的王城，因为白方并无后续进攻力量。

14. Qc2 Na5 15. b3?

消极之着，导致白方陷入困境。白方的想法是在黑马与白象交换之后，用兵吃到 c4，可一劳永逸地阻止黑方 c5-c4 推进的威胁。但是白兵在 c4 也使白方无法对黑方 c5 兵进行攻击，黑方因而可以毫无顾忌地在王翼发起攻势，同时 a4、c4 两兵也将成为未来黑方攻击的目标。此时白方仍应走 15. Bf4，一个可能的变化是 15...N×c4 16. Q×c4 Be6 17. B×d6 B×c4 18. B×c7 B×d3 19. Bd6 Rfe8 20. B×c5 N×e4 21. f×e4 R×e4 22. 0-0-0！ B×e2 23. R×d4，均势。

15...N×c4 16. b×c4 Nd7 17. Bf4 f5！

此时胡迪尼（houdini）建议 Ne5，f5 并不是最佳选择。

18. e×f5?!

直接吃兵恰好迎合了黑方的作战意图，不智之着！较好的选择是 18. B×d6 Q×d6 19. Ng3 Ne5 20. N×e5 Q×e5 21. 0-0，虽仍属黑方较优，但白方完成了易位，局势要安全得多。

18...Ne5！

先冲兵开线，再跃马开通白格象路，着法连贯有力，渐入佳境。

19. B×e5 B×e5 20. g4

选择下残局也不会使白方的处境有太多改善：20. N×e5 Q×e5 21. Qe4 Re8 22. Q×e5（22. Ng3 B×f5）R×e5 23. Kf2 B×f5，a4、c4 两兵的孱弱以及黑方强有力的 d4 有根通路兵使白方很难守住这个局面。

20...g6！（图二）

图二

21. f×g6？

吃掉这个兵使白方的局势迅速崩溃，应改走 21. N×e5 Q×e5 22. Qe4 Q×e4 23. f×e4 Bb7 24. Ng3 B×e4 25. N×e4 Rae8 26. Kd2 R×e4 27. Rhf1！R×g4 28. f×g6 h×g6 29. R×f8+ K×f8 30. Rb1，白方在车兵残局中尚有一丝获救的希望。

21...R×f3

至此白王已难觅安身之所，而黑方的长兵器在这种局面中威力巨大。在快棋赛中，白方想守住这一局面几乎是不可能的。

22. Rf1 R×f1+ 23. K×f1 B×g4 24. Nf2 Rf8 25. g×h7+ Kh8 26. Ra3 Bf5

在时间紧张的情况下，黑方错过了 26...Qb7！这一立即制胜的着法（27. Ke1 Qb4+或 27. Kg1 B×h2+），但谱着对于获胜来说也已经足够了。

27. Qd2 d3 28. R×d3

白方只得弃掉半子，如走 28. Ng1 Bd4，对白方来说只会更糟。

28...B×d3 29. Q×d3 B×h2 30. Qe3 Be5

黑方胜局已定。

31. Kg2 Qg7+ 32. Kf1 Bf6 33. Qe4 Be5 34. Ke1?!

无望局面下的疏漏，但显然白方的局势已无药可救。如继续走 34. Qe3，黑可 34...Bd4 35. N×d4 c×d4 36. Qd3 Qg4，胜来不难。

34...Bg3 35. N×g3 Q×g3

至此白马必丢（36. Qe2 Qg1+），黑胜。

这盘棋，张鹏翔充分体现了自己大刀阔斧的棋风和在快棋赛中驾驭复杂局面的能力。凭借着他的胜利，河北队以 3∶2 战胜广东队，继续紧追京沪双雄。而广东队本场失利后，保级形势变得更加严峻。

第二局 莫特廖夫 和 许寒冰

2008 年全国国际象棋甲级联赛第 14 轮

俄罗斯棋手莫特廖夫是最早登陆中国联赛的实力派外援之一。从 2008 年开始，他一直在重庆队效力，极大地提升了该队的实力。特别是在 2008~2010 这三个赛季中，莫特廖夫共为重庆队出战 31 场，保持不败（20 胜 11 和），堪称该队的王牌外援。2010 年，莫特廖夫还获得联赛最佳男棋手殊荣，是第一位获此奖项的外援棋手。

本局是 2008 赛季第 14 轮，天津南开大学队迎战重庆移动通信队时，笔者执黑挑战莫特廖夫的实战。在这个赛季第 5 轮的比赛中，天津队在主将王玥缺阵的情况下，全队齐心协力以 3∶2 击败重庆队，使其惨遭开局五连败。但是此后，重庆队强势反弹，在近 8 轮比赛中 5 胜 2 平 1 负狂取 12 分，排名已升至第六位。这其中，莫特廖夫的中途加盟可谓决定性的因素。而天津队在本轮比赛之前积 11 分排名第八位，比身后的广东队高 4 分，但仍未完全摆脱降级的危险。本局之前，莫特廖夫在出战的所有场次中，执白保持全胜。在赛前准备会时，考虑到本场比赛莫特廖夫很有可能出战第二台（先手位），于是笔者自告奋勇提出要向其"学一盘"，并得到了队友的支持。事实也正如天津队所料，笔者和莫特廖夫在第二台不期而遇……

1. e4 e5 2. Nf3 Nc6 3. Bb5 Nf6

西班牙开局中的柏林防御是当时笔者执黑面对强手时比较喜用的开局，对此有一定体会。而莫特廖夫执白进攻这一变例也可称得上是行家里手。特别是 2005 年在太原进行的一次特级大师邀请赛中，莫特廖夫曾执白先后与卡尔亚金、章钟、哈里克里什纳三人在这一变例中斗法，除与卡尔亚金弈和外，另两局均胜，令人印象深刻。不过，也正因为如此，坚定了笔者要采用这一变例与其一较长短的决心。

4. 0-0 N×e4 5. d4 Nd6 6. B×c6

大概是因为本局在柏林防御主变的较量中未能占得便宜，在 2009 赛季第 2 轮比赛，双方再次相遇重演此阵时，有备而来的莫特廖夫选择了另外的变化：6. d×e5 N×b5 7. a4 Nbd4 8. N×d4 N×d4 9. Q×d4 d5 10. Qd3，并最终取得了胜利，这是后话。

6. ... d×c6 7. d×e5 Nf5 8. Q×d8+ K×d8 9. Nc3 Ke8 10. h3 Ne7

此时黑方另有 10. ... h5、10. ... Be7 等多种选择，10. ... Ne7 是笔者比较喜爱的下法。

11. Ne4 Ng6 12. Re1 h6 13. Bd2!?

莫特廖夫思考良久后走了这步棋，这在当时是一个比较新的变化。笔者曾在实战中多次遇到 13. Nd4 的走法，则 13. ... c5 14. Nb5 Kd7! 15. f4 Kc6，黑王顺势占据一个安全且有利的位置，形势不错。白方此时比较好的选择是 13. a4，准备走 a4-a5 夺取后翼空间，黑如应以 13. ... a5；白再接走 14. Nd4，这样，黑如仍按上述方法应对，则白马在 b5 格得到 a4 兵的保护，使黑方 Kc6 不能成为一步先手，且以后黑方失去了 a7-a6 赶马的可能，白方比较有利。

13. ... c5 14. Rad1 Be6 15. a3 a5!?

在 2008 年阿列克谢耶夫执黑迎战沃洛基京的一盘对局中，黑方此时走的是 15. ... Rd8，接下来是 16. Ng3 Bd5 17. Nh2 Nh4 18. f3 Be6 19. Ng4 Nf5 20. N×f5 B×f5 21. Ne3 Be6 22. f4!，白方王翼多兵的力量得以充分发挥，形势主动，并最终取胜。

在弈这盘棋之前，笔者并不知道有这样一个对局，因此面对白方这种比较新颖的走法，临场出着更多的是凭借自己对这种局面的理解。从前述对局的发展来看，15. ... Rd8 这步棋的作用不是很大，因为黑方暂时还无须担心白方沿 d 线有所动作。挺进边兵，夺取后翼空间，并可伺机沿边线出车，这在柏林防御中也是黑方非常经典的运子手段之一。此时黑方走 15. ... a5，正是基于这种考虑，因为白兵位于 a3，黑方很容易想到的一个计划就是把兵压到 a4，以后伺机走 Ra8-a6-b6，对 b2 兵施加压力。

16. Kh2

上一步棋笔者走得很快，大概只思考了两三分钟，这让莫特廖夫感到了一丝困惑（毕竟是一步新着），他在此考虑了很长时间才走出这步应着，其目的是下一步走 g2-g4，准备推进王翼多兵（白方不能直接走 16. g4?!，否则有 16...h5，而现在则可用 Kg3 来对付这着棋）。

16... h5

针锋相对。不过，亦可对白方的计划置之不理，续走 16...a4。这步棋的想法在于，在 17. g4 之后可应以 17...Kd7!（已熟知的运子手法）18. Kg3（18. B×h6+?! Kc6）Kc6，以下白如接走 19. h4 h5! 20. g×h5 R×h5 21. Neg5 Be7 22. N×e6 f×e6 23. Bg5 Rah8，黑方足可抗衡。

17. Bg5

这步棋莫特廖夫又考虑了半个多小时，最终构思出了一个包含战术手段的进攻计划。不过，在黑方的正确应对下，白方的这套计划并不能对黑方构成实质性的威胁，似乎改走 17. Nfg5 更实惠一些。对此，笔者准备应以 17...Be7（在这种结构中，黑方并不害怕白方用马交换 e6 象，因为黑兵吃到 e6 格之后，可以很好地遏制白方王翼多兵的推进）18. N×e6 f×e6 19. Be3 b6 20. f4 h4 21. Nc3 Rd8，虽然白方略优，但黑方阵式坚固，无所畏惧。

17... b6

进兵保住 c5 兵，准备走 Be7 兑象，否则无法对付白方沿 d 线叠车的威胁。

18. Nc3 Be7 19. Nb5 Rc8（图一）

图一

对局进行至此，黑方并未花费太多的思考时间，并且对局势十分满意。然而，莫特廖夫的下一着棋，却着实令笔者吓了一跳。

20. Nd6+!?

这便是莫特廖夫在走 17. Bg5 时构思好的一个战术突袭。因为白方考虑到如果按部就班的运子，将难以对黑方构成实质性的威胁，例如：20. Rd2 Bd7，以下：

a）21. Nd6+?! c×d6 22. e×d6 f6! 23. Bh4（如走 23. Nh4?! N×h4 24. B×h4 g5 25. Bg3 h4 26. R×e7+ Kd8 27. Rf7 h×g3+ 28. K×g3 c4!，黑优）Kf7 24. d×e7 Bc6 25. Bg3 Rhe8，黑方有利。

b）21. Nc3 Bc6 22. Nd5 B×d5 23. R×d5 Rd8 24. R×d8+ B×d8 25. Kg3 Be7，再 Ke8-d7-c6，黑可抗衡，白方如试图阻止黑方这一计划而走 26. Rd1?!，则 26...B×g5 27. N×g5 h4+ 28. Kh2 Rh5!，白方反而不利。

20... B×d6

显然不能走 20...c×d6?，因为在 21. e×d6 之后，白方可确保吃回一子并取得决定性的局面优势。

21. e×d6 Kd7!

唯一的，也是足以解决问题的应着，黑王必须迅速离开是非之地。

22. Bf4!

就在笔者觉得白方已无计可施的时候，莫特廖夫又走出一步出人意料的战术性着法。不难证明，白方如改走其他着法，黑方均可轻松地取得均势局面。

22... c×d6

经过冷静的思考，黑方找到了正确的解着，此时当然不能走 22...N×f4?，因为有 23. Ne5+ Ke8 24. d7+ B×d7 25. R×d7 Ne6 26. R×f7 Rf8 27. R×f8+ Kf8 28. Kg3，白方残局占优。

23. B×d6

问题的关键在于白方不能走 23. R×d6+?，因为在 23...Ke7 之后，白方 f4 象受攻且无法在 h2-b8 斜线立足（24. Bg3 h4），白方将面临子力损失。

23... Kc6!

我们又一次看到了黑王转移到 c6 格的情况，现在黑方的局面已经绝对安全了。

24. Ne5+

对局至此，黑方钟面上尚余 50 多分钟，而白方已经不足 10 分钟。对局所走之着表明，白方已有收兵言和之意。赛后，莫特廖夫曾在棋盘上摆出 24. Be5，并问笔者如何应对。这步棋笔者在对局时根本未予考虑。面对莫特廖夫的提问，笔者随手走出 24...N×e5 25. N×e5+ Kc7?，于是莫特廖夫笑着摆了摆手，并走出 26. N×f7!，笔者这才恍然大悟。不过，正如莫特廖夫随后指出的那样，黑方只要识破白方这小小的计谋，改走正确的着法 25...Kb5!，则未来局势的发展将对黑方有利。因为在这种局面中黑象的力量要略强于白马，而且黑王的位置将被证明是非常有利的（残局中，王要积极投入战斗）。

24...N×e5 25. B×e5 Rhg8 26. Rd6+ Kb7 27. Re3 g6 28. Bf6 Rge8

黑方已经解决了全部问题，于是笔者在此主动提和。莫特廖夫起身快速巡看了一下全队的战况，回座之后迅速走棋继续战斗。此时，天津队的李昊宇已经与王晨言和，王玥胜局已定，两员女将也都占据不同程度的优势，因此莫特廖夫不愿作和也是可以理解的。但是，从他的举止和表情可以看出，他明显已经无心恋战。况且，目前局势非常平稳，白方不可能挑起任何波澜，用时方面又远远落后，实无太多战斗的资本。

29. f3 Bf5 30. R×e8 R×e8 31. Rd2 Re1 32. g4

此时轮到莫特廖夫主动提和了。笔者在巡看战况之后欣然接受，于是双方握手罢兵，莫特廖夫在中国联赛中执白全胜的纪录至此被终结。

本局结束后不久，王玥高奏凯歌，为天津队首开纪录。此后，天津队的两员女将哈利卡、宁春红发挥出色，将"重庆双姝"谭中怡、黄茜先后擒住，天津队遂以 4∶1 大胜重庆队，排名也随之超过重庆队，进一步摆脱了降级圈。

第三局　倪华　胜　兹维亚金采夫

2008 年全国国际象棋甲级联赛第 18 轮

2008 年全国国际象棋甲级联赛，持续两年的"京鲁争霸"格局被打破，卫冕冠军山东队因主将卜祥志和侯逸凡相继缺席部分轮次的比赛，致使全队成绩只能在中游附近徘徊。与此同时，完成了新老交替的上海队一跃成为北京队最有力的挑战者。整个赛季，京沪两强你追我赶，竞争的态势一直持续到最后。

联赛最后一轮，积分排名前两位的北京队和上海队狭路相逢。这也是继 2007 赛季最后一轮的京鲁对决后，联赛又一次在最后一轮通过榜首两强的直接对话决定冠军归属。赛前北京队积 28 分，上海队积 26 分，北京队只要不败即可问鼎，而上海队如能击败北京队，则可凭借小分的优势后来居上，本场比赛因此成为赛季最后的"压轴大戏"。

比赛开始后不久，上海队周建超与北京队王皓首先弈和，此后上海队 17 岁的小将居文君战胜王瑜为本队首开纪录，但北京队的名将赵雪很快还以颜色，击败上海队的瑞典外援克拉姆林，将比分扳平。与此同时，上海队的印度外援哈里克里什纳在与李超的对局中也陷入苦战，因此，上海队的希望寄托在队长倪华身上。本场比赛倪华出战快棋，比赛在慢棋开赛两个小时之后开始。倪华上场时已洞察到全队形势不利，因此本局可谓背水一战。而他的对手则是俄罗斯名将兹维亚金采夫。此君以布局套路不拘一格而著称，他曾以自己所创的独特变着 1. e4 c5 2. Na3，连续击败两位世界冠军哈里夫曼和波诺马廖夫，引起轰动。在 2007 赛季和 2008 赛季，兹维亚金采夫均曾助阵北京队，取得了不错的战绩（2012 赛季还曾加盟成都队）。两军主将对垒，一场激战在所难免。

1. e4 c5 2. Nf3 e6 3. d4 c×d4 4. N×d4 Nc6 5. Nc3 d6 6. Be3 Nf6

这里还有一种选择是 6...a6，以下白既可正常出子走 7. Be2，亦可走颇具挑衅意味的 7. g4!?，对于后一种走法，黑方通常应以 7...Nge7 或 7...Bd7，均导致十分有趣的斗争。这路变化是兹维亚金采夫非常擅长的，曾以此同托帕洛夫等多位世界名将过着，战绩不俗。由于本局是快棋，也许兹维亚金采夫担心落入倪华的赛前准备，造成用时上的吃亏，导致全盘被动，故而主动变着。

7. Be2 Be7 8. Qd2

如走 8. 0-0 就进入了经典的舍维宁根体系。现在白方上后准备进行长易位，形成两翼对攻的激烈局面，显示了倪华对本局志在必得的决心。

8...0-0 9. 0-0-0 a6 10. h4!?

此时比较常见的续着是 10. f4，以下黑方有 10...Nd7、10...Qc7、10...Bd7 等多种下法，兹举一例：10...Nd7 11. g4 N×d4 12. B×d4 b5 13. a3 Bb7 14. g5 Rc8 15. Rhg1 e5 16. Be3 e×f4 17. B×f4 Nc5，黑可抗衡（列科—克拉姆尼克，2001 年弈于多特蒙德）。

现在倪华改走颇为少见的挺边兵，笔者揣测这是他早已准备好的"家庭作业"，其目的是打乱对方的部署，在心理和气势上占得主动，而这一点在快棋赛中是非常重要的。

10...Qc7 11. h5 N×d4 12. Q×d4 e5 13. Qd3 b5 14. f4

以上几个回合，兹维亚金采夫面对新变化应对有序，体现了丰富的比赛经验。现在白方挺进 f 兵是力求保持复杂化的下法，如改走 14. h6 g6 15. Bg5 Be6 16. B×f6 B×f6 17. Q×d6 Q×d6 18. R×d6 Rfd8，白方虽然得兵，但黑方子力活跃，且白方 h6 兵将成为一个明显的负担（在黑方走 Bg5 之后），纠缠下去白方未必有利。

14...b4 15. Nd5 N×d5 16. e×d5 a5 17. Qd2

白方退后先行避让，是冷静的选择，如贪吃兵而走 17. f×e5 Ba6 18. e×d6（如走 18. Qd2 d×e5，黑方满意）B×d6 19. Qd2 b3!（典型的开线手段）20. a×b3 B×e2 21. Q×e2 a4，黑方的后翼进攻将先声夺人。

17...e×f4 18. B×f4 Bf6

此时黑方能否像第 17 回合注释的变例中那样，走 18...b3 抢先发动攻势呢？应该说，两个局面之间还是有微小差别的，对此白方可应以 19. a×b3 a4 20. Qc3! Q×c3（如避兑后而走 20...Qb7 21. b4!，黑方缺乏后续手段）21. b×c3 a×b3 22. c×b3 Ra2 23. Bd3 R×g2 24. Rdg1 R×g1+ 25. R×g1，经过交换，虽然双方子力相等，但白方的后翼兵群明显比黑方的王翼兵群更加危险，黑方的前景不容乐观。因此，实战中兹维亚金采夫选择进象驻扎大斜线，不失为工稳之着。

19. Kb1

平王在类似局面中几乎是一步例行公事的着法。如改走 19. h6 g6 20. Bg5 B×g5（20...Be5!? 同样值得考虑）21. Q×g5 Bf5 22. Bd3 B×d3 23. R×d3 Rac8 24. Rd2 f6，黑方足可抗衡。

19...a4 20. g4 a3

中心的紧张状态得以缓解之后，双方相继推动小兵向对方王前阵地展开冲击，战斗趋于白热化。此时黑方冲边兵，是想利用 h8-a1 大斜线做文章，如改走 20...b3 21. g5 b×a2+ 22. K×a2 a3! 23. b4! Bb2 24. c4，同样导致双方互有顾忌的尖锐形势。

21. b3 Re8 22. Bc4?（图一）

单纯逃象，失策！较好的走法是 22. Bb5，对此，黑方可以简单地应以 22...Bd7，亦可选择互有顾忌的弃半子下法：22...B×g4!? 23. B×e8 R×e8（不能走 23...B×d1?，因有 24. Bc6，黑方丢子）24. Rde1 Rc8，形势复杂。

22...Bc3?

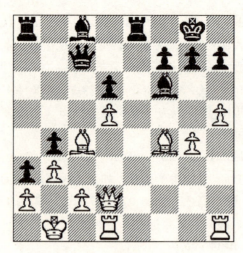

图一

礼尚往来！应大胆地吃掉白兵：22...B×g4！ 23. Rdg1 Bf5 24. Bh6（更糟的是 24. Q×b4? Qa7 25. Qd2 Be4，白方丢子）Be4 25. Rh3 g6，这样，黑方多兵并有一个安全的局面，大占优势。

23. Qh2! Ba6?

兹维亚金采夫大概是忽略了白方的上一着棋，情绪有些波动，这步进象邀兑走得大失水准，导致重要的 d6 兵白白丢掉，形势因此急转直下。

正确的走法是 23...Be5，在 24. Rde1 之后，黑方应避免吃兵的诱惑：24...B×g4? 25. B×e5 R×e5［同样不好的是 25...d×e5 26. Rhg1 Bf5（或者 26...Bd7 27. Qg3 g6 28. h×g6 h×g6 29. d6! Q×d6 30. Rd1 等）27. Ref1 Qd7 28. Qf2 Be4 29. R×g7+! K×g7 30. Qf6+ Kg8（30...Kf8 31. d6）31. h6，黑方无法避免被杀］26. R×e5 d×e5 27. Qg2 Bf5 28. d6 Qa5 29. Rg1 g6 30. Rf1 e4 31. h×g6 h×g6 32. Qh2!，再 Rh1，黑方难以防守。因此，代替 24...B×g4?，黑方应走 24...f6 25. h6 g6，形成互有顾忌的复杂局面。

即使黑方不愿防守 d6 兵，也应走 23...B×g4，例如，24. B×d6 Qd7 25. Rdf1 Re4，黑势丝毫不弱。

24. B×d6 Qd7 25. B×a6?!

吃象是快棋中自然的反应。假如思考时间更充裕一些，相信倪华能看出更机警的应着，即 25. h6! g6（25...B×c4? 26. h×g7）26. B×a6 R×a6 27. Bc5，这样白方优势将更大。

25... R×a6 26. Bc7 Rf6?

兹维亚金采夫方寸已乱，此时无论如何应走 26... Q×g4，白如接走 27. d6 Qd7 28. Qh3 Re6，黑方形势尚可。

27. d6?! Rf3?

白方直接挺兵不够精确，应先走 27. g5 为好；而黑方进车不知所措，错过了最后一个顽强防守的机会。应走 27... h6，阻止白方冲 g5，在 28. Rhg1 Rfe6 之后，白方想突破黑方的防线并不是一件容易的事。

28. Qg2 Rf4 29. g5

白方用中心通路兵牵制住黑方的子力，现在把矛头转向王翼，准备进行决定性的突破。而黑方此时毫无反击可言，已呈败势。

29... Rfe4 30. g6 f5

无论改走 30... f×g6 31. h×g6 h6 32. Qf3（威胁以 33. Qf7+）Bf6 33. Rhf1，还是 30... h6 31. g×f7+ K×f7 32. Rhf1+ Kg8 33. Bb6，黑方均难以进行长久的抵抗。

31. h6!（图二）

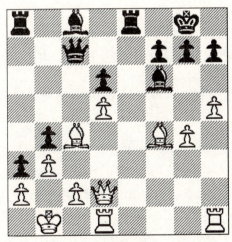

图二

典型的手段，黑方的王前阵地已支离破碎。

31... h×g6 32. Q×g6 f4 33. h×g7 B×g7 34. Bb6! R8e6 35. Qh7+ Kf8 36. Bd4

致命一击！至此黑方已无法避免子力损失。

36... R×d4 37. R×d4 Rf6 38. Qe4

走 38. Rg1（准备 R×g7）将更快地结束战斗。但此时双方时间已经非常紧张，在这种情况下倪华选用保险系数较高的走法，实为老练之举。

38...f3 39. Rf1 f2 40. Qe3 Kg8 41. Rdd1 R×d6 42. R×d6 Q×d6 43. Q×f2 Qd5 44. Qf4

至此，黑已无险可守，只得推枰认负。

综观全局，因为是快棋的缘故，双方都出现许多值得斟酌的着法。然而在关键时刻，倪华走棋更为果断，而兹维亚金采夫却有嫌手软，致使局势一步步落入下风，最终走向失败，输掉了这盘关键的对局。

倪华取胜之后，李超与哈里克里什纳的对局成为决定比赛胜负和冠军归属的关键。在相对平稳的局面中，李超尽了最大的努力，但最终在对方老练的防守面前无功而返，双方战和。最终，上海队以 3：2 险胜北京队，从而后来居上夺走了该赛季的联赛冠军，成为继北京队和山东队之后，联赛有史以来诞生的第三支冠军队。而北京队继前一个赛季在收官战不敌山东队之后，又一次在赛季末轮的争冠直接对话中失利，遗憾地再次屈居亚军。

第四局　安娜·穆兹丘克 胜 谷笑冰

2009 年全国国际象棋甲级联赛第 3 轮

斯洛文尼亚名将安娜·穆兹丘克是近年来女子棋坛的实力派棋手之一，等级分长期位居女子世界前十名，还曾突破 2600 分大关。她曾三次受邀参加中国国际象棋甲级联赛，在 2009 年和 2011 年均代表天津南开大学队出战，2012 年则在最后一站加盟上海队，并助其夺冠。

2009 年，年仅 19 岁的穆兹丘克（当时等级分已达 2541 分，女子世界排名第七位）作为天津队的外援首次出现在中国甲级联赛的赛场上。说起来，她的加盟还有一段小故事。当时，笔者代表天津队参赛，负责物色好的外援棋手。因为天津队女棋手实力相对薄弱，因此笔者请一位熟悉国际棋坛的国象记者推荐人选，于是该记者提到了"安娜"这个名字。随后笔者设法和安娜·穆兹丘克取得了联系，最终敲定了加盟事宜。其实，这位国象记者本来推荐的人选是安娜·乌什妮娜（2012 年女子世界杯冠军得主），但因为没有表述清楚，最终阴差阳错地促成了穆兹丘克的加盟。尽管如此，穆兹丘克最终不负重望，4 次出场取得 3 胜 1 和的佳绩，为天津队取得联赛史上的最佳开局立下汗马功劳。

以下我们选评第三轮比赛，穆兹丘克迎战代表青岛育才中学队出战的女子特级大师谷笑冰的一盘精彩对局，穆兹丘克在这盘棋中展示了自己出色的局面战弈法。

1. e4 c5　2. Nf3 d6　3. d4 c×d4　4. N×d4 Nf6　5. Nc3 a6　6. Be3 e5　7. Nde2

和常见的 7. Nb3 或 7. Nf3 相比，这一续着可以说是十分少见的。然而，穆兹丘克此番是有备而来，选择这路变化一是为了避开谷笑冰熟悉的布局套路；二是力求将局面带入谷笑冰不太喜欢的局面战领域。事实证明，这一策略是十分成功的。

7... Be7　8. Ng3 Be6　9. Be2 0-0　10. 0-0 Qc7

通常的次序是先走 10... Nbd7。不过，按照穆兹丘克的说法，经过 11. a4 Rc8　12. Qd2 Nb6　13. a5 Nc4　14. B×c4 R×c4　15. b3 Rc8　16. Nd5 之后形成的局面是她非常喜欢的。

11. a4

新着。此前有一盘这样的对局：11. Qd2 Rc8　12. Kh1 Nbd7　13. f4 b5　14. a3 Nb6　15. f×e5 d×e5，结果是黑方得到了一个满意的局面。此时另一种有趣的可能性是 11. Nd5 B×d5　12. e×d5 g6　13. c4 Nbd7　14. Rc1 a5　15. Qd2 Nc5　16. f3，然后，白棋将通过 b2-b3，a2-a3，b3-b4 这样的步骤在后翼挺兵推进，而黑方则在王翼展开反攻。

11... Rc8?!

面对白方精心准备的变化，谷笑冰临场花费大量时间思考对策。然而从她选择的计划来看，很明显她对这一变着的斗争特点并不熟悉。在西西里防御纳道尔夫体系中，沿 c 线在后翼反击本是黑方主要的思路，但在此却并不合适。因为白方现在的子力配置决定了白方未来会在后翼展开积极行动，而黑方应考虑针锋相对的在王翼反击，故而这只车应保留在王翼较为妥当，较好的走法是 11... Nbd7。

12. Qd2 Nbd7　13. a5!

防止黑方走 Nd7-b6-c4 的调动，同时获取后翼空间。至此，白方的计划已经初具轮廓：走 Nc3-d5，迫使黑方交换之后，用兵吃回，再 c2-c4，b2-

b4，在后翼取得空间和多兵的优势，继而组织力量实施 c4-c5 突破。

13...Nc5?

无意义的着法，反而会使白方赢得速度（冲兵 b4 将成为先手），应走 13...g6 静观其变为好。

14. Rfc1 g6

如走 14...Qc6，则 15. Bf3，这样，白棋以后走 Nd5 将变得更有力量。

15. b4!

必要的步骤！在走 Nd5 之前，白方先迫使黑马离开积极的位置。如果直接走 15. Nd5，黑方可以立即展开反击：15...B×d5　16. e×d5 Nfe4　17. Qe1 f5，形势复杂。

15...Ncd7　16. Nd5 B×d5　17. e×d5 Qc3（图一）

图一

18. Rab1!

非常老练的着法！比赛时，笔者曾起身观看队友的棋局，见穆兹丘克在此长考多时之后走出谱着，心中有一丝不解，因为此时显而易见的续着是 18. Q×c3 R×c3　19. Bd2，再 c2-c4，白方即顺利实现自己的计划。可是穆兹丘克为何放弃了这个走法呢？原来，她注意到在 19. Bd2 之后，黑方有 19...N×d5!弃半子的可能，以下如走 20. B×c3 N×c3　21. Ra3 Rc8，接下来黑方可以推进 d 兵，对子力的微弱损失有明显的补偿。而即使白方改走较好的 20. Bf3，在 20...R×f3　21. g×f3 Nc7　22. c4 Ne6 之后，白方也很难找到一个合适的发展计划。

既然白方已经取得战略上的主动，那么就没有必要这样匆忙行事，给予黑方制造复杂化的机会，于是，穆兹丘克选择了先出车保兵这步含蓄而灵活的着法，事实证明，这是扩展主动权的有力之着。

18...Q×d2

黑方沉思良久之后决定兑后。如果直接走 18...h5，白方会走 19. Qd1，以下走 Rb3 赶走黑后，再挺兵 c4，白方同样在后翼取得非常美妙的前景。但从长远来看，黑方还是应该保留皇后，因为兑后之后，黑方已经无法在王翼形成真正的威胁，势必陷入一个困守的局面，而这样的局面显然并不是谷笑冰所喜欢的。

19. B×d2 h5

如改走 19...N×d5?! 20. Bf3 Nc3 21. B×c3 R×c3 22. B×b7 Ra7 23. Ne4! Rc7 24. Bd5 Nf6 25. N×f6+ B×f6 26. c4，尽管形成异色格象的局面，但白象的有力位置以及必然会出现的后翼通路兵，使白棋拥有很好的取胜机会。

20. c4

至此，白方完成了自己的计划，而黑方在王翼的反击并不能对白方构成实质性威胁，因此，白方已经掌握了全局的主动权。

20...h4 21. Nf1 Ne4 22. Be3 f5?!

随手之着，错过了一次改善局面的机会。应走 22...Bg5!，用坏象和白方的好象进行交换，在 23. f3 B×e3+ 24. N×e3 Nef6 之后，白方推进 c4-c5 将增加很多困难。

23. f3 Nef6 24. Nd2

机不可失，时不再来。黑方错过兑象的机会后，局面压力进一步增大。现在白方已经有了一个清晰的发展计划：首先是把马运到 b3，在那里支持 c4-c5 的推进。当然，如果有必要，白方会重新布置自己的双车，即走 Rd1，再 Rbc1。相反，黑方则很难找到一个积极的计划和白方进行对抗。

24...Bd8?

黑方不甘受困，企图冲兵 b6 以求解脱，但这个想法明显是错误的。因为在这之后，黑方的后翼形势只会变得更糟，它的 a6 兵和 c6 格都会变得很虚弱。同时，谱着还给了白方一次立即进攻的机会。也许较好的着法是 24...Rc7，有必要的话再走 Rac8，全力阻止白棋走 c4-c5，但显然，很少有棋手愿意做这样毫无生气的防守，何况谷笑冰这样的进攻型棋手。

25. Nb3

赛后，穆兹丘克提到，此时她曾花费了一些时间来计算直接走 25. c5 的可能性，但最后觉得没有把握。考虑到现在的局面白方优势明显，没有必要寻求复杂化，于是她便决定继续按照预先设计的线路走下去，先走 Nb3，再伺机走 c4-c5。实际上，此时直接走 25. c5！更加有力，几个可能的变化是：

a）25...d×c5　26. b×c5　B×a5（更糟的是 26...N×d5　27. Bc4　N7f6　28. R×b7　B×a5　29. Ne4!）　27. c6，强有力的通路兵及活跃的子力保证了白方的巨大优势。

b）25...N×d5　26. Bc4　N7f6　27. c×d6　Kg7　28. Bc5　b6　29. d7　Rc7　30. a×b6　R×d7　31. B×d5　N×d5　32. Nc4，白方大占优势。

c）25...Kg7　26. c6　b×c6　27. d×c6　Nb8　28. b5　a×b5　29. R×b5　N×c6　30. Rb7+，白方的 a 兵对黑方来说极为危险。

当然，白方实战中的选择也并不坏，甚至可能是更好的。因为穆兹丘克已经察觉出黑方要冲兵 b6 的企图，既然这样会对白方有利，那么就让它来吧！

25...Kh7　26. Rd1　b6?!

错误的继续，然而这几乎是不可避免的。不过，即使不这么走，白方在做好充分准备之后，迟早要进行 c4-c5 的推进，黑方的日子同样很不好过。

27. a×b6

另一步值得注意的着法是 27. Ra1!?，以下有 27...Rab8　28. c5！（但不要 28. a×b6 B×b6，这样白方的 b4 兵会成为黑方很好的反击目标）b×c5　29. B×a6 Rc7　30. b5，白方同样大占优势。但是，在明显占优的情况下，穆兹丘克再一次避免了最微小的复杂化，从某种意义上说，这是更为老练，更为合理的选择。

27...B×b6　28. B×b6　N×b6　29. Na5（图二）

对局至此，局势的优劣已经一目了然。

29...Rc7　30. Ra1　g5　31. Ra3　e4

黑方不愿坐以待毙，因此尝试在王翼和中心进行反击，从战略上说是对的，然而这样的反击并不能对白方构成真正的威胁。相反，白方还有可能利用黑方新产生的弱点做文章。

32. f×e4

简捷而有力。如走 32. Nc6 e×f3　33. R×f3 f4　34. g3 h×g3　35. h×g3 Nh5!，白方反而无趣。

图二

32...N×e4   33. Rf3 Rf8   34. Bd3

更好的着法是 34. Rdf1！Rcf7   35. Bd3 Kg7   36. Re3，白方必然赢得一兵，取得胜势。

34...Kg7

也许走 34...Kg8 更顽强一点，这样以后白马跳到 e6 时没有将军。不过，这样的细节对于对局的结果已经不会产生任何影响，因为黑方的局面已经没有希望了。

35. Nc6！

躲开了一个并不复杂的陷阱：35. B×e4 f×e4   36. R×f8 K×f8   37. Rd4？e3 38. Re4，看似捉死了黑兵，但黑方有 38...N×d5！，其结果是白方反而陷入了劣势。

35...Rf6   36. Nd4！N×c4

黑方已经无法防守阵地内的所有弱点，如走 36...Rcf7   37. Re1，白方将在局势占优的情况下得兵，黑方也是没有希望的。实战中黑方用马吃兵，希望能够浑水摸鱼，但所有这一切都在穆兹丘克的掌控之中。

37. Rc1！

如改走 37. Ne6+ R×e6   38. d×e6 Nb2，或者 37. N×f5+ R×f5   38. R×f5 Ne3，又或者 37. R×f5 Nb2，在这几种情况下，黑方都多多少少有一定纠缠的机会。但是，实战中白方这步冷静的着法让黑方彻底绝望了，因为现在白方必然会在有利的形势下取得物质优势，黑方败局已定。

37...g4

黑方的子力损失已不可避免，改走 37...Ned2 38.Rf2，白方同样得子。以下白方用简明的着法实现了自己的优势。

38.Rf4 Ned2 39.Ne6+ R×e6 40.d×e6 d5 41.B×c4 d×c4 42.Rd4！

捉马并威胁以 43.Rd7+，黑方无力再战，至此认负。

注意这样一个细节是有益的：直到终局，白方也未能实现 c4-c5 的突破（相反，她的 c4 兵最终被吃掉），但是，正是这一突破的巨大威力，使黑方不得不殚精竭虑，企图通过反击来牵制白方，此后反而暴露出更多的弱点，最终被白方一举击破。本局穆兹丘克向我们展示了一位优秀棋手全面的风格，擅长攻杀的她在本局中表演了完美的局面战弈法，堪称完胜之局。本场比赛，在另四台打成平手的情况下，天津队正是凭借着穆兹丘克的这盘赢棋以 3∶2 战胜了青岛育才中学队。

第五局　阿科皮扬 负 倪华

2009 年全国国际象棋甲级联赛第 12 轮

2009 年全国国际象棋甲级联赛 10 轮过后，上海队和山东队同积 16 分排名前两位。联赛第 11～13 轮将在浙江余杭展开赛会制的争夺。其中，第 12 轮比赛，沪鲁两强将直接对话。除此之外，山东队还将在第 13 轮迎战另一支豪门北京队。为了打好这两场关键的战役，山东队请来了在 1999 年世界锦标赛中获得亚军的亚美尼亚大牌外援阿科皮扬助阵，以期击败强敌，在冠军争夺中占据主动。阿科皮扬也成为继肖特之后，又一位登陆中国联赛的前男子世界亚军。

余杭站比赛开始后，沪鲁两强均出师不利。第 11 轮，山东队在雪藏阿科皮扬的情况下被对手逼平，而上海队则"败走麦城"。这样，山东队以 1 分的优势登上榜首，以"领头羊"的身份迎来了第 12 轮与上海队的这场大战。阿科皮扬迎来了他在中国联赛的处子秀，对手则是上海队的领军人物，三届全国冠军得主倪华，一场激战由此拉开序幕……

1.Nf3 Nf6 2.c4 g6 3.Nc3 d5 4.Qa4+ Bd7 5.Qb3 d×c4 6.Q×c4 Bg7

与正规的格林菲尔德防御相比，白方现在选用的这种次序拥有更多的灵活性，这种走法近年来深受以格尔凡德为代表的一批顶尖棋手的喜爱。此时黑方另一种常见的下法是6...a6。有趣的是，在联赛余杭站结束之后紧接着进行的国手战中，倪华转而执白采用这个布局来对付李超，而李超在此就是走的6...a6，该局的后续是7. d4 b5 8. Qd3 Bg7 9. e4 b4 10. Ne2 0-0 11. Nf4 Bc6 12. e5 Nd5 13. h4，白方较为主动，最终倪华取胜。

7. e4 a6?

现在再走这步棋则是不合时宜的，正着是7...0-0，以下8. e5 Ng4 9. d4 Be6 10. d5 Bf5 11. Bf4 Nd7 12. Qe2 f6 13. e6 Nde5，将形成双方互有顾忌的局面。

8. e5 Ng4

改走8...b5 9. Qc5 Ng4 10. h3 Nh6 11. d4 0-0 12. Be2，黑方的局面同样困窘。

9. d4 0-0 10. h3 Nh6 11. Bf4

阿科皮扬迅速利用了黑方布局次序上的错误，将黑马赶至边陲，同时牢牢控制住中心，至此已取得全局的主动权。唯这步出象不够精确，若改走11. Bg5!，将使黑方更加难以动弹。

11...Bc6 12. d5 b5 13. Qb3 Bb7 14. Rd1 Qc8 15. Be2 c5!?（图一）

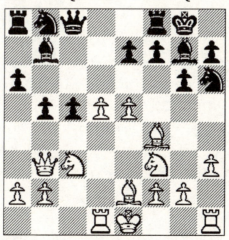

图一

对局进行至此，白方已经完全统治了中心，而且黑方的子力位置极不协调，正常发展下去，黑方的前景十分暗淡，例如，15...Nd7 16. 0-0 Nb6

17. a4! 等。

对局中，黑方这步冲兵走得十分顽强，利用白方在优势局面中的求稳心理，竭力制造复杂化，不失为聪明之举。

16. O-O

白方为了一对漂亮的中心联兵，放弃了 16. d×c6，实际上，这步棋将带给白方更为现实的利益，以下 16...B×c6（如走 16...N×c6 17. Nd5，黑方更难应付）17. Nd5 B×d5 18. Q×d5 Nc6 19. O-O（不宜走 19. Rc1?!，因为有 19...Qf5! 20. B×h6 B×h6 21. R×c6 Rfd8 22. Bd3 Q×d3 23. Q×d3 R×d3，白方一无所获）e6 20. Qe4，白方的优势十分明显。

16...Nd7 17. Qc2?

果然，阿科皮扬在优势局面下变得犹豫起来，这步退后走得软弱，使黑方得机立刻展开反击。正确的走法是 17. a4! b4（17...c4 18. Qb4）18. Ne4 Nb6 19. Bc4，白方优势。

17...Nf5!

倪华抓住战机，立刻跃出边马参战，下伏 Nd4 的手段，白方的一对中心联兵突然间成为黑方的攻击目标。

18. Qc1 Nb6

亦可考虑改走 18...f6!? 19. e6 Ne5，呈各有千秋之势。

19. a4 Rd8

冷静之着！不宜走 19...b4?!，因为白方有 20. a5! 的回答。

20. a×b5

另一种选择是 20. g4，但经过以下演变，黑足可抗衡：20...Nd4 21. N×d4 c×d4 22. R×d4 f6!（紧要之着！如改走 22...N×d5 23. Rfd1，白方明显主动）23. e×f6（如走 23. Qe3 N×d5 24. N×d5 R×d5 25. R×d5 B×d5 26. e×f6 B×f6 27. Rd1 e6，黑方可以满意）B×f6 24. Rd2 B×c3 25. b×c3 R×d5（25...N×a4?! 26. c4!）26. a×b5 a×b5 27. Rfd1 R×d2 28. Q×d2 Qc6 29. f3 Nd5 等。

20...a×b5 21. d6?

有欠冷静之着！此时应走 21. g4 较好，但黑可应以 21...b4!，以下 22. Nb5 Nd4 23. Nf×d4 c×d4 24. Q×c8 Ra×c8 25. d6 Nd5 26. Bg5 B×e5 27. d×e7 Re8 28. f4 Bb8 29. R×d4 N×e7，双方均势。

不知阿科皮扬是否计算到了这路变化，抑或是因为之前的优势太大，使他不愿接受均势的结果。但现在这只冲得靠前的小兵势必要遭到黑方的围攻而被消灭，局势将渐渐地朝着对白方不利的方向发展。

21...e×d6 22.e×d6 b4 23.Nb5 Qc6

更有力的着法是23...Ra5！（有24...B×f3 的威胁）24.Nc7 Bf8！等，可以更干净利落地消灭 d6 兵。

24.Nc7 Ra5 25.Rfe1 N×d6?

顺势消灭 d6 兵，看似无可厚非，实则有嫌急躁！由于黑方的子力不协调，将使白方取得很好的反击机会，应改走25...Nd4！，先控制住局面，接下来再围剿 d6 兵，白方很难找到满意的对策。

26.Nb5！Nbc8?（图二）

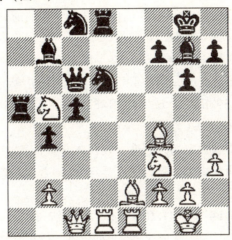

图二

黑方尚未觉察到潜在的危险，否则他会考虑26...R×b5 弃半子的方案，在27.B×b5 Q×b5 28.B×d6 B×f3 29.g×f3 c4 之后，黑方的机会不差。

27.N×d6?

错过了一次很好的机会，应走27.B×d6！N×d6 28.Qf4！，充分利用 d 线的牵制做文章，黑方如接走28...Bf8，则 29.Bc4 Rd7 30.N×d6 B×d6 31.Qg4！，接下来有 Ne5 等威胁，白方紧握主动权。

27...N×d6 28.Bc4 Raa8 29.B×d6 R×d6 30.R×d6?

直接兑车使黑方得以顺利击退白方的反攻，较好的走法是30.Qf4 Rd7 31.R×d7 Q×d7 32.Ne5 B×e5 33.R×e5，这样白方虽然少兵，但子力位置尚佳，可以取得一定的补偿。

30... Q×d6   31. Ng5 Bd5!   32. Qd1!

这步棋和下一着的先弃后取联系在一起，是白方在本局中最后一次机会。如错走 32. Rd1？Bd4，黑方的多兵优势将不可撼动。

32... Bd4   33. N×f7! K×f7   34. Qf3+ Kg7   35. Q×d5

只得兑后，因为 35. B×d5 会遇到 35... Rf8 的反击。

35... Q×d5   36. B×d5 Rd8   37. Re7+ Kf8!

放弃对 h7 兵的防守，看似令人费解，实则老练之着。如走 37... Kh6，会导致黑王位置欠佳，以后白方冲起王翼兵之后有杀王的威胁，黑方明显有所顾忌。而如走 37... Kh8，则 38. Bf7!（精确！如走 38. Bc6，黑有 38... Rd6! 的过门，白兑车的想法无法实现）B×b2 39. Re8+! R×e8 40. B×e8，形成的这个异色格象残局，因白方恰好来得及封锁黑方后翼的通路联兵，黑方不能取胜，例如，40... Kg7 41. Kf1 b3（41... c4 42. Bb5 c3 43. Ba4 等）42. Bb5! Bd4 43. Ke2 Kf6 44. Bc4 b2 45. Ba2，此后白方只需将王置于 c2 格，当黑王去攻击王翼兵时，用象保住 g2 兵，黑方便无计可施。

38. Rf7+ Ke8   39. Bc4 B×b2   40. R×h7 Rd1+   41. Kh2 Be5+   42. g3 Rc1 43. Bf7+ Kd8   44. B×g6 b3

以上着法多少带有一定的强制性，现在白方反而多出一兵，但显而易见的是，黑方的后翼兵明显更为凶险，这正是第 37 回合倪华敢于弃掉王翼兵的原因所在。

45. Rb7 b2   46. h4 c4   47. Rb5 Bg7   48. Rb7 c3

黑方弃象强行挺兵，是果断之着，因为此时倪华已经判断到此后必将形成的单车对三联兵的残局，黑方是可以取胜的。除此之外，黑方也可以考虑走 48... Bf6 49. Rb6 Bc3!（剥夺白车的 b4 格）50. h5 Kc7 51. Rb5 Bf6，接下去再冲 c 兵即胜。

49. R×g7 b1＝Q   50. Rg8+!

白方如直接走 50. B×b1 R×b1 51. Rg4 c2 52. Rc4 c1＝Q 53. R×c1 R×c1，这样黑王将位于正面阵地防御白兵，获胜更易。例如，54. g4 Ke7 55. f4 Rf1 56. Kg3 Kf6 57. h5 Kf7! 58. g5（或 58. h6 Kg6 59. g5 Kf5 60. Kh3 Rf3+! 等）Ke6 59. Kg4 Rg1+ 60. Kf3 Kf5 61. h6 Rg4 等。

因此，现在白方先运车打将，将黑王驱离正面防御阵地，然后再弃子换取通路兵，不失为顽强之举。

50... Kd7   51. Rg7+ Kd6   52. B×b1 R×b1   53. Rg6+ Kd5   54. Rg5+ Kd4

55. Rg4+ Kd3　56. Rg8 c2　57. Rc8 c1=Q　58. R×c1 R×c1 （图三）

图三

经过以上强制性的着法，形成了这个在实战中颇为罕见的残局。和前述变例相比，尽管在此黑王的位置相对不利，但因为白兵距离底线太远，故而黑方仍可保证取胜，尽管尚需克服一些技术困难。

59. Kh3 Ke4!

及时回防，正着！如错走 59...Ke2？　60. h5！K×f2 （或 60...Rc4 61. g4 Kf3　62. h6！，同样导致和棋）61. Kh4 Kf3　62. h6 Ke4　63. Kg5，黑方不能取胜。

60. Kg4 Rc8　61. Kg5 Ke5　62. Kg6 Ke6　63. Kg7

如走 63. h5 Rg8+，白王被赶至边线，将输得更快。

63...Kf5　64. f3 Rc7+　65. Kh6 Rc6+　66. Kh7 Rc7+　67. Kh6 Rb7 68. g4+ Kf4　69. g5

改走 69. h5 亦无济于事：69...Rb6+　70. Kg7 Kg5　71. f4+ K×f4　72. h6 Kg5　73. h7 Rb7+　74. Kg8 Kg6　75. h8=N+ Kf6　76. g5+ K×g5　77. Nf7+ Kf6　78. Nd6，形成单马对单车的残局，但因为白方的王和马被隔离开来，黑方可用一系列紧逼的手段捉死马取胜：78...Rb8+　79. Kh7 Rb4　80. Ne8+ （80. Kg8 Ke6　81. Ne8 Rb8　82. Kf8 Ra8）Kf7　81. Nd6+ Ke7　82. Nf5+ Kf6　83. Nd6 （83. Ne3 Re4　84. Nc2 Rh4+　85. Kg8 Rg4+　86. Kh7 Rg7+　87. Kh8 Kg6）Rd4　84. Nb5 Rd3！　85. Kg8 Ke7　86. Kg7 Kd7　87. Kf6 Kc6　88. Na7+ Kb7　89. Nb5 Kb6，黑胜。

69... Kf5　70. g6

以下两种走法也无法挽回败局：70. h5 Rb8　71. g6（71. f4 Rh8＋ 72. Kg7 R×h5　73. g6 Ke6　74. Kf8 Ra5）Kf6　72. Kh7 Rb7＋　73. Kg8 （73. Kh8 Rb5）Kg5！　74. Kf8 Kh6　75. f4 Rb5　76. g7 Rb8＋　77. Kf7 Rb7＋, 黑胜；或者 70. f4 Rb1　71. h5（71. Kg7 K×f4　72. g6 Kf5　73. Kh7 Kf6 74. h5 Rb7＋　75. Kg8 Rd7　76. Kh8 Rd5　77. g7 R×h5＋　78. Kg8 Rg5 79. Kh8 Kf7！）Rh1　72. g6 Kf6　73. g7（73. f5 Rh2　74. g7 Rg2　75. Kh7 R×g7＋　76. Kh8 Kf7）Kf7　74. f5 Rg1，黑胜。

70... Kf6　71. h5 Rb5!　72. f4 Rf5

至此白兵必丢，阿科皮扬只得认输。

这盘棋黑方在布局失利的情况下，抓住白方求稳怕乱的思想，积极制造复杂化，并且最终在一场一波三折的较量中笑到了最后。本场比赛，上海队在倪华的率领下发挥出色，除楼一平与卜祥志弈和之外，其余四将纷纷取胜，最终出人意料地以 4.5∶0.5 横扫山东队，登上积分榜首的同时也奠定了冠军争夺战中的优势。而阿科皮扬本局失利后，在接下来的比赛中又执黑被北京队的特级大师李超击败，首次中国国际象棋甲级联赛之旅以两连败惨淡收场。

第六局　许昱华 胜 阮露斐

2009 年全国国际象棋甲级联赛第 17 轮

在 2009 年全国国际象棋甲级联赛开赛之前，拥有两位棋后诸宸和许昱华领军及新科全国冠军丁立人压阵的浙江队被普遍看好，然而这支队伍却出人意料地发挥欠佳，竟始终在降级区附近徘徊。新科状元丁立人在联赛中状态低迷，最终 3 胜 8 和 7 负净亏 4 局，令人大跌眼镜；而两位棋后也因故缺席了大量的场次，因此，浙江队在联赛中举步维艰也就不难理解了。

联赛最后一个赛会制开始前，浙江队排在积分榜倒数第三位，且最后四个对手中有三个排在积分榜的前四名。面对这一严峻的形势，浙江队决定邀请 2008 年曾代表本队出战并有不俗表现的俄罗斯外援马拉霍夫加盟助阵。孰料，在 11 月开始的国际象棋世界杯比赛中，马拉霍夫发挥神勇，一路闯入四强。

而如果他进入决赛，则势必和联赛的时间冲突而无法前来，届时浙江队连更换外援的机会都没有。浙江队的队员不安地关注着半决赛的进展，最终马拉霍夫被波诺马廖夫挡在了决赛门外，他才星夜从世界杯赛场赶往中国驰援，浙江队全队上下这才松了一口气。

在马拉霍夫的率领下，浙江队在最后一个赛会制比赛中终于稳住了阵脚。16轮比赛过后，该队领先保级对手青岛育才中学队2分排名第八位。第17轮比赛，浙江队的对手是排名第四的江苏队，棋后许昱华执先手迎战清华才女阮露斐。阮露斐棋风稳健，尤其擅长防守，很少输棋。在之前的联赛中，她出战13场，除了在快棋赛中输给侯逸凡一局，其余12局4胜8和。面对强大的对手，且看许昱华如何迎敌……

1. e4 e5 2. Nf3 Nc6 3. Bb5 Nf6 4. 0-0 N×e4 5. Re1

西班牙开局的柏林变例是阮露斐非常拿手的布局武器之一，其稳守反击后发制人的思路十分适合阮露斐的棋风。5. Re1是白方此时的一种选择，和主变5. d4相比，这步棋不是那么流行，但许昱华对此却有独到的理解，曾数次采用并战绩不俗。

5...Nd6 6. N×e5 N×e5 7. R×e5+ Be7 8. Bf1 0-0 9. d4 Ne8!?

黑方回马，准备挺起d兵疏通后翼子力，是一种布局趣向。更多的棋手在此选择自然的着法9...Bf6，在2011年全国国际象棋甲级联赛中，阮露斐的师妹沈阳就曾以此来对付许昱华，该局的后续是10. Re1 Re8 11. R×e8+ N×e8 12. d5 d6 13. Nd2 Bd4 14. Ne4 Bb6 15. g3 h6 16. Qf3 Qd7 17. Bg2 Qf5 18. Q×f5 B×f5，大致均势，最终双方弈和。

10. c4!

白方c兵挺进两步，占领空间，不惧此后形成中心孤兵，是白方争夺主动权的关键之着。否则被黑方顺利走出d7-d5，双方兵形基本对称，很容易平淡言和。

10...Bf6 11. Re1 d5 12. c×d5 Q×d5 13. Be3 Bf5 14. Nc3 Qd7 15. Qb3

至此形成白方有中心孤兵，子力较为活跃的典型局面。15. Qb3是许昱华的一步改进之着，有几个对局白方在此选择走15. Qf3，但效果一般。

15...Nd6 16. Rad1 Rae8

这样出车给人以别扭之感，还是走16...Rfe8要自然一些。大概阮露斐担心在16...Rfe8 17. Nd5之后，黑象退到d8会切断双车的联系，故而出动a线车。

其实，在 17. Nd5 之后，黑方可应以 17...Bh4，白如 18. g3 则 18...Be6!（19. g×h4 c6），白方十分无趣。

17. a4 a6　18. a5 h6　19. Na4 Bg5?

白方连续挺进边兵夺取空间，再运马占领 c5 这一制高点，是进攻后翼的连贯构思。

黑方进象邀兑，走得不合时宜，削弱了 e5 格的防御，使白方未来得以在此建立一个强有力的前哨，从而掌握全局的主动。黑方应改走 19...Re7 20. Nc5 Qc8　21. Qb4 Rfe8，双方对峙，各有千秋。

20. Nc5 Qc8

如走 20...Qe7　21. B×g5 Q×g5　22. Re5! R×e5　23. d×e5 Ne4　24. Qc2 N×c5　25. Q×c5，白方明显占优。

21. B×g5 R×e1

如走 21...h×g5，白方同样应以 22. Re5! 而获得优势，由此可以很明显地看出 19...Bg5 的不妥之处。

22. R×e1 h×g5　23. Re5 Rd8

黑方平车，打算施展"苦肉计"，弃兵简化局面，转入残局谋和，如改走 23...g6　24. h3（威胁以 g2-g4）g4　25. h4!，再 h4-h5，白方十分主动。

24. h3 g4（图一）

图一

25. N×b7!?

这是白方蓄谋已久的手段，以此把局面上的优势转化为物质上的利益。但笔者认为，此时动手为时尚早，因为经过交换，白方虽然得兵，但黑方的子力却得以活跃起来，这样白方未必划算。此时可考虑改走 25. h×g4 B×g4 26. Bd3，保持强大的局面压力，黑方将更难应付。

25...N×b7 26. B×a6 N×a5 27. Qb5

如改走 27. R×a5 Qe6 28. Q×e6 B×e6 29. h×g4 R×d4 30. f3 Rd2 31. b4 Rb2，黑方亦有很好的谋和机会。

27...Qd7?

软着！应走 27...Qa8！较为有力，以下变化是 28. R×f5 g×h3 29. g×h3 Rd6！30. Q×a5 R×a6 31. Qd5 Rg6+ 32. Kh2 Q×d5 33. R×d5 Rb6 34. Rd8+ Kh7 35. Rd7 Kg6 36. R×c7 R×b2 37. Kg2 Rd2 38. Rc4 Kf5，因为兵形的缺陷及黑方子力的主动位置，白方很难赢得这个车兵残局。

28. R×f5 Nc6 29. h×g4 N×d4 30. Q×d7 R×d7 31. Rc5 Ne6 32. Rc2

经过一番交换，进入了白方多兵的残局，但黑方子力位置尚可。且白方有一个叠兵，因此白方实现优势仍面临着一定的困难。况且阮露斐本就以防守顽强而著称，想攻破她的防线并不容易。

32...Rd4 33. Bc8!?

一个值得注意的时刻，白方准备用象换马，形成车兵残局，这个决定是正确的吗？

笔者确信，面对同样的局面，会有很多大师以上级别的棋手走 33. f3，然后出王参加战斗。因为从理论上说，这类两翼有兵的局面，象的作用比马大，保留象可能会给予白方更多的赢棋机会。另外，在车兵残局中，弱方的和棋机会通常会增大。但是许昱华选择以象易马肯定有她自己的考虑。从技术上说，这一交换让黑方形成了三个孤兵，给白方提供了更多攻击的目标；另外，从实战的角度来说，黑方临场守住这个残局并非易事，而且这种没有风险的残局会让队友们看了之后心里更有底。无论如何，白方以象易马不应该被认为是一个错误的决定。

33...Rb4

必须吊住白方的 b 兵，如走 33...R×g4？ 34. B×e6 f×e6 35. R×c7 Rb4 36. Rc2，将形成白方净多一远方通路兵的局面，白车在二线可以很好地防守自己的王翼兵，接下来白王去后翼支持通路兵，黑方无法对抗。

34. B×e6 f×e6 35. f3 Rb7 36. Kf2 Kf7 37. Ke3

白方还有另一种值得注意的思路，即走 37. Rd2，用车切断黑王去后翼的道路，然后白王绕过白车（经过 d1 格）奔赴后翼，目标直指黑方的 c7 兵。笔者认为，这个计划对黑方来说更加危险。

37... Ke7 38. Kd4 Kd6 39. Rd2 Ra7!

很明显，白方准备走 40. Kc4+，然后 b2-b4，逐步加强局面，那么黑方为何不走 39...c5+ 阻止白方的计划呢？显然，阮露斐是担心如下的变化：40. Ke4+ Ke7 41. Ke5 Rb3 42. Rc2 Re3+ 43. Kf4 Rb3 44. Kg5 Kd6（44...Kf7 45. R×c5 R×b2 46. Rc7+ Kf8 47. Kg6 R×g2 48. R×g7，白方可胜）45. Kg6 Rb7 46. f4 Kd5 47. Re2!，阻截住黑王之后，白方在王翼冲出通路兵即胜。因此，黑方不失时机地出车，侵入白方阵营伺机骚扰，不失为顽强的对策。

40. b4 Ra1 41. Ke4+ Ke7 42. Rc2 Kd6 43. Kf4

白方用车吊住 c7 兵，然后运王攻击黑方的王翼弱兵，是目前局面下最好的尝试。

43... Rb1 44. Rd2+ Ke7 45. Rd4（图二）

图二

45... Rb2??

在此之前，黑方一直防守得很准确，令白方难以取得实质性的进展。但是这步棋，黑方随手退车捉兵，犯下了不可饶恕的错误，致使防线顷刻间崩塌。正确的着法是 45...Kf6，阻止白王的入侵，以下白方有两种可能的攻法。

a) 46. Rc4 g5+ 47. Ke4 c6 48. Kd4 Ke7 49. Kc5 Kd7 50. g3 Kc7 51. f4 Rg1! 52. f×g5（52. Re4 g×f4 53. g×f4 R×g4 54. R×e6 R×f4，和棋）

Rd1！　53. Re4 Rd5+　54. Kc4 R×g5　55. Kd4 e5+　56. Ke3 Kd6，白方难以取胜。

b）46. g5+ Ke7　47. Ke5 Re1+　48. Re4 Rd1　49. Rc4 Re1+　50. Kf4 Kd6　51. Rd4+ Ke7　52. Re4 Rd1　53. Kg4 g6，黑方可以坚守。

46. Kg5！

抓住了稍纵即逝的机会！白王的入侵对黑方来说将是致命的，阮露斐显然忽略了这步果断的应着。

46...R×g2　47. Kg6 e5　48. Re4 Kf8

如走 48...Kd6 将输得更快：49. K×g7 Rf2　50. Re3 Rb2　51. Kf6 R×b4　52. R×e5，等等。

49. R×e5 Rd2　50. Rf5+ Kg8　51. Rc5 Rd6+　52. Kf5 Rb6　53. b5 Kf8　54. Ke4 Kg8　55. f4 g6

这步棋减轻了白方的负担，但即使按兵不动走 55...Kf8，白方胜来亦不难：56. f5 Kg8（或者 56...g6　57. f×g6 R×g6　58. R×c7 R×g4+　59. Kd5 Ke8　60. Kc6 Kd8　61. Kb7，白胜）57. Kd4 Kf8　58. Kc4 Rb7　59. Rc6 Kf7　60. Kc5 Ke7　61. Re6+ Kf7　62. Ra6 Kf8（62...Ke7　63. Kc6 Rb8　64. Ra7 Rb6+　65. K×c7 R×b5　66. Kc6+）　63. Kc6 Rb8　64. Ra7 Rb6+　65. Kc5，消灭 c7 兵之后，白方胜定。

56. g5 Kf8　57. Rc6！

欺黑方不敢兑车，白方用 b5 兵交换 g6 兵之后，形成必胜的局面。以下着法已属例行公事，评注从略。

57...R×b5　58. R×g6 Rb4+　59. Kf5 Rb5+　60. Kg4 Rc5　61. Re6 Kf7　62. f5 Rc1　63. g6+ Kg7　64. Re7+ Kf6　65. Rf7+ Ke5　66. g7 Rg1+　67. Kf3 c5　68. f6 c4　69. Rf8

黑方无力回天，至此认负。

本场比赛，浙江队一度以 0.5：2.5 落后，形势危急。但此后，马拉霍夫率先扳回 1 分，继而许昱华顶住压力击败阮露斐，终于使浙江队拿到了宝贵的 1 分。同一轮比赛，由于保级对手青岛育才中学队不敌实力强大的北京队，浙江队遂将两队间的分差拉大到 3 分，从而提前一轮保级成功。

第七局　王玥 胜 余瑞源

2010 年全国国际象棋甲级联赛第 6 轮

作为中国第一位等级分突破 2700 分大关的棋手，王玥一直是天津队征战甲级联赛的绝对支柱。尤其在联赛创办之初的几年，整体实力平平的天津队能够一直保持在甲级队行列并两次进入前六名，与王玥的出色表现是密不可分的。

王玥的棋风稳健绵密，极少输棋，曾在 2009 年前后创下正式比赛连续 85 盘不败的惊人纪录。王玥驾驭复杂局势的能力通过本局可见一斑。

这是第 6 轮比赛，王玥执白迎战人大附中国少队的小将余瑞源的一盘精彩对局。在此之前，天津队仅积 2 分，而联赛新军人大附中国少队更是 1 分未得，因此本场比赛无疑是一场"哀兵之战"。

1. c4 c6　2. Nf3 d5　3. d4 Nf6　4. Nc3 d×c4

斯拉夫防御中的这路变化是余瑞源执黑对付后兵开局的主要武器，实战经验丰富；而王玥无论执白或执黑，都曾在大赛中多次实践这一变化，更是深有体会。因此，这盘棋也称得上是一场"布局论点之战"。

5. a4 Bf5　6. Ne5 Nbd7　7. N×c4 Nb6　8. Ne5 a5　9. g3

此时白方另有 9. f3、9. Bg5、9. e3 等多种下法，在两天之前的第 4 轮比赛中，王玥执白对山东队的特级大师赵骏，此时选择了 9. e3 的变化，结果因为在时间紧张的情况下出现失误，遭遇了近三年联赛以来的首场败绩。本局王玥改用 9. g3 的变化，这是一种更为积极的攻法。

9. . . Nfd7

另一种十分流行的变化是 9. . . e6　10. Bg2 Bb4　11. 0-0 0-0　12. e3 h6　13. Qe2 Bh7　14. Rd1，以下黑方有 14. . . Nfd7、14. . . Nbd5、14. . . Qe7 等选择，双方另有攻守。

10. N×d7 N×d7

更常见的选择是 10. . . Q×d7，以阿罗尼扬与卡尔森 2007 年候选人赛中的一盘对局为例，接下来是 11. e4 Bh3　12. B×h3 Q×h3　13. Qb3 Ra6　14. Bf4 e6　15. Be5 Bb4　16. B×g7 Rg8　17. Be5 Qg2　18. 0-0-0 B×c3　19. Q×c3 Q×e4　20. Rhe1 Qd5，双方互有机会。

现在黑方用马吃回，这恰恰是王玥执黑时喜爱的走法。余瑞源选择这一变化，多少有一些班门弄斧。

11. e4 Bg6　12. h4!?

新着！王玥曾执黑采用这一变化与王皓交战，当时王皓走的是 12. f4 e6 13. Bg2 Bb4?!　14. 0-0 f5　15. e×f5 B×f5　16. g4 Bg6　17. f5，白方取得有力的攻势，最终获胜。但代替 13...Bb4，黑可改走 13...Qb6，足可对抗。王玥现在改走挺边兵，应该是经过研究之后的改进之着。

12...h6　13. h5 Bh7　14. e5

积极之着，否则黑方走出 e7-e5 之后，白方将没有便宜可言。

14...e6　15. Bg2 Bb4?!（图一）

图一

余瑞源经过较长时间的思考后，设计了一路弃兵困住白后的方案，由此使局势变得复杂化。但从实战发展来看，这一构思虽然颇为精巧，但毕竟有不成熟之处。通过分析局面可知，白方凭借 e5、h5 两兵下压带来的空间优势，势必要在王翼展开积极行动，因此黑方可以暂缓出动防守 g7 兵的黑格象，改走 15...Nb6，先活跃后翼的子力。在 16. 0-0 Nd5　17. N×d5 c×d5 之后，黑方足可抗衡。

16. Qg4 Bf5

上一着的连贯动作，因为在 16...Kf8　17. 0-0 Nb6　18. Be3 之后，黑方

王翼子力难以开展，受攻难走。

17. Q×g7！

不入虎穴，焉得虎子！王玥经过计算之后毅然接受挑战，掀起激战的高潮。

17...Rh7 18. Qg8+ Bf8 19. Ne4 N×e5！

白方跃马中原，是化解黑方 Rh7-g7-h7 长捉后威胁的唯一之着，黑方弃马亦是预谋的战术手段，如改走 19...B×e4 20. B×e4 Rg7 21. Qh8 Rg4 22. Bf3 R×d4 23. B×h6，白方大占优势。

20. d×e5 B×e4 21. B×e4 Rg7 22. Qh8 Qd4 23. Be3

以上着法具有一定的强制性，现在黑方进后捉象，对白方是个考验。王玥经过慎重的考虑后，选择了直接弃还一子的稳健下法，但亦使黑方顺利解决了全部的难题。此时最有力的着法是 23. Bf3！但这需要一个较深远的计算，此后大体变化如下：23...0-0-0 24. Q×h6（唯一之着，如错走 24. 0-0？R×g3+ 25. Bg2 Bc5 26. Q×h6 Qd5，黑胜）R×g3（24...Qc4 25. Be2 Qe4 26. Rh4 Q×h4 27. g×h4 Rg1+ 28. Bf1 B×h6 29. B×h6，白方胜势） 25. Qf4 Bb4+（如走 25...Q×f4 26. B×f4 R×f3 27. Bg5！Rd5 28. h6 R×e5+ 29. Be3，黑方必须弃象换取通路兵，此后白方多子胜势）26. Kf1，以下：

a) 26...Qd3+ 27. Be2 Rg1+ 28. K×g1（28. R×g1？Qh3+ 29. Rg2 Qh1+，长将和）Q×e2 29. Rh4！Rg8+（以下两种着法亦无济于事：29...Rd1+ 30. Kh2 Qf1 31. Qf3！；或者 29...Qd1+ 30. Kh2 Rg8 31. Be3！Q×a1 32. Rg4！，黑方的攻势被化解之后，白方的 h 兵将决定对局胜负）30. Kh2 Qf1 31. Rg4 R×g4 32. Q×g4 Q×f2+ 33. Kh3 Qf1+ 34. Qg2 Qf5+ 35. Kg3 Q×e5+（35...Be1+ 36. Kh2 Q×h5+ 37. Kg1） 36. Bf4 Be1+ 37. R×e1 Q×e1+ 38. Kh3，打将结束了，白方胜定。

b) 26...Q×f4 27. B×f4 R×f3 28. Be3，和前面的很多变化一样，尽管黑方吃回一子，但难以对付白方的 h 兵，例如，28...Rf5 29. Ke2 R×e5 30. h6 Be7 31. h7 Bf6 32. Rag1 等，黑方势必要用象换兵，此后难以谋和。

当然，以上变化较为复杂，王玥在临场有限的时间内难以算清，因此予以回避也是容易理解的。

23...Qb4+

比较简明的选择是直接走 23...Q×e4，白方如走 24. 0-0-0，则 24...Qc4+ 25. Kb1 Qe4+，立刻构成长将。而在 24. Rh4 Q×e5 25. 0-0-0 Rg5！ 26. Qh7

Qf5！ 27. Qh8 Qe5（27...R×h5？ 28. Qd4！） 28. Qh7 Qf5 之后，将形成重复局面，和棋。

24. Kf1 Q×e4?!

现在吃象则是一步不明显的软着，显然，余瑞源忽略了白方此后的巧手，由此陷入不利局面。正确的着法是 24...Qc4+！ 25. Kg1 Q×e4 26. B×h6（如走 26. Rh4?! Q×h4 27. Q×g7 B×g7 28. g×h4 B×e5 29. B×h6 0-0-0！，黑优）R×g3+！ 27. f×g3 0-0-0！ 28. B×f8（以下两种走法将加速导致和棋：28. Q×f8 R×f8 29. B×f8 Qe3+；或者 28. Qf6 B×h6 29. Q×h6 Qd4+ 30. Kg2 Qe4+ 31. Kh3 Qf5+等），现在，黑方如直接走 28...Qe3+？，白方将有办法避开长将：29. Kg2 Qe4+ 30. Kh3 Qf5+ 31. g4！ Qf3+ 32. Kh4 Qf2+ 33. Kg5！ Qd2+ 34. Kf6 Qf4+ 35. Kg7 Q×e5+（35...Q×g4+ 36. Kh7 Qf5+ 37. Kg8） 36. Kh7 Qe4+ 37. Kg8！，白胜。但是代替 28...Qe3+？，黑方还有一步更为机警的走法：28...Qf3！，在 29. Qg8（29. Rh3 Qe3+）Qe3+ 30. Kg2 Qe2+！ 之后，长将不可避免。

25. Rh4 Qd3+ 26. Kg2 Rh7（图二）

图二

不能走 26...0-0-0，因为有 27. Rd4！，白方立刻取胜。现在黑方准备长捉后成和，看似白方已无计可施，但王玥对此早有准备……

27. Rd1！

反捉后佳着！是兑子争先的范例。

27...Qc2 28. Rd2！ Qb1?

黑方埋头于执行自己长捉后的计划，因此执拗地把后留在 b1-h7 斜线上，忽略了白方后翼车投入战斗后已伏有严厉的攻击手段，导致迅速崩溃。此时必须走 28...Q×d2 接受交换（或上一回合走 28...Q×d1），接下来是 29. Q×h7 Qd5+ 30. Kh2（30. Qe4 Rd8）Q×e5 31. B×h6 B×h6 32. Q×h6 Rd8，形成双方互有顾忌的重子残局，白方如接走 33. Qf4，则 33...Q×f4 34. R×f4 Kf8，大致是一盘和棋。

29. Qf6 Be7 30. Rg4!

显然，在数步之前，黑方漏算了这一致命的杀着。现在，黑方看到在 30...B×f6 之后，有 31. Rg8+ Ke7 32. Bc5#，只得停钟认负。

这盘棋，王玥展示出他少见的强硬一面，从布局伊始就走得积极主动。尽管余瑞源针锋相对，并一度获得不错的形势，但最终因为漏算白方的战术打击而失利。尽管余瑞源不敌实力强大的对手，但本场比赛人大附中国少队其他队员表现不错，小将徐若颖战胜特级大师宁春红爆出冷门，其余三局均弈和，最终双方以 2.5：2.5 战成平手，人大附中国少队终于取得了他们参加全国甲级联赛以来的第一个积分。

第八局　王李　负　纳耶尔

2010 年全国国际象棋甲级联赛第 6 轮

第 6 轮比赛另一盘让人印象深刻的短局出现在河北队与重庆队的比赛中，由河北队的工李执白迎战重庆队的俄罗斯外援纳耶尔。本站比赛纳耶尔顶替了因故无法参赛的重庆队王牌外援莫特廖夫，首次出战中国联赛，并取得 2 胜 1 和的佳绩，为重庆队在本站比赛结束之后登上积分榜次席立下战功。

1. d4 d5 2. c4 c6 3. c×d5

面对强敌，王李选择了斯拉夫防御中平稳的兑换变例。一般来说，这是一种策略性的下法，通常意味着执白的棋手不反对和棋的结果。对此，立意争胜的纳耶尔选择了一种少见而别出心裁的着法来应对这一变例，令人大开眼界。

3...c×d5 4. Nc3 Nc6 5. Bf4

上一回合，黑方一般先走 4...Nf6。现在黑方先跳后翼马，是一步有预谋的着法。

白方出象是按部就班的下法，但亦使黑方的想法得以实现。这里白方如果先走 5. Nf3 Nf6 6. Bf4，则局面会平稳一些，双方可能很快大量兑子形成乏味的和棋，故而高手一般都不采用这种走法。白方先出象的想法是王翼马以后可以出动到 e2，此后有 f2–f3 再 e3–e4 推进中心兵的可能，局势较为灵活多变。

事实上，针对黑方先跳后翼马，白方还有一种随机应变的走法，即 5. e4!?，黑如接走 5...d×e4 6. d5 Ne5 7. Qa4+，下步吃回 e4 兵，白方有较好的局面。因此对 5. e4，黑方较好的应着是 5...Nf6 6. e5（亦可改走 6. e×d5 N×d5 7. Nf3，转入卡罗康防御中的一路变化）Ne4，黑方可以抗衡。

5... e5!?（图一）

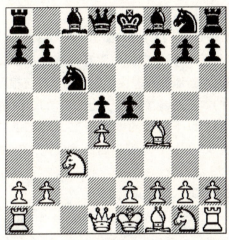

图一

一步出人意料的弃兵，其主要想法是利用白方王翼子力出动迟滞的问题快速展开进攻，这也正是上一回合黑方先跳后翼马的目的所在。此时如走 5... Nf6 6. e3，则还原成常见变化，双方平稳。

6. d×e5

面对这突如其来的变化，王李沉思良久后，选择用兵吃兵。据王李赛后讲，当时他看到，如走 6. B×e5 N×e5 7. d×e5 d4 8. Qa4+ b5 9. N×b5 Bd7 10. Qa6 Bb4+ 11. Kd1 Qb8 12. N×d4 Bc5，黑方有强大的攻势，白方得不偿失，故而放弃了用象吃兵的走法。不过，在以上变化中，白方可以不走 8. Qa4+，而代之以 8. Ne4，例如，8... Qb6（8... Qa5+? 9. Nd2 Q×e5 10. Ngf3，黑方丢兵且无所补偿） 9. Nf3 Q×b2 10. Rb1 Bb4+ 11. Ned2 B×d2+ 12. N×d2 Q×a2 13. e3 d×e3 14. f×e3 Be6 15. R×b7，形成双方互有顾忌的局面（选自尤苏波夫—蒂曼，1989 年弈于利纳雷斯超级大赛的对局）。

6. . . d4 7. Ne4 Bf5 8. Ng3?

白方退马捉象，对形势判断过于乐观，造成以后王翼子力出动困难，是白方陷入困境的根源。此时应走 8. Nd6+，迫兑黑方有力的黑格象（因 Bb4+ 的威胁始终令白方感到不快），在 8. . . B×d6 9. e×d6 Nf6 10. Nf3 Qa5+ 11. Bd2（不能走 11. Qd2?，因为有 11. . . Nb4 12. Rc1 Ne4，白方速溃）Qd5 之后，黑方可以满意，但白方亦足可应战。

8. . . Bg6 9. a3

在王翼出子困难的情况下，白方还不得不挺后翼边兵来应付 Bb4+ 的威胁，由此可见白方上着退马实属不智。

9. . . Qb6 10. b4 0-0-0 11. Nf3 Nge7 12. Qb3?!

黑方弃兵之后，利用 d4 兵牢牢扼住要塞，使白方难以正常开展王翼，而自己的后续力量则源源不断地投入进攻。白方的形势已很困难，而这步出后的着法无助于解决局势的本质问题（王翼子力的出动），致使局势雪上加霜。比较顽强的下法是 12. h4，以下可能的续着是 12. . . Nd5 13. Bg5 f6 14. e×f6 g×f6 15. h5 Bf7 16. Bd2 Kb8，尽管仍属黑方较优，但白方的形势和实战比起来有所改善。

12. . . Nd5 13. Bd2 Kb8（图二）

图二

　　黑方不慌不忙，先将王翼马运至中心制高点，然后把王从开放的c线上撤出，为最后的总攻做好准备。

　　14. e4?

　　面对困窘的局势，白方企图不惜一切代价完成王翼出子，然而这步棋却导致迅速崩溃。不过，此时也很难给白方提出什么好的建议，如走14. h4，黑方可直接发动战术攻击：14...B×b4!　15. a×b4 Nc×b4　16. B×b4 N×b4 17. Kd2 Rc8 等，白方无法防御；相对来说，14. Rc1 是较顽强的走法，但黑方可从容地应以14...h5　15. h4 Be7 等，保持强大的主动权，因为白方仍然很难解决王翼出子的问题。

　　14...d×e3　15. f×e3 Bc5!

　　白方漏看了这步并不复杂的着法，至此白方已经没有满意的防御了。

　　16. Bc4

　　改走16. e4 亦无济于事，因为有16...Bf2+　17. Ke2（或者17. Kd1 Ne3+ 18. Kc1 Na5 等，白方亦无法防御）B×g3（改走17...Rhe8 亦佳，以下 18. e×d5 R×e5+!　19. Kd1 Nd4　20. Qc3 N×f3，有制胜的攻势）18. e×d5（18. h×g3 B×e4）B×e5，黑方胜定。

　　16...B×e3　17. 0-0-0

　　如走17. B×d5 B×d2+　18. K×d2（18. N×d2 Nd4）Ne7，白方也难以进行长久的抵抗，但后翼显然也并非白王合适的藏身之所。

　　17...Nd4　18. N×d4 Q×d4　19. B×e3 Qa1+　20. Kd2 Nc3+　21. Ke1 R×d1+　22. Kf2 R×h1　23. N×h1 Nd1+

　　黑方攻势摧枯拉朽，迅速取得决定性的子力优势，白方无力再战，主动认负。

　　这盘棋，面对黑方选择的咄咄逼人的变化，白方应对不当，未能及时遏制住黑方主动权的扩展，以致迅速崩溃。这场比赛，重庆队在纳耶尔的率领下以4:1大胜河北队，并取而代之登上了积分榜次席的位置。

第九局　侯逸凡　胜　黎清思

2010 年全国国际象棋甲级联赛第 15 轮

　　2010 年对于天才少女侯逸凡来说是丰收的一年。在这一年的国际象棋女子世界锦标赛中，侯逸凡一路过关斩将加冕后冠，成为我国继谢军、诸宸、许昱华之后的第四位国际象棋女子世界冠军，也是国际象棋史上最年轻的棋后。在这一年的全国国际象棋甲级联赛中，侯逸凡取得 14 胜 3 和 1 负的辉煌战绩，她所效力的山东格力队也以明显的优势继 2007 年之后第二次获得联赛冠军。

　　以下我们选评联赛第 15 轮侯逸凡执白迎战深圳华腾队越南外援黎清思的一盘对局。黎清思当时是越南头号女棋手，在这一年代表深圳队参加了 5 站联赛共计 15 盘对局，但只取得 3 胜 7 和 5 负的战绩，深圳队也最终不幸降级。这盘棋黎清思因为对所用的布局变例理解不深，以致迅速落败。

　　1. e4 c6　2. d4 d5　3. Nc3 d×e4　4. N×e4 Bf5　5. Ng3 Bg6　6. h4 h6　7. Nf3 Nd7　8. h5 Bh7　9. Bd3 B×d3　10. Q×d3 e6　11. Bd2 Ngf6　12. 0-0-0 Be7

　　双方弈成卡罗康防御中的一路常见变化。此时黑方还有 12... Qc7 的选择，接下来可能是 13. Ne4 0-0-0　14. g3 N×e4　14. Q×e4 Bd6　15. c4 c5　16. Bc3 Nf6　17. Qe2，这样双方同向异位，局面相对平稳一些，但白方空间较大，易掌握小先手。

　　13. Kb1 0-0　14. Ne4 c5

　　这是一步蓄意挑起激战的着法，采用者也并不在少数。但依笔者浅见，此后白方将在王翼获得有力的攻势，黑方将面临较大的压力。此时较为简明的选择是 14... N×e4　15. Q×e4 Nf6　16. Qe2 Qd5　17. Ne5 Qe4　18. Q×e4 N×e4　19. Be3 Rfd8，这样，局势平稳，白方虽有微弱的空间优势，但黑方足可满意。

　　15. g4!

　　立即弃兵开线发动攻势，是白方在这种变例中的常见手段。

　　15... N×g4　16. Qe2 Qb6?!

　　进后只是为了摆脱 d 线的牵制，但无助于减轻王翼的压力。在 2010 年俄航杯公开赛中，越南棋手黎光廉曾采用16...f5!? 来对付保加利亚棋手切帕里诺夫，该局的后续是17. N×c5 N×c5 18. d×c5 Qc8（不宜走18...Qd5?!，因为有19. B×h6 Qe4 20. Be3!，白方优势）19. Bc3 Rf7 20. Rhg1 Q×c5 21. Nd4 Qe5（似可考虑21...Bf6!?）22. Q×e5 N×e5 23. N×e6 Bf6 24. B×e5 B×e5 25. Rd5，白方比较主动，但黑方亦可应付，该局最终弈和。笔者认为，16...f5 是当前局面中比较好的选择。

17. Ne5!

再弃一兵，加快进攻节奏，着法紧凑有力。

17...Ng×e5

以下走法并不足取：17...Nd×e5 18. d×e5 f5 19. e×f6 N×f6 20. Bc3 Nd5（改走20...N×e4 21. Q×e4，白方同样有强大的攻势）21. B×g7! K×g7 22. Qg4+ Kh8（如走22...Bg5 23. N×g5 h×g5 24. Q×g5+ Kf7 25. h6，黑方亦难应付，例如，25...Nc3+ 26. Ka1 N×d1 27. Qg7+ Ke8 28. h7 Q×b2+ 29. Q×b2 N×b2 30. h8=Q，白胜）23. Qg6 e5 24. R×d5 Q×g6 25. h×g6，白方胜势。

18. d×e5 N×e5 19. Rhg1 Kh8?

黑方用一个肤浅的办法来应付20. B×h6 的威胁，但明显是"只知其一，不知其二"。把王置于a1-h8 斜线上无异于自投罗网，此步之后，黑方的防线迅速崩溃。

改走19...f5 也是不足以应付的，因为有20. B×h6 Ng4 21. R×g4! f×g4 22. Q×g4 Rf7 23. Rg1 Bf8 24. Nf6+ R×f6（24...Kh8 25. Qg6）25. B×g7 Qb4 26. c4! Kf7 27. B×f6 K×f6 28. Qg5+ Kf7 29. h6，白方胜定。

比较顽强的走法是19...Rfd8，以下可能是20. B×h6 Qa6 21. R×d8+ R×d8 22. Qe1 g6［错误的是22...Nf3? 23. Qc3 e5 24. R×g7+ Kh8 25. Q×f3 Qf1+ 26. Bc1 K×g7 27. h6+ Kf8 28. h7 Kg7 29. Ng3 Qd1 30. Nh5+ Kh8 31. Q×f7，白胜（奈吉—安赫尔斯，2009 年弈于蒙卡达）］23. N×c5 B×c5 24. Q×e5 Bd4 25. Qg5 Qb6 26. b3 Rd5 27. Qe7 Qd8 28. Q×d8+ R×d8 29. h×g6，白方残局多兵占优，但黑方尚有求和的机会。

20. Bc3

这步简单的着法足以摧毁黑方的一切抵抗。

20...f6 21. f4 Nc6（图一）

图一

22. R×g7!

对于特级大师级别的棋手而言，这步棋是没有什么难度的，黑方的阵地由此迅速崩溃。

22... Rad8

改走 22... K×g7　23. Qg2+ Kh8　24. Qg6 c4　25. Q×h6+ Kg8　26. Qg6+ Kh8　27. Ng5，白方同样迅速取胜。

23. Rdg1

平车之后，黑方已经无法化解白方重子沿 g 线构成的杀势。

23... Nd4　24. B×d4 c×d4　25. Qg4 Ba3　26. Rh7+!

白胜。

这盘棋，体现了侯逸凡对流行布局的充分研究和深刻体会。黎清思对此却明显准备不足，以致选择了拙劣的防御着法，迅速败下阵来。本场比赛，山东队以 3.5∶1.5 轻取深圳华腾队，积分已达 27 分，比排名第二、第三位的北京、浙江两队高出 7 分，从而提前三轮夺得该赛季的联赛冠军，这也创造了联赛史上空前的纪录。而深圳队本场比赛落败后，仍然落后天津队 4 分排名倒数第二位，保级的希望越发渺茫。

第十局　丁立人　胜　李师龙

2010 年全国国际象棋甲级联赛第 16 轮

山东队提前三轮夺冠以及人大附中队早早宣告降级之后，亚军的争夺以及第二个降级名额的归属成为联赛最后三轮的最大悬念。第 16 轮比赛，浙江队与深圳队相遇。此前浙江队积 20 分排名第三，是联赛亚军的有力争夺者，而深圳队仅积 6 分位于降级区，比排名第八的天津队落后 4 分，保级形势极为严峻。在这场比赛中，两队主将丁立人和李师龙在格林菲尔德防御的一路经典变例中展开了一场针尖对麦芒的较量……

1. d4 Nf6　2. Nf3 g6　3. c4 Bg7　4. Nc3 d5　5. c×d5 N×d5　6. e4 N×c3　7. b×c3 c5　8. Rb1

这是丁立人非常喜爱的下法，通常导致尖锐复杂的局面，另一种常见的下法是 8. Be3。

8...0-0　9. Be2 Nc6

此时也可以走 9...c×d4　10. c×d4 Qa5+　11. Bd2 Q×a2　12. 0-0，将形成另一路非常流行的变化。

10. d5 B×c3+!?

黑方接受弃兵，可以称得上是一路"搏命"的变例。在全队保级形势严峻的情况下，身为主将的李师龙背水一战的心态可见一斑。

相对而言，10...Ne5 是常见的选择，在 11. N×e5 B×e5　12. Qd2 e6　13. f4 Bc7 之后，双方另有复杂的攻守变化。

11. Bd2 B×d2+　12. Q×d2 Na5　13. h4!

冲边兵是有力的进攻手段。如走 13. Qh6 f6，白方并无有效的后续手段。而现在黑方如错走 13...h5?，则 14. Qh6 将立刻变成致命的一击。

13...Bg4　14. Ng5!

保留这只马是非常重要的，如走 14. h5 B×f3　15. g×f3 e5，白方的攻击力量将明显减弱，黑方足可应战。

14...B×e2　15. K×e2（图一）

图一

　　一个非常重要的临界局面，可以说，众多高手对于该变例的研究和争论就是从这里开始的。

15...h6

　　这里另有15...e6的选择，这路变化最初曾被棋手们视为"禁区"，很长一段时间都无人涉足。但2002年，南斯拉夫名将波波维奇在对阵法国特级大师巴克洛特的对局中旧瓶装新酒，重新祭出这一变化，该局的后续如下：16.h5 Nc4！（这正是波波维奇的创新之着，利用捉后先手，及时把闲置的边马投入战斗，注意此时不能走16...h6?，因为白方有17.Nh7！的妙着；而在16...e×d5　17.N×h7！d×e4　18.N×f8 Q×d2+　19.K×d2 R×f8　20.Ke3之后，白方同样有很好的赢棋机会）17.Qc1 e×d5　18.N×h7 Re8　19.h×g6 R×e4+　20.Kf1 Rh4　21.R×h4 Q×h4　22.Kg1 Ne5！　23.g×f7+（如走23.Qc3?! d4！　24.Q×c5 Q×f2+!　25.K×f2 Nd3+　26.Kf3 N×c5　27.Nf6+ Kg7　28.Ne4 b6！，黑方多兵占优；而在23.g3 Qe7　24.Qh6 N×g6　25.R×b7 Qe1+　26.Kg2 Qe4+之后，白方最明智的选择是接受长将）K×h7　24.Q×c5 Kg7，至此，黑方稳住了阵脚，前景乐观。尽管此后波波维奇走误失局，但他给这一变化带来的新内容无疑是值得重视的。

　　然而，两年之后，在两位以色列名将阿弗鲁赫与苏托夫斯基的对局中，白方向这一变例发起了新的挑战。在第18回合，白方将18.N×h7改为18.h×g6！，对局后续如下：18...f×g6　19.R×h7！Qf6　20.f4 b6　21.Rb3 Rae8　22.Rbh3 Re7　23.R7h6！Nd6　24.Qd2！d4（24...d×e4?　25.Q×d6！）

25. Qd3！Nf7（如改走 25...Rfe8 26. Kd1！R×e4 27. N×e4 R×e4 28. f5 Q×f5 29. R×g6+ Q×g6 30. Rg3，白方胜势）26. Qc4，准备走 e4-e5，白方的攻势是难以抵挡的，最终经过一场激战，白方取得了胜利。

由此可见，黑方如想证明 15...e6 是可行之着，尚需提供新的论据。接下来我们回到对局之中……

16. h5！?

直接弃马是一种相对少见的选择，可能包含着丁立人对这一局面的独到理解。从实战来看，这步棋收到了很好的效果；从接下来的应着来看，李师龙显然不太了解这个变化，因此应对失误，迅速失利。白方此时主要的下法是 16. Nh3！?，在 16...Kh7 17. Qc3 b6 18. Ng5+ Kg8 之后再走 19. h5！，和实战相比，增加了 Qc3 和 b7-b6 这两步棋，显然对白方有利，以下可能的续着是：19...h×g5 20. h×g6 f×g6 21. Rh8+！Kf7 22. Rh7+ Ke8 23. Qg7 Kd7 24. d6！Qe8 25. d×e7 Rg8（如走 25...Rf4 将招致白方漂亮的战术打击：26. Rh8！！Q×e7 27. R×a8！R×e4+ 28. Kf1 Q×g7 29. R×a7，白方胜势）26. Qe5 Nc6？（应改走 26...Kc8，则局势尚不明朗）27. Rd1+ Nd4+ 28. R×d4+！c×d4 29. Qd5+ Kc7 30. Q×a8！Qb5+ 31. Kf3，白胜（选自切尔宁—斯托尔，1993 年弈于奥地利的对局）。

16...h×g5 17. h×g6 f6？？

败着！给白方留下 g6 兵对黑方来说无疑是灾难性的，可能李师龙在计算上出现了盲点，黑方此时比较简明的下法是 17...Qd6，以下可能的续着是 18. g×f7+（白方如欲求战，可直接走 18. Q×a5，则 18...Q×g6 19. f3 b6 20. Qc3 f6 21. a4 Kg7 22. a5，白方少兵有一定的主动权，双方互有顾忌）R×f7 19. Q×a5 R×f2+！ 20. K×f2 Qf4+，接下来有长将。

黑方如不愿送还一子，亦可考虑改走 17...f×g6，但经过以下的演变，仍然会导致和棋：18. Q×g5 Qd6 19. Rh6 Qa6+（错误的是 19...Kg7？ 20. Rbh1 Rh8 21. e5 Qa6+ 22. Ke1，黑方无法防守；同样不好的是 19...Kf7 20. Rh7+ Ke8 21. e5 Qd7 22. d6 Nc6 23. Q×g6+ Kd8 24. Rc1！，白方有危险的攻势）20. Ke1 Kg7 21. Rh4 Kf7（不好的是 21...Rh8?！ 22. Q×e7+ Kg8 23. R×h8+ K×h8 24. Rc1！，接下来有 Rc3 和 R×c5 等威胁，黑方不好应付）22. e5（亦可 22. Rh7+ Kg8 23. Rh6，立即不变作和）Qd3 23. Rd1 Qc3+ 24. Kf1 Qc2 25. Rd2 Qb1+ 26. Ke2 Ke8 27. Rh7 Qe4+ 28. Kd1 Qb1+，长将和。

18. Qd3！

平静的一着，却使黑方立刻面临无法解决的难题。黑方的困难在于他的子力难以向王翼驰援，多出来的马难以发挥作用，这正是白方敢于弃子的原因。

18...Qd7

如改走 18...Qe8 试图消灭白方的恶兵，将会失利于白方以下漂亮的攻击：19. e5！（如走 19. Rh8+?! Kg7 20. Rh7+ Kg8 21. Rbh1 Qa4!，白方难以入局）f5（19...fxe5 20. g7!）20. Qh3 Qxg6 21. Qh8+ Kf7 22. e6+ Ke8 23. Rh6!! Qf6（23...Qg8 24. Qc3 b6 25. Rbh1）24. Rbh1！，白方胜定。

19. Qf3 Qa4

同样无济于事的是 19...e5 20. Rh7 Qa4 21. Qf5！Qc2+ 22. Kf3 Rae8 23. Rh8+ Kg7 24. Qd7+ Kxg6 25. Qh7#。

20. Rh8+ Kg7 21. Rh7+ Kg8 22. Qf5！（图二）

图二

进后催杀，攻着准确，至此黑方已无法防御。

22...Qc2+ 23. Kf3 Qc3+

改走 23...Qd3+ 24. Kg4 Qe2+ 25. Kg3 Qa6 26. Rbh1，导致同样结果。

24. Kg4 Qe5 25. Rbh1！Qf4+ 26. Qxf4 gxf4 27. Kf5！

至此，黑方无法化解杀势，白胜。

通过这盘棋不难看出，对于这种激烈复杂的布局变例，必须要有深入和透彻的研究，否则可能立刻遭遇灭顶之灾。在丁立人的率领下，本场比赛浙江队以 3.5：1.5 战胜深圳队，继续保持在积分榜第三位。而深圳队输掉这场比赛之后，降级已不可避免。

第十一局　马群 负 黎光廉

2011 年全国国际象棋甲级联赛第 3 轮

越南棋手黎光廉近年来进步神速，在一系列国际大赛中屡有斩获。特别是 2010 年和 2011 年，他连续两次夺得世界上水平最高的公开赛之一——俄航杯公开赛 A 组的冠军，引起国际棋坛的瞩目。2011 年，他应邀加盟青岛实验初中队征战甲级联赛，也颇引人关注。他的到来不但增强了青岛队的实力，也大大提升了其他队友的信心。在他为青岛队出战的 6 场比赛中，青岛队取得了 5 胜 1 平的惊人战绩，其中不乏像击败北京爱国者队这样的经典战役。以下我们选评联赛第三轮，黎光廉执黑迎战天津南开大学队马群的一盘精彩对局。

1. e4 c5　2. Nf3 d6　3. Bb5+ Bd7

西西里防御中的罗索里莫体系，因其稳健而灵活多变的特点，受到了不少棋手的喜爱，马群对此也较为擅长。和西西里防御的主变相比，这种下法白方比较容易控制局势，在面对实力强于自己的对手时，采用这种变化不失为一种好的选择。

面对白方的打将，黑方为求复杂多变，通常会选择 3...Nd7 或 3...Nc6，而 3...Bd7 往往导致比较简单的局面，一般强手和弱手对弈时都不采用这种走法。但黎光廉这步棋及接下来的着法都走得很快，显得信心十足。在黎光廉为青岛队出战的这几场比赛中，他的几盘对局给笔者留下的最深印象就是他的开局走法都很普通，并无任何过人之处，而他制服对手通常是凭借着他强大的中残局力量，本局就是一个很好的例子。

4. B×d7+ Q×d7　5. c4 Nf6　6. Nc3 g6　7. d4 c×d4　8. N×d4 Bg7　9. 0-0 0-0　10. h3

除了这步棋之外，白方此时还有一种下法是 10. f3，但此后如果黑方愿意，可通过如下走法形成大量简化，迅速走向和棋：10...Rc8　11. b3 d5! 12. e×d5 N×d5　13. N×d5 e6　14. Bh6 e×d5　15. B×g7 K×g7　16. Nb5 d×c4 17. Q×d7 N×d7　18. Nd6 Rc6　19. N×c4 b5　20. Rfd1 b×c4　21. R×d7 c×b3 22. a×b3 Rb6　23. Ra×a7 R×a7　24. R×a7 R×b3。以上走法带有一定的强制

性，白方的着法很难加强，因此，在高水平的比赛中，白方走 10. f3 往往是一种策略性的下法（表示可以接受和棋），否则一般都不采用这种走法。

当然，我们无从猜测，如果马群真的走了 10. f3，黎光廉是否会选择这种和棋的套路，抑或是他另有想法，但至少从现在马群选择的着法来看，他是打算要跟对手"练一练"的。

10. . . Rc8!

现在白方构成了典型的"马洛茨结构"，这种结构的特点是通过 e4、c4 两兵控制住 d5 格，使黑方难于反击，而白方则有比较明显的空间优势。对于黑方来讲，它的计划就是通过一系列的子力调动和部署，力争突破白方的束缚。因此，研习这类局面中的攻守要领也是职业棋手的必修课之一。此时，黑方还有其他下法，例如，2008 年南京国际象棋超级大赛，世界冠军托帕洛夫执黑迎战亚美尼亚棋手莫夫谢西扬的对局，曾选择 10. . . a6 的走法，意图是以后伺机走 b7-b5，动摇 c4 兵，这也是黑方对付"马洛茨结构"的常用思路之一，该局的后续是 11. a4 e6　12. Be3 Rc8　13. b3 Qd8　14. Nde2 Nc6　15. Qd2 Bf8　16. Rfd1 Nd7　17. Rab1 Qa5　18. Bh6 Be7　19. Qb2 Qh5　20. Bf4 Qc5　21. Qd2 Qb4　22. Qb2 Rd8　23. Bd2 Qc5　24. Be3 Qa5　25. Bd2　Qc5　26. Be3 Qa5，于是双方在相持局面中不变作和。从这盘棋的发展来看，10. . . a6 这种走法似乎效果一般。

现在黎光廉另辟蹊径，直接出车捉兵，笔者认为这是目前局面黑方最积极的着法。由这步棋开始的一系列构思，可视为黑方突破"马洛茨结构"的典型手法。

11. b3　b5!

立即利用白方 c3 马无根以及 h8-a1 大斜线上的弱点，展开战术攻击，是黑方上一步的连续手段。

一个值得注意的问题是，黑方能否仍然像对付 10. f3 那样，走 11. . . d5 来反击呢？笔者认为，这是欠妥的，白方可接走 12. N×d5! e6（12. . . N×e4　13. Ba3）　13. N×f6+ B×f6　14. Bb2 Rd8　15. e5! B×e5　16. Qf3，再 Rad1，白方前景乐观，黑方此时如误走 16. . . B×d4?　17. B×d4 Q×d4　18. Rad1 Qb6　19. R×d8+ Q×d8　20. Q×b7 Na6（20. . . Nd7　21. Rd1）　21. Q×a6，则白方多兵占优。

12. Nd×b5

2009 年，格列克对希洛夫的一盘对局中，白方在此应以 12. e5!?，但在

12...d×e5　13. Nd×b5 Nc6　14. Ne4 Q×d1　15. N×f6+ B×f6　16. R×d1 e4
17. Rb1 a6　18. Na3 Nb4 之后，黑方形势不错。

12...N×e4　13. Qf3 Qf5　14. Qe3

如果接受兑后走 14. Q×f5 g×f5　15. Nd5（不能 15. Bb2? a6，白方要遭受物质损失）Nc6　16. Rb1 a6　17. Na3 Rab8，黑方前景颇为乐观。

14...N×c3　15. N×c3 Nc6　16. Bb2 d5!（图一）

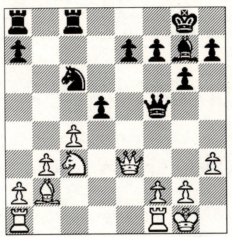

图一

漂亮的一击！此前黑方已经通过走 11...b5，用 b 兵交换了白方的 e 兵，现在利用这一先弃后取的手段，再交换掉白方的 c4 兵，从而彻底突破了白方的封锁。

此时也可以采用按部就班的走法，例如 16...Rab8 或者 16...a5 等，但和 16...d5 相比，它们明显就逊色多了。

17. c×d5 Nb4　18. Rac1 N×a2

吃兵是最简明的下法，但此后局面过于简化，减少了黑方赢棋的机会。可考虑改走 18...a5!?，保持局面的紧张度，白方如接走 19. Rfd1，则 19...N×a2，这样和实战相比，黑方得以保留 a 兵，白方防守的难度将明显加大。对于 18...a5，白方比较好的应着是 19. g4!?，以下 19...Qd3　20. Na4 B×b2 21. N×b2 Q×e3　22. f×e3 N×d5　23. Nc4，白势尚可。

19. N×a2 B×b2　20. R×c8+ R×c8　21. Q×a7 Q×d5　22. Q×e7 Q×b3
23. Nb4 Kg7!

经过以上一系列的交换，局面已经变得很简单，现在白方只要调整好子力位置（特别是马位），则对局势必以和棋告终。不过，马群此前为了摆脱压力耗费了大量的时间，此时他的用时已不宽裕，因此黎光廉极力保持局势的紧张度，以增大白方犯错误的概率。现在上王即是一步良好的等着，预先避开白方以后可能在底线的打将，为围剿白马创造条件。此时无论走 23...Ba3 24.Qd7，或是 23...Qc4 24.Rd1（准备 Nd5），黑方都将一无所得。

24. Rb1 Qc4   25. Nd3?!

这是白方犯的第一个小错误。应走 25.Nd5!，然后把马退到 e3，即可顺利巩固阵地。而黑方如果用象换马（走 25...Q×d5 26.R×b2），则立刻导致和局。

25... Bd4

只有先吊住白方阵营中最易受攻击的 f2 兵，黑方才有可能创造出一些机会。

26. Ne5?!

又是一个小小的不精确。此时让马离开对 f2 兵的守护无疑是危险的，应改走 26.Qe4 较好。

26... Qa2

当然不能走 26...B×f2+?   27.K×f2 Qc2+   28.Kg3 Q×b1   29.Q×f7+ Kh8（29...Kh6 30.Ng4+ Kh5 31.Q×h7+ Kg5 32.Qe7+，下一步杀） 30.Qf6+ Kg8 31.Qe6+，白胜。

27. Rf1 Rc2   28. Nd7?（图二）

图二

这是白方犯的第三个错误，也是最为致命的。白方的本意是想通过29.Qf8#做杀的威胁，达到以攻代守的目的。但是对于这个威胁，黑方可以轻易化解，而此后白马明显"越位"，不但无助于己方的防御，而且还成为黑方攻击的目标。此时改走28.Ng4及时撤退还来得及。

28...h5！

攻守兼备！给王留出h7格，避免了白方的杀着，同时这个兵以后可以继续推进起到助攻的作用。在此之前，黎光廉一直端坐在座位上对局，只是走了这步棋之后才起身关注了一下队友的形势，显然，这个时候他感觉到棋局已经露出胜利的曙光了。

29.Qe4 Qc4

退后保持压力，正着。如贪吃兵走29...B×f2+?！ 30.Kh1，黑方没有后续手段，白方却有31.Qe5+的严重威胁，黑方的子力将难以协调。以下黑方最好的续着是30...Re2，则31.Qf4 Qe6（31...Qb2 32.Qd6） 32.R×f2 R×f2 33.Q×f2 Q×d7，黑方多兵，但显然难以赢得这个残局。

30.Qe7?！

速败之着。顽强些的走法是30.Qf4 Qd5，以下白方有两种选择：

a）31.Nb8 Bc5 32.Qf3 Qd6 33.Qd1［如走33.Qb3则33...B×f2+！34.Kh1（34.R×f2 Rc1+ 35.Rf1 Qd4+）Qd2等］Rd2 34.Qb3 Bd4！，再Rb2，白马必丢。

b）31.Rd1 B×f2+ 32.Kh2 Qe6 33.Qe5+ Q×e5+ 34.N×e5 h4，形成的这个残局，尽管兵在同一侧，但因为黑方子力位置很好，所以白方守和难度仍然很大。不过就当前局面而言，这是白方最实际的机会。

附带提一下，走30.Qf3是不行的，因为黑方可以用和对局中同样的方法取胜：30...Rc1 31.R×c1（31.Rd1 Qc2）Q×c1+ 32.Kh2 Qc7+，黑方得子。

30...Rc1

决定性的一击！

31.R×c1

改走31.Re1是于事无补的，对此黑方最简单的回答是31...R×e1+ 32.Q×e1 Qc7！（充分利用了d7马的不利位置）33.Qe7 Qc1+，即可转入和实战相同的局面。

31...Q×c1+ 32.Kh2 Qf4+ 33.Kh1 Q×f2

白方认输。因为在 34. Kh2 h4 之后，他无法有效地化解杀势。

这盘棋，黎光廉将自己全面的技术以及越南棋手顽强的斗志展现得淋漓尽致。在一个看似胜机渺茫的局面中，通过不断给对手施加压力，终于迫使对手连续踏错马步，露出破绽，最终一举破城。本场比赛，青岛队凭借两位越南外援黎光廉与黄氏宝禅，以及队内的赛季头号得分手龚倩云的胜利，以 3：2 击败天津队，三轮过后取得 2 胜 1 平的优异战绩，为该赛季的黑马之旅开了个好头。

第十二局　马群 胜 余泱漪

2011 年全国国际象棋甲级联赛第 7 轮

联赛进行到第 7 轮，积分领先的北京爱国者队迎来了天津南开大学队的挑战。在前 6 轮比赛中，天津队暂列积分榜第四位，表现不俗，且此站比赛又请来萨吉西扬和穆兹丘克两大强援助阵，来势汹汹，双方一场激战在所难免。

经过抽签，天津队的马群与北京队特级大师余泱漪相遇。在上个赛季的比赛中，双方曾两度交手，各自执黑取胜，此番再战，究竟鹿死谁手？

1. e4 c5　2. Nf3 e6　3. d4 c×d4　4. N×d4 a6　5. Bd3 Nf6

双方以西西里防御保尔逊变例拉开战幕。这步棋黑方有多种选择，印象中余泱漪较为喜用 5... g6 的变化。这次主动变着，显然也是有备而来。

6. 0-0 Qc7　7. Nc3 Bc5　8. Nb3 Be7　9. f4 d6　10. Qe2

白后出动到什么位置是颇耐人寻味的。10. Qf3 曾经被更为广泛的采用，以下是 10... Nbd7　11. Bd2 b6　12. Rae1 Bb7　13. Kh1 0-0　14. Qh3，这正是白方的主要战术意图，平后到 h3 瞄准 h7 格，接下来走 e4-e5，此后有弃车砍马的手段。但后来黑方找到了合适的对策，即走 14... Rad8!，可有效防止白方的这一手段，因为白如接走 15. e5?，则 15... d×e5　16. f×e5 N×e5　17. R×e5 R×d3!，消灭了白方的主攻手白格象，白方的攻势将无从继续。因此，现在更多的棋手选择在这里走 10. Qe2，把后布置在 e 线，支持以后走 e4-e5。

10... Nbd7　11. Bd2 b5!?　12. Rae1

对局时，笔者在旁观战，见双方落子飞快，显然在赛前都做了充分的准备。然而这步棋，马群却思考了很久。赛后据他说，赛前准备这个变化的时候他认为此时黑方不敢冲 b5（较稳妥的是 11...b6），但看到余泱漪飞快地走出这一着，让他心里一惊，经过进一步计算，发现黑方这着棋是成立的，感觉节奏有点被打乱了。他经过较长时间的思考，决定还是按部就班地往王翼调动子力，如果试图利用黑兵在 b5 的位置而走 12.a4，接下来可能是 12...b4 13.Na2 a5 14.c3 b×c3 15.N×c3 Qb6+ 16.Kh1 Q×b3 17.Nb5 d5 18.Rfc1（如走 18.Nc7+?! Kf8 19.N×a8 Qb7，对黑方有利）0-0 19.Bc2 Qc4（19...Q×b2? 20.Bc3）20.Bd3，双方将不变作和。作为执白先行的马群来说，这显然是他不愿意接受的。

12...Bb7 13.e5 Nd5 14.Kh1

避王看起来是迟早要走的一步棋，但亦可考虑改走 14.e×d6!? B×d6 15.f5，黑方有如下几种选择：

a）15...N×c3?! 16.B×c3 e5 17.Ba5 Qc6 18.c4 b×c4 19.B×c4 0-0 20.Rc1 Qa4（20...Nc5?! 21.Bb4!）21.Rfd1 Be7 22.Bc3，白方前景乐观。

b）15...B×h2+?! 16.Kh1 Be5 17.f×e6 f×e6 18.a4 b×a4 19.N×a4，接下来有 20.Nac5 等手段，黑方受攻难走。

c）15...e5! 16.Ne4 Be7 17.Na5 0-0 18.N×b7 Q×b7 19.Kh1，双方各有千秋。

14...0-0 15.Rf3（图一）

图一

15...g6！

白方升车之后，伏有16. B×h7+的典型突破手段，因此黑方先守一着是正确的。以下几个变化可表明，如果黑方听任白方施展手段，白方的攻势将是何等危险。

a）15...Nb4？（无异于催促白方做他想做的事）16. B×h7+ K×h7 17. Rh3+ Kg8 18. Qh5 f5（18...f6 19. f5！） 19. Qh7+ Kf7 20. Rg3 Rg8 21. Qg6+ Kf8 22. Nd4 Nc5 23. N×e6+ N×e6 24. Q×f5+ Ke8 25. Q×e6 Qc4 26. Q×c4 b×c4 27. e×d6，白方胜定。

b）15...N×c3？ 16. B×h7+ K×h7 17. R×c3 Qb6 18. Rh3+ Kg8 19. Qh5 f6（如改走19...f5 20. Qh7+ Kf7 21. Rg3 Rg8 22. Qg6+ Kf8 23. Q×e6，黑亦无法防御）20. f5！ d×e5 21. Qh7+ Kf7 22. Qg6+ Kg8 23. Rh7 Rf7 24. Qh5，白胜。

c）15...d×e5！？，先兑兵再吃马，是对b）变的一种改进，似乎是一种可行的下法，但此后黑方需要走得很精确，大致的变化是：16. f×e5 N×c3 17. B×h7+ K×h7 18. R×c3 Qb6！（不能走18...Qd8？，因为有19. Qh5+ Kg8 20. Rh3 f6 21. Qh7+ Kf7 22. Rg3 Rg8 23. Qg6+ Kf8 24. Nd4 Bd5 25. Bh6！，黑方无法防御）19. Rh3+ Kg8 20. Qd3 B×g2+（亦可考虑改走20...f5！？ 21. Q×d7 Qc6 22. Q×c6 B×c6，黑方活跃的双象可补偿一兵之失）21. K×g2 Qc6+ 22. Kg1 f5 23. e×f6 N×f6 24. Bc3 Rad8 25. Qe3 b4 26. Bd4 Rd6，呈双方各有千秋的局面。

16. Rh3 N×c3

似可考虑改走16...d×e5！？，白如接走17. f×e5，则17...Nb4，除掉白方危险的白格象，黑方前景乐观。因此在16...d×e5之后，白方正确的走法是17. N×d5 B×d5 18. f×e5，以下18...f5 19. e×f6 N×f6 20. Nd4 e5！ 21. Q×e5 Q×e5 22. R×e5 Bd6 23. Rg5（23. Re1 Ng4）Rae8 24. Nf3 Ba8，双方互有顾忌，笔者认为黑方比较易走。

黑方不能立即走16...Nb4？，因为白方有17. N×b5的手段。

17. B×c3 d×e5 18. f×e5 Bd5

不好的是18...Nc5？！，因为白方有如下攻击手段：19. N×c5 Q×c5 20. Qd2！ Qd5 21. Re2 f5 22. e×f6 B×f6 23. Qh6 Qd7 24. B×g6！ h×g6 25. Q×g6+！（精确之着！如走25. Qh8+ B×h8 26. R×h8+ Kf7 27. Rf2+ Ke7 28. Bb4+ Kd8 29. Rh×f8+ Kc7 30. R8f7 Rd8 31. h3 Bd5 32. R×d7+ R×d7

33. a3 e5，白方虽多兵，但难以取胜）Qg7　26. Rg3！Q×g6（如走 26...B×c3 27. Q×e6+ Kh8　28. Rh3+ Qh7　29. R×h7+ K×h7　30. Qd7+ Bg7　31. h3 Bc8 32. Qc7，白方胜势）27. R×g6+ Kh7　28. R×f6 R×f6　29. B×f6 Bd5　30. a3 Rf8　31. Rf2 Kg6　32. Bd4 R×f2　33. B×f2，白方可胜。

19. Qe3 Qb7　20. Re2 Rfc8?（图二）

图二

　　对局进入最关键的时刻。黑方选择平车 c 线，腾出 f8 格，以便随时可以退马防守 h7 格。但是这个车的离开，造成了 f7 格的削弱，为白方此后的战术打击创造了条件。此时应改走 20...f5！，在 21. e×f6 之后，黑方有两种选择。

　　a）21...B×f6?　22. Qh6 Nc5（同样不好的是 22...Ne5　23. B×e5 B×e5　24. R×e5 B×g2+　25. Kg1 B×h3　26. Q×h3 等）　23. B×g6！Ra7 24. Bf5！，白方胜势）23. B×g6！Ra7　24. Bf5！，白方胜势。

　　b）正确的走法是 21...N×f6！，白方如接走 22. Qh6?（改走 22. Nd2 较稳妥，双方各有千秋），黑方有 22...Bb4！！的绝妙反击手段，以下 23. B×b4 Ng4！　24. B×f8 R×f8　25. Q×f8+ K×f8　26. Rg3 h5！　27. B×g6 Qa7　28. h3 Qc7，黑方得子胜定。

21. Rf2 Bf8

　　如改走 21...Nf8　22. Qf4 Bd8　23. Bd4！，接下来白方有 Bc5 的手段，交换掉 f8 马之后，黑方的 h7 格将难以防守。

22. R×h7！

　　对局进行到这里，马群只剩下 7 分钟，而余泱漪尚余十几分钟。在此紧要关头，马群经过反复权衡之后，毅然决定弃车强攻，可谓有胆有识！

22...K×h7 23. R×f7+ Bg7?

面对突如其来的打击，余泱漪乱了方寸，垫象应将导致局势迅速崩溃。此时唯一正确的防守是23...Kg8，可保局势无恙。试演如下：24. B×g6（错误的是24. Qg5? K×f7 25. Q×g6+ Ke7 26. Qg5+ Nf6! 27. e×f6+ Kd7，黑胜）Bg7！（不好的是24...B×g2+? 25. Kg1 Bh1 26. Rf2，尽管多车，但黑方难以应付随之而来的一系列威胁，试举一例如下：26...Nb6 27. Qg5 Qg7 28. K×h1 Na4 29. Nd4 Nc5 30. Qg4 Re8 31. b4! 等）25. Qg5 Rf8!（较弱的是25...R×c3?!，因为有26. Bh5! B×g2+ 27. Kg1 Qb6+ 28. K×g2 Qc6+ 29. Kg1 Qb6+ 30. Kf1 Rf3+ 31. R×f3 N×e5 32. Rf2 Ra7 33. Rg2，白方优势）26. Qh5 Bh6!（26...R×f7? 27. B×f7+ Kf8 28. Bb4+）27. Bh7+（改走27. Q×h6 R×f7 28. B×f7+ K×f7 29. Qh7+ Ke8 30. Qg6+ Kd8 31. Ba5+ Nb6 32. Nc5 Qc6 33. Qg8+ Kc7 34. Qg7+ Kc8 35. Qf8+ Kc7 36. Qe7+ Kc8 37. Qf8+，同样导致长将）Kh8 28. Bg8! R×f7 29. B×f7 Nf8 30. Q×h6+ Nh7 31. Bg6 B×g2+ 32. Kg1 Rg8 33. B×h7 Q×h7 34. Qf6+，长将成和。

24. Bd2！

平静之着，却力似千钧，黑方已经无法防守了。

24...B×g2+ 25. Kg1 Qb6 26. Nd4 Kh8 27. R×g7！

再弃一车，精彩入局。

27...K×g7 28. Qh6+ Kg8 29. Q×g6+ Kf8 30. Bh6+ Ke7 31. Qg5+

至此黑方认输，因为连将杀王已不可避免：31...Nf6（31...Kf7 32. Bg6+ Kg8 33. Bh5+ Kh8 34. Qg7#）32. Q×f6+ Ke8 33. Qf8+ Kd7 34. Qf7+ Kd8 35. Bg5#。

这场比赛，特级大师王瑜战胜宁春红为北京队首开纪录，在比分落后的情况下，天津队的两大强力外援和主将王玥均无功而返，反而是小将马群挺身而出，以连弃双车的精妙杀着击败余泱漪，将比分扳平。本轮比赛结束后，天津队继续排名第四，而北京队的积分被上海队追平，以局分的劣势退居积分榜次席。

第十三局　龚倩云 胜 王瑜

2011 年全国国际象棋甲级联赛第 8 轮

2011 赛季，升班马青岛队众志成城，连克强敌，一举跻身三甲，令人刮目相看。其中，第 8 轮战胜最终的冠军北京爱国者队，堪称该队整个赛季的代表作。其中，头号得分手龚倩云在这场比赛中击败北京队的女子特级大师王瑜，为青岛队再立新功。

1. d4

这是龚倩云在整个赛季唯一一次执白以后前兵开局。赛前准备时，龚倩云感觉如走 1. e4，王瑜肯定会以自己拿手的 1...e5 应对，这样的开局往往容易形成阵地战局面，比较平稳。而这场比赛，考虑到北京队男棋手实力很强，青岛队三位男棋手执黑后走压力巨大，因此把抢分的任务交给了执白的两位女将。为了能尽量形成比较复杂的局面，龚倩云决定出奇兵，以后兵开局起步，打对手一个措手不及。

1...Nf6　2. Nc3　d5　3. Bg5　h6!?

这是龚倩云精心准备的一种布局次序，在随后两个赛季的比赛中，她还多次使用这种走法并取得不错的战绩。

黑方直接挺兵捉象是非常罕见的，笔者猜想这是王瑜临场的即兴求变，主要的意图也是为了避开龚倩云的赛前准备。此时比较常见的下法有 3...Nbd7、3...e6、3...Bf5 等。

4. Bh4!?

比较合乎逻辑的下法是 4. B×f6　e×f6　5. e3，但龚倩云似乎偏爱保留象。现在双方才走了三四个回合，但已进入见招拆招的斗散手阶段，而这种局面正是龚倩云所期望的。

4...g5　5. Bg3　Nh5?!

似乎是合乎逻辑的续着，但有嫌操之过急。比较好的选择是 5...Bg7，尽管如此，在 6. e3　c5　7. d×c5　Qa5　8. Qd3　Q×c5　（8...Ne4　9. Qb5+）　9. 0-0-0　Be6　10. h4 之后，仍属白棋易走。究其原因，黑方这种强行用马来兑换白象的思路有欠成熟，第 4 回合还是走稳健的 4…e6 较好。

6. Be5 f6?!

这样走造成了王翼整片白格的削弱，给予白方极好的进攻机会，不过在实战中，很难想象黑方会在此时走 6…Nf6，因为这无异于承认自己的失策。何况在 7. h4 之后，白方明显主动。

附带提一下，此时不能走 6…Bg7?，否则 7. e4! B×e5 8. d×e5 之后，黑方立刻面临物质损失。

7. e4?!

急于惩罚黑方不成熟的开局构思，但却疏于计算。有力的着法是 7. e3!，例如，7…g4（更差的是 7…Ng7 8. Bg3 h5 9. h4! Nf5 10. h×g5 N×g3 11. f×g3 Qd6 12. Qf3 等，黑方难以应付）8. Bd3 Kf7 9. Bg3 N×g3 10. h×g3，白方稳占优势。

7…Ng7 8. Bg3 d×e4（图一）

图一

9. N×e4?

这是一个低级漏算。据龚情云赛后说，当时她对自己的局面很满意，根本没有注意到黑方有冲 f 兵得子的手段。而当她走出这步棋之后，北京队的特级大师余浈漪在她们的棋盘旁驻足许久，她重新审视棋局后才猛然意识到问题所在，顿时惊出一身冷汗。

其实白方有一步有力的着法，即 9. h4!，以下无论黑方怎样应对，白方均占上风。例如：

a）9...Bf5 10. h×g5 f×g5 11. Qd2 e6 12. 0-0-0 Bd6 13. B×d6 Q×d6 14. f3，白方有主动权。

b）9...g4 10. N×e4 Bf5 11. Bd3 Nc6 12. Ne2 Nb4 13. 0-0 N×d3 14. Q×d3，白方优势。

c）9...g×h4 10. R×h4 f5 11. Qd2 Ne6 12. Be5 Rg8 13. 0-0-0，黑方出子严重落后，难以应付白方众多的威胁。

9...f5 10. Nc5 f4 11. Bd3 e6

白方失子已成定局，但因为黑方出子落后，且王位不安，故而白方仍可取得一定的补偿。这步棋黑方亦可考虑走 11...Qd6!?，一种可能的续着是 12. Nf3 Nd7（12...f×g3?! 13. Ne5!） 13. 0-0 N×c5 14. d×c5 Qf6 15. Ne5! Bf5 16. B×f5 Q×f5 17. c6! Q×e5 18. Qd7+ Kf7 19. c×b7 Re8 20. Q×e8+ N×e8 21. b8=Q Qc5 22. Qb3+ Kg7，双方各有顾忌。

12. Bg6+ Ke7 13. h4?!

赛后，龚倩云对这步棋很不满意，认为其过于急躁，且不能对黑方构成真正的威胁。此时宜走 13. Nf3 f×g3 14. h×g3 Nc6 15. Be4，如前所述，黑王位置不佳，且出子严重落后，白方虽少子但并不难走。

13...f×g3 14. Qf3 g×f2+?

顺手吃掉一兵，看似无可厚非，实际上却是一步帮倒忙的着法，此后，白方的攻势变得异常危险。正确的走法是 14...Nf5 15. 0-0-0 Qd5，白方缺乏有效的进攻手段，黑方优势。

15. Q×f2 Nf5 16. 0-0-0 Bg7

此时再走 16...Qd5 作用已经不大，白方可续走 17. h×g5 Q×a2 18. g4，黑方难以防守。由此我们就不难明白为什么黑方第 14 回合吃兵是个错误。首先，白后改变了位置，黑方 Qd5 等于失去了兑后的先手；其次，白方现在可以推进 g2 兵攻击 f5 马，而这个马一旦被赶走，黑方的防线立刻崩溃。

17. Nf3 Qf8

黑方虽然多子，但因为王的位置恶劣，使其不得不小心走子。如急于出子而走 17...Nc6?，白方有以下攻击手段：18. B×f5 e×f5 19. d5 Nb8（19...Nb4 20. Qe1+） 20. Ne6 B×e6 21. d×e6 Qf8 22. Qc5+ Kf6 23. Q×c7，黑方难以防御。

18. Rhf1 Nc6

黑方为何不走 18...Nd7 去兑换白方的 c5 马呢？因为在这种情况下，白方有典型的弃子突破手段：19. N×e6！ K×e6　20. B×f5+ K×f5（显然不能 20...
Q×f5　21. N×g5+，白方速胜；又如 20...Ke7　21. Qe3+ Kd8　22. Ne5，也是
白方胜势）21. N×g5+ Kg6　22. h5+ K×h5　23. Qe2+，以下以逼着杀王，例
如，23...K×g5（23...Kg6　24. Qd3+ Kh5　25. g4+ K×g5　26. Rf5+）
24. Qe3+ Kg6　25. Qe4+ Kh5　26. Rf5+，等等。

笔者认为，黑方此时应考虑走 18...N×h4!?，以下白方如接走 19. Qg3
Qf4+　20. Q×f4 g×f4　21. N×h4 Bf6　22. Nf3 Rg8　23. Be4 Nd7，这样黑方吐
回一子，局势得以安定，成为双方各有千秋之势。不知对局时王瑜是否看到了
这个变化，或者她认为黑方的局面是可以防御的，因此不愿弃还一子。但正如
对局接下来的发展所表明的那样，白方的攻势将是极其危险的。而且另一个不
容忽视的因素是，因为这盘棋从一开始双方就进入陌生领域展开斗争，至此已
耗去大半时间。这种用时比较紧张的情况，对于局面处于受攻状态的一方是很
不利的。

19. Qe1！

好棋！巧妙地守住 d4 兵，并且用皇后瞄住黑王。注意，现在白方的三个
重子分别占领三条直线，对黑王已形成立体式的进攻。

19...b6

这步棋削弱了 c6 格，给了白方新的机会，但问题在于此时已经难以为黑
方找到好棋。例如，19...g4　20. Ng5！ h×g5　21. R×f5 Qg8　22. Qe3 Bh6
23. h5，白方胜势，或者 19...Nd6　20. Ne5！（但不要 20. N×g5?! Q×f1！
21. Q×f1 h×g5　22. h×g5 Rf8，局势变得模糊不清）Qg8　21. Bh5，尽管大子
俱在，但黑方的局势已近乎瘫痪。

20. B×f5?!

有点随手，更有力的着法是 20. Nd3！ Kd8　21. Nde5，黑方难以找到满意
的应着。

20...b×c5

唯一之着，因为 20...Q×f5? 将立刻失利于 21. Ne5。

21. Be4 Ba6！（图二）

顽强！这正是龚倩云在走 20. B×f5 时所漏算的。黑方如走 21...Qf4+?
22. Nd2 Q×h4（22...Qd6　23. Nc4 Qd7　24. d×c5）23. g3，接下来白方吃
回一子，并且保持强大的攻势，胜局已定。

22. c4??!

图二

如何评价这颇有些异想天开的着法呢？从技术上说，它显然是不正确的，此后黑方将有机会重新巩固防线。然而，如果考虑到黑方的用时已经非常吃紧（此时只剩下不到 10 分钟），这一明显带有欺骗性的"时间恐慌式着法"，还是值得加上一个感叹号，由此也体现了龚倩云机智的一面。

据龚倩云赛后说，此时她的第一感觉是 22. Ne5!?，此后大致变化如下：22... Q×f1（22... B×f1？ 23. Ng6+） 23. N×c6+ Kf8［走 23... Kf7？将遭到白方漂亮的战术打击：24. Bg6+!! K×g6 25. Q×e6+ Kh5（或者 25... Qf6 26. Ne7+ Kh5 27. g4+ K×h4 28. Rh1+ Kg3 29. Qe1+ K×g4 30. Qg1+ Kf3 31. Rh3+ Kf4 32. Qe3+ Kg4 33. Qg3#）26. R×f1 B×f1 27. Qf7+ K×h4 28. Qf2+ Kh5 29. Q×f1，白方胜势］ 24. Q×f1+ B×f1 25. R×f1+ Ke8 26. Na5 Ke7!（26... Rb8?! 27. Bg6+） 27. B×a8 R×a8 28. d×c5 g×h4，形成双方各有顾忌的残局。龚倩云当时大体计算了一下这路变化，但感觉黑方机会不差，而且如果这样走，局势相对简单，黑方用时紧张的问题就显得不那么明显了。更重要的是，龚倩云发现此时场上局势对青岛队已经十分不利，因此这盘棋如果拉长战线，无疑是北京队所希望的。所以，她决定采用实战中这步带有"赌博"性质的着法，寄希望于对手在时间紧张的情况下犯错误。

不过必须指出的是，白方此时还有更好的着法，即简单地走 22. Rf2!，黑方如接走 22... Qf4+，则 23. Rdd2!（当时龚倩云只计算到 23. Nd2?! Qd6，这样黑棋可以守住）Qd6 24. B×c6 Q×c6 25. Ne5 B×e5 26. Q×e5，以下有 Qg7+ 及 d4-d5 等一系列威胁，黑方无法防御。

22. . . B×c4?

果然，王瑜在有限的时间内没能识破白方的意图，应对失误，正中白方下怀。此时应改走 22. . . Qf4+！ 23. Nd2（如走 23. Kb1 B×c4 24. Ne5 Q×f1 25. N×c6+ Ke8 26. Q×f1 B×f1 27. R×f1 Rf8，黑方胜势）Qd6，白方缺少有效的进攻手段，黑方反占上风。

23. Rf2 Qe8?

败着！黑方显然忽略了白方的下一步棋。不过此时走 23. . . Qf4+？ 已经不成立，因为在 24. Nd2 之后，黑方 c4 象被捉，白方可得回一子并保持强大的攻势，而这正是白方走 22. c4 的意图。

较好的走法是 23. . . Nb4，不过在白方应对正确的情况下，亦难摆脱困境，大致变化为：24. Ne5 N×a2+ 25. Kb1 B×e5（其他走法明显更糟）26. R×f8 Ra×f8 27. d×e5 Rf1 28. Qd2 R×d1+ 29. Q×d1 Rf8 30. h×g5 h×g5（30. . . Rf1？ 31. Q×f1 B×f1 32. g×h6 Kf8 33. K×a2，白方可胜）31. Bf3 g4 32. Be2 B×e2 33. Q×e2 Nb4 34. Qb5！，白方有很好的获胜机会。

24. Qc3！

致命一击！至此，黑方的局势已经无法防御。

24. . . g4

如走 24. . . N×d4 25. Q×c4 Qb5 26. R×d4！，白方得子胜定。

25. Q×c4 g×f3 26. Q×c5+ Kf7 27. R×f3+ Kg8 28. B×c6 Qd8 29. B×a8 Q×a8 30. Re1

白方抓住黑方的失误，以摧枯拉朽式的进攻，几个回合下来就形成多子得势的必胜局面。黑方认输。

这场比赛的前半段，北京队显示出强大的实力，牢牢控制住场上局势，尤其是三位执白先行的男棋手，都取得了巨大的局面优势，大有横扫青岛队之势。然而随着龚倩云的先声夺人，双方队员的心态发生了微妙的变化。此后，北京队的名将赵雪在必胜局面中弈出昏着，被青岛队的俄罗斯外援古妮娜做成绝杀，一举翻盘。尽管李超战胜马中涵为京师扳回一城，但修德顺和余泱漪此后屡失战机，分别被黎光廉和王帅顽强顶和。最终青岛队以 3∶2 掀翻北京队，爆出了开赛以来最大的冷门。

第十四局　阮玉长山　胜　卢尚磊

2011 年全国国际象棋甲级联赛第 10 轮

　　越南二号棋手阮玉长山近年来进步飞快，风头丝毫不逊于"一哥"黎光廉。在 2010 年俄航杯公开赛中，他紧随黎光廉之后获得亚军，越南双星包揽这项赛事的冠亚军也引发了国际棋坛不小的轰动。接着他又在 2010 年 7 月比尔青年大师赛中和意大利棋手卡鲁阿纳并列榜首，加赛失利后屈居亚军。2011 年，阮玉长山在各项赛事中更是成为了众多中国棋手的苦主。在 5 月的亚洲个人赛和 10 月的秦皇岛公开赛中，阮玉长山在最后一轮比赛中相继战胜了只需和棋即可夺冠的余泱漪和周建超，令冠军易主；后又在 11 月进行的男子世界杯首轮赛事中将李超淘汰出局。在这一年的甲级联赛中，阮玉长山代表青岛实验初中队出战了 12 场比赛，取得 4 胜 7 和 1 负的战绩，表现亦十分抢眼。

　　以下我们选评联赛第 10 轮阮玉长山执白与浙江队卢尚磊的一盘对局。这盘棋不是阮玉长山在这一年联赛中下得最精彩的，但却是最能体现他稳中求胜的棋艺风格和不屈不挠的战斗精神的一局。对局双方曾在当年亚洲个人赛中相遇，当时阮玉长山执黑，双方战和。此番交战，阮玉长山执白先行，志在战胜对手。

　　1. Nf3 Nf6　2. g3 g6　3. c4 Bg7　4. Bg2 d6　5. 0-0 e5

　　对于阮玉长山来说，这是个小小的意外，因为在赛前查阅卢尚磊的对局时，阮玉长山并未找到卢尚磊采用这种下法的任何对局，因此，临场他只好凭借自己对这种局面的理解来行棋了。

　　6. Nc3 Nc6　7. Rb1 a5　8. d3 0-0　9. a3 Re8　10. Bg5 h6　11. B×f6

　　在英国式开局的这路变化中，白方的主要思路是控制 d5 格和 h1-a8 大斜线，现在白方主动用黑格象交换 f6 马，正是这一思路的体现。

　　11. ... B×f6　12. b4 a×b4　13. a×b4 Bg7　14. b5 Nd4!?

　　在这个局面中，更多的棋手选择走 14. ... Ne7，相对而言谱着比较少见。不过从本局来看，这种下法也是完全可行的。

15. e3 Ra3 16. Nd5 N×f3+ 17. B×f3 Bf5 18. Rb3 R×b3 19. Q×b3 c6?!

以上几个回合黑方处理得当，经过几个交换，白方已难有先手可言。但黑方这步挺兵捉马有嫌轻率，造成了 d5 格永久性的削弱，留下无穷的后患。应改走 19...e4 20. d×e4 B×e4 21. B×e4 R×e4 22. Qd3 Re8，黑方足可抗衡。

20. b×c6 b×c6 21. Nb4 c5 22. Nd5 Qb8

黑方主动兑后，显得求和心切，虽然从技术上说，此后形成的局面黑方也许是可以守住的，但防守毕竟非卢尚磊所长，况且目前的局面还没有逼迫黑方采取这种动作。改走 22...Qa5 之类的着法似乎要好一些，白方虽然子力位置有利，但一时看不出可以由此获得什么实质性的利益。

23. Q×b8 R×b8 24. Ne7+ Kf8 25. N×f5 g×f5 （图一）

图一

黑方显然认为，在这个残局中，异色格象的存在将使棋局很快向和棋方向发展，其实一切并没有那么简单。因为白象明显比黑象积极，这一点在这类局面中往往有决定性的作用。只要白方避免兑车，黑方的防守任务就不会轻松。

26. Bd5 f4

黑方不能表现得过分积极：26...Rb3?! 27. Ra1 R×d3 28. Ra8+ Ke7 29. Ra7+ Kf6 30. h4!（有 31. R×f7+ Kg6 32. h5+的威胁）h5 31. B×f7，消灭 h5 兵之后，白方胜机颇浓。

27. Kg2 Rb2 28. Kf3 f×e3 29. f×e3 Bf6

正着。如错走 29...R×h2? 30. Ke4 Ke8（更差的是 30...f6 31. Ra1

Rf2 32. Ra8+ Ke7 33. Ra7+ Kf8 34. g4!, 对于 35. Rf7+ 的威胁, 黑方难以防御) 31. R×f7 Bf8 32. Rh7, 白王活跃之后, 将配合车象危险的攻势。

30. h4 Rd2 31. Kg4 Kg7 32. Ra1 Rf2!

及时把车置于 f 线, 保护 f7 兵, 是正确的防守, 另有两种走法均不可取: 32...R×d3? 33. Ra7 Kh8 34. R×f7 Bg7 35. Rd7 R×e3 36. Rd8+ Kh7 37. Bg8+ Kg6 38. h5+ Kf6 39. Rd7!, 伏有 40. Rf7+ 得子的手段, 黑方无法应付; 或者 32...Be7 33. Ra7 Kf8 34. Kh5! R×d3 35. K×h6 Bd8 (35...Ke8 36. Bc6+ Kd8 37. Rd7+) 36. R×f7+ Ke8 37. Kg6 Ba5 38. g4 R×e3 39. h5, 白方胜势。

33. Ra7 Bd8 34. Kh3

白方能够走 34. Rd7 得兵, 但在 34...Ba5 35. R×d6 Bd2 36. e4 Be1 37. Rd7 Rf6 38. h5 Bf2 之后, 看不出白方怎样能够取胜。

34...Rf6?!

消极之着! 应改走 34...h5! 控制白王的活动范围, 以下白方如接走 35. Rd7 Ba5 36. R×d6 Bd2, 黑方子力活跃起来之后, 谋和不难。

35. g4!

立刻利用了黑方上一着的不精确, 扩大王翼的空间, 进一步加大黑方防守的难度。不过, 这个残局看上去黑方还是可以守住的, 而且此时场上的形势对青岛队十分不利: 青岛队的小将马中涵和浙江队的全国冠军丁立人先后建功, 双方暂时战平, 而两盘女子对局青岛队的棋手均明显处于下风, 给人的感觉是这场比赛青岛队凶多吉少。

35...Bb6 36. Ra6 Bd8 37. Kg3 Be7 38. Ra7 Bd8 39. Kg2 Bb6 40. Ra6 Bd8 41. Ra8 Be7?

这步随手之着给予白方一次极好的机会, 应走 41...Bc7 或 41...Bb6, 黑势并无大碍。

42. Ra7?

在时间不够充裕的情况下, 阮玉长山没有发现 42. Re8! 这步好棋, 在 42...Bf8 43. h5! 之后, 黑方只有王可动, 白方可以通过紧逼的手段突破黑方的防线: 43...Kg8 44. Ra8 Kg7 45. Be4! Re6 (45...Be7 46. Bf5 Bf8 47. e4, 和主变相同) 46. Bf5 Rf6 (46...Re7 47. g5! h×g5 48. h6+, 白方得子) 47. e4 Kg8 48. Kf3 Kg7 49. Re8 Kg8 (改走 49...d5 50. e×d5 Bd6 51. Ke4, 黑亦难挽回败局) 50. Kg3 Kg7 51. Kh4 Kg8 52. g5 h×g5+ 53. K×g5

Kg7　54. R×f8　R×f5+　55. K×f5　K×f8　56. Kf6，白胜。

错过这个机会之后，黑方得以稳住阵脚，白方为了争取胜利不得不再次进行艰苦的努力。

42...Bd8　43. Be4　Re6　44. Bf5　Re8　45. Kg3　Bf6　46. Be4　Re7　47. Ra6 Rd7　48. Bf5　Rd8　49. Ra7　Re8　50. Kh3　Kf8　51. Be4　Kg7　52. Bd5　Re7 53. Ra6　Rd7　54. Bc6　Rc7　55. Kg3　Be7　56. Bd5　Rd7　57. Ra2　Bd8　58. Bc6 Rc7　59. Be4　Rd7　60. Ra8　Bf6　61. Ra2　Bd8　62. Bd5　Bf6　63. Ra8　Rc7（图二）

图二

64. g5!

双方相持了 20 多个回合，黑方防守准确，令白方无机可乘。现在白方弃兵以求把王活跃起来，这是一个没有危险的尝试。而且，经过以上反复的试探和努力之后，阮玉长山已经明显意识到，这是白方唯一有可能打破僵局争取胜利的机会。

64...h×g5　65. h5　Rd7　66. Kg4　Rc7　67. Kf5　Be7　68. Kg4　Bf6　69. Ra6 Be7　70. Kf5　Rd7　71. Ra2　Bd8　72. Ra1

这几步棋白方重复走子是为了赢得思考的时间，因为双方早已陷入时间恐慌阶段。此时，青岛队的主力得分手龚倩云已经输给浙江队的王晓晖，范黎草原在与丁亦昕的较量中也败相尽显，阮玉长山虽然一直在努力争取胜利，但看起来很难攻破黑方的防线，看上去这场比赛青岛队输定了……

72...Rc7　73. Ra6　Rd7　74. Ra8　Be7　75. h6+

白方尽最大的努力。

75. ...K×h6   76. B×f7 Rc7?

黑方对潜在的危险缺乏警惕性。此时应走 76. ...g4!，送掉多余的小兵，增加象的活动空间，以下 77. Bd5（77. K×g4 Bg5）Rd8   78. Ra1 Rh8!   79. K×g4 Kg6，和势。

77. Bd5 Kg7

现在再走 77. ...g4 已经迟了，在 78. Rh8+ Kg7   79. Rg8+ Kh6   80. R×g4 之后，黑方的困难丝毫没有减轻。

78. Rg8+ Kh7   79. Re8 Kg7   80. Rg8+ Kh7   81. Bf7! Bf8?

卢尚磊几乎耗尽了剩余的所有时间之后选择了这步棋，企图通过先弃后取的手段交换象，进入车兵残局求和。然而这却是一个糟糕的决定，因为在形成的车兵残局中，双方子力位置上的巨大差异使黑方难以谋和。此时应走 81. ...Ra7   82. Ke6 g4   83. R×g4 Bf8   84. Rg1 Rb7 等，坚守待变，白方并无明显的取胜途径。

82. R×f8 Kg7   83. Rg8+ K×f7   84. R×g5 Rb7   85. Rg6

阮玉长山赛后说，直到走出这步棋之后，他在本局中才第一次真正感到有了获胜的机会。与此同时，范黎草原抓住丁亦昕在时间紧张中出现的失误，逼成长将和棋，为青岛队留住了一线生机（该局共弈了94回合，比本局只少了一个回合）。偌大的赛场只剩下了这一盘棋尚未结束，青岛队能不能与浙江队战平，就看阮玉长山能否拿下本局了。

85. ...Rb6   86. Rh6?（图三）

图三

随手之着！正确的着法是 86. e4，白方可以取胜。例如，86...Ra6　87. Rh6 Kg7（87...Kg8　88. Kf6! Ra3　89. Rh3 Rb3　90. Ke7 Rb6　91. Rf3 Kg7 92. Rf7+! Kg8　93. Rf6，白胜）　88. Rh3 Kf7　89. Rh7+，白方胜定。

86...Kg7?

在时间非常紧张的情况下，86...Ke8! 这步棋是很难被发现的，然而只有此着才能使黑方获救，以下白方如接走 87. Rh7 Rb3　88. Ke6 Kf8　89. K×d6 R×d3+　90. K×e5 R×e3+　91. Kd6 Rc3　92. K×c5 Ke8，和棋。

87. Rf6?

又是一步不精确的着法，几乎将辛辛苦苦换来的胜势局面毁于一旦，应走 87. Re6! Kf7　88. e4，白胜。

87...Ra6?

错过了最后一次挽救败局的机会：87...e4!　88. d×e4 Rb4　89. R×d6 R×c4　90. e5 Rh4　91. Rd7+ Kf8　92. Rc7 Rh6　93. R×c5 Ke7　94. Rc7+ Ke8，形成单车对车叠兵的理论和棋局面，读者不妨自行演示一下接下来的走法。

88. e4!

白方终于找到了正确的途径，至此黑方已无力回天。

88...Rb6　89. Rg6+ Kf7　90. Rh6 Ke8　91. Rh7 Rb3　92. Ke6 Kf8

或者 92...Kd8　93. Rd7+，结果相同。

93. Rh3 Rb6　94. Rh8+ Kg7　95. Rd8

黑方已无险可守，只得投子认负。

经过近百回合的苦战，阮玉长山终于力挽狂澜，帮助青岛队将比分扳平。比赛结束后，一直守候在赛场外的青岛队众将士一拥而上，纷纷和阮玉长山拥抱庆祝。本场比赛的过程和结果，以及赛后这一幕，恰是青岛队这个赛季表现的缩影：团结一致，永不放弃，再加上一点点运气，最终使这支平民队伍一"黑"到底，荣膺联赛季军。

第十五局　谭中怡 胜 章晓雯

2011 年全国国际象棋甲级联赛第 11 轮

实力不俗的重庆移动通信队在本届联赛第一循环中发挥欠佳，9 场比赛 5 平

4 负积分垫底，令人大跌眼镜。联赛第 10～12 轮比赛移师重庆进行，主场作战的重庆队将先后迎战第一循环大胜自己的天津队、领头羊上海队、卫冕冠军山东队。面对强劲的对手，重庆队能够借主场之利摆脱困境吗？答案是肯定的。

第 10 轮比赛，重庆队以 3.5∶1.5 战胜天津队，迎来本届联赛的首场胜利。随后他们迎来了领头羊上海队的挑战。本局的两员女将在当年的国内外比赛中，个人战绩突出。章晓雯是 2011 年全国个人锦标赛女子组新科状元，而谭中怡在本站联赛之前刚刚获得世界大学生运动会国际象棋比赛女子组金牌。另外两人还双双入选了年底进行的女子国际象棋世界团体赛中国队的阵容，并和队友们一起卫冕成功。两人是知己知彼的老对手，在各种比赛中交锋无数，这次相遇又是一盘精彩对局。

1. d4 Nf6 2. c4 g6 3. Nf3 Bg7 4. g3

章晓雯执黑对付后翼兵开局基本只走古印度防御。在 2011 年全国女子个人锦标赛中，章晓雯执黑三度使用该布局，接连战胜郭琦、谭中怡、赵雪，为最终夺冠奠定了基础。

谭中怡执白进攻古印度防御的着数则是花样繁多。此前两次和章晓雯在此防御中斗法（包括前述个人赛的那一局），谭中怡均选择 4. Nc3 0-0 5. e4 d6 6. Be2 e5 7. Be3 的变化，却两战皆负，故而本局谭中怡主动求变，改走侧翼象变例。这种变化的特点是灵活多变，比较工稳。笔者印象中，该变例已成为谭中怡最近一段时间执白进攻古印度防御最主要的武器之一。

4. ...0-0 5. Bg2 d6 6. 0-0 Nc6

流行之着，此时另有 6. ...Nbd7、6. ...c6、6. ...c5 等多种选择。

7. Nc3 a6 8. b3 Rb8 9. Nd5 Nd7

黑方退马，准备下步走 e7-e6 将白方的中心马驱回，但是马跳到什么位置是颇有讲究的。马在 d7 格，容易造成子力拥塞，似不如走 9. ...Nh5 更为合理，接下来是 10. Bb2 e6 11. Ne3（退马到 e3 是为了加固 c4 兵，降低 b7-b5 这步棋的力量，也可以走 11. Nc3 b5 12. c×b5 a×b5 13. Rc1，另有变化）b5（摩尔多瓦特级大师波罗刚的下法 11. ...Ne7!? 也是十分有趣的）12. Rc1 Bd7 13. Qd2 Ne7 14. d5 e5 15. c5 Bh6，双方互缠。

另一种主要的选择是 9. ...e6。在 2012 年全国国际象棋甲级联赛沪渝两队再次相遇时，章晓雯执黑迎战重庆队另一位女子特级大师黄茜。双方再演此阵时，有备而来的章晓雯便改用这一走法应战并取得了良好的效果，接下来的着法是 10. N×f6+ Q×f6 11. Bg5（亦可改走 11. Bb2）Qf5 12. Qd2 N×d4 13. N×d4

B×d4　14. Q×d4　Q×g5　15. Qa7　Bd7　16. B×b7　a5，黑可抗衡，该局最终弈和。

10. Bb2　e6　11. Nc3　Ne7

这是黑方在这一变例中常见的运子手段，意在构成有弹性的兵子结构。如走 11...b5　12. c×b5　a×b5　13. Rc1　Ne7　14. Qc2，再 Rfd1，白方较有发展前景。

12. a4（图一）

图一

颇有想法的一步棋。阻止 b7-b5 的同时，伺机可走 a4-a5 夺取后翼空间。此外，12. Rc1 亦是可行之着。

12...f5?!

黑方试图舒展自己的局面（准备走 e6-e5 或 Nf6），但时机尚不成熟。这步棋的问题在于削弱了王翼，并且给予白方走 e2-e4 立刻打开局面的机会，在黑方尚未完成出子的情况下，这是非常危险的。建议改走 12...a5，再 b7-b6，Bb7 等，先布置好子力，再伺机而动。

13. Re1　e5?!

一个错误计划的继续！这步棋走出后，白方的下一着棋无疑具有更大的破坏力。可考虑改走 13...Nf6，尽管在 14. e4　f×e4　15. N×e4　N×e4　16. R×e4 之后，白方稳持主动。

14. e4!　e×d4?

丝毫未觉察到危险！这样主动打开局面的后果将是灾难性的，此时必须走 14...f4，尚无大碍。

15. N×d4 Nc5   16. e×f5 N×f5   17. Nd5!

一个深远的进攻计划的开始。

17...c6

允许白方展开一次漂亮的进攻，但此时其他走法亦不见佳，例如，17...N×d4
18. B×d4 B×d4   19. Q×d4 Ne6（19...N×b3   20. Qc3 N×a1   21. Ne7+ Kf7
22. Bd5+）   20. R×e6! B×e6   21. Re1 Kf7   22. R×e6! K×e6   23. Qg7!（伏
24. Bh3+ Rf5   25. Nf4#）Rf6   24. N×f6 Q×f6   25. Bh3+ Ke5   26. f4+，白胜；
或者17...Rf7   18. N×f5 B×f5   19. B×g7 K×g7   20. Re3 c6   21. Qd4+ Kg8
22. Rae1! c×d5   23. B×d5，黑方难以找到满意的应着。

18. N×f5 B×b2

更差的是18...B×f5   19. B×g7 K×g7   20. Re7+ Rf7   21. Qd4+ Kg8   22. Nf6+，
白方速胜。

19. Nde7+ Kh8（图二）

图二

20. Qd2!

精妙的一击！借捉象先手，伏 N×g6+再 Qh6+的手段，是出乎黑方意料的
冷着！

20...B×a1

只好吃掉白车，任由白方摆布，因改走 20...Bg7 亦无济于事：21. N×g7
K×g7   22. b4 Ne6（22...Nd7   23. Q×d6）   23. N×c8 Q×c8   24. Bh3 Rf6
25. Qe3，白胜。

21. N×g6+ Kg8

吃马将输得更快：21...h×g6 22. Qh6+ Kg8 23. Ne7+。

22. Bd5+！

再弃一子，妙着连珠。

22...c×d5 23. Q×d5+ Be6

顽强点的着法是23...Rf7，但在白方正确的攻着下，亦难改善局面。试演如下：24. Nh6+ Kg7 25. N×f7 Qf6 26. Nf4 Be6（如改走26...Q×f7 27. Qg5+ Kf8 28. Qd8+ Kg7 29. Re7 Bf6 30. R×f7+ K×f7 31. Q×d6 Nd7 32. Qd5+ Kf8 33. Qe4，和主变类似，黑方不协调的子力将难以与威力巨大的白后抗衡）27. R×e6 N×e6（27...Q×f7 28. Q×d6 N×e6 29. N×e6+ Kg6 30. Nf4+） 28. Nh5+ K×f7 29. N×f6 B×f6 30. f4 Ke7 31. Qe4，吃掉h兵之后，白方胜势。

24. R×e6 N×e6

如改走24...R×f5 25. Re8+ Kg7 26. Qg8+ Kh6 27. R×d8 R×d8 28. Q×d8 h×g6 29. Q×d6 Ne4 30. Qd1 Bg7 31. f3 Ng5 32. f4 Ne6 33. Qd6，黑方亦难进行长久的抵抗。

25. Q×e6+ Rf7 26. Nh6+ Kg7 27. Q×f7+ K×h6 28. Ne7！

进马做杀，一着定局。

28...Qf8

只有弃后吃马才能解杀，但黑方显然没有这样的心情了，于是她将失败的苦酒一饮而尽。

29. Nf5+ Kg5 30. h4+

黑方认输，因为接下来有连将杀：30...Kg4 31. Ne3+ Kh3 32. Qe6+。

谭中怡以一套漂亮的组合拳完成了这次精彩的攻王表演，取得联赛个人四连胜，也为重庆队打开了胜利之门。这场比赛重庆队最终以3：2掀翻领头羊上海队，爆出了一个不大不小的冷门。接下来的一场比赛，重庆队再接再厉，又以4：1大胜卫冕冠军山东队，以三战全胜的佳绩结束了这次主场作战的赛会制比赛，积分也迅速攀升至中游位置。

第十六局　宁春红　胜　许昱华

2011 年全国国际象棋甲级联赛第 14 轮

联赛第 14 轮，天津队与浙江队相遇。在此之前，天津队已经连续 7 轮不胜，滑落至积分榜倒数第二位。接下来的两轮，天津队将分别与浙江队和河北队交锋，如果不能及时止跌，最后三轮他们将先后迎战京沪鲁传统三强，保级形势将异常凶险。而浙江队本轮之前虽然排名第五，但比位于降级区的天津队只高出 3 分，稍有不慎也会被拉进保级圈，因此本场比赛两队都势在必得。

本届联赛中参赛年龄最大的两位女将在这场比赛中相遇。棋后许昱华近年来主动让贤，已逐渐淡出浙江队的上场阵容。但此前一轮浙江队刚刚 1∶4 惨败给河北队，士气受挫，本轮又面临和天津队的关键一战，为了稳定军心，浙江队决定派许昱华出场。而她的对手宁春红已经 43 岁，仍然活跃在联赛一线，且时有佳作，本局即是一例。

1. e4 e6　2. d4 d5　3. Nc3 Nf6　4. e5 Nfd7　5. f4 c5　6. Nf3 Nc6　7. Be3 Be7

双方以法兰西防御拉开战幕，这一回合黑方另有 7...c×d4 和 7...a6 两种常见选择。而 7...Be7 是许昱华十分擅长的变化，包括倪华、周唯奇、侯逸凡在内的我国其他一些特级大师也十分偏爱此路变化，在实战中取得过不俗的战绩。

8. Qd2 0-0　9. Be2

这一回合是白方一个比较关键的选择点，习惯性的应着 9. 0-0-0?! 在这里是不合适的，因为黑方会应以 9...c4!，此后黑方在后翼的攻势将十分凶险。以我国特级大师李师龙执黑在 2006 年弈出的一则对局为例：10. f5 b5！11. f×e6 f×e6　12. N×b5 Rb8　13. Nd6 B×d6　14. e×d6 Nb4　15. Kb1 Nf6　16. a3 Ne4　17. Qe1 c3！，黑方有不可抗拒的攻势并最终在第 25 回合做成杀局。

白方如果打算长易位，那么这一回合要先走 9. d×c5，在 9...B×c5 之后再 10. 0-0-0，接下来可能是 10...Qa5　11. B×c5 N×c5　12. h4 Bd7　13. h5 b5！，双方激烈对攻，互有机会（选自李超—倪华，弈于 2008 年全国国际象棋甲级联赛的对局）。

现在白方走 9. Be2，准备进行短易位，是一种比较稳健的选择，体现出宁老师在本局中稳中求胜的战略思想。笔者曾在天津队效力多年，和宁老师亦师亦友。前几年宁老师因为政务缠身，基本上没有时间进行系统训练，所以在联赛中为了避开对手熟悉的布局套路，通常选择一些较冷门的变化。而 2011 年的联赛，笔者关注了宁老师的几盘对局，发现她所选择的布局变化都是堂堂正正，有的甚至是最新变化，笔者还曾为此和宁老师打趣，说她训练量明显增加了。从这盘棋来看，宁老师显然也是在赛前做足了功课，并且针对许昱华擅长的变化进行了精心的准备，这一点通过宁老师在开局阶段飞快的走棋速度就能看出来。

9...a6　10. 0-0 b5　11. d×c5!?

在 2008 年的中俄对抗赛上，俄罗斯名将小科辛采娃在对许昱华的对局中，选择走 11. a3，以下是 11...Qb6　12. Nd1 a5　13. c3 a4　14. Nf2 Na5　15. d×c5 B×c5　16. B×c5 N×c5　17. Qe3 Nc4　18. B×c4 b×c4，黑方形势不错，并最终取胜。

本局宁老师主动变着，立刻兑兵，减少了黑方的选择，使局势易于控制，是一种颇为策略性的下法。

11...B×c5

简明之着，当然，11...N×c5 也是完全可行的，双方另有攻守。

12. Nd4 Qb6　13. Rad1 Ndb8!

一步很好的改进之着。黑方的思路很简单：在 d4 格交换子力之后，再跳马 c6，加强对 d4 格的争夺，并可伺机攻击后翼。此前有人曾在这一局面中走 13...f6，立刻反击中心，但在 14. e×f6 N×f6　15. Bf3 Bd7　16. Rfe1 Rac8　17. Nb3 B×e3+　18. Q×e3 Q×e3+　19. R×e3 之后，白方明显占优。

颇值得玩味的是，13. Rad1 之后的这个局面，也经常会通过如下次序走成：1. e4 e6　2. d4 d5　3. Nc3 Nf6　4. e5 Nfd7　5. f4 c5　6. Nf3 Nc6　7. Be3 a6　8. Be2 b5　9. 0-0 Qb6　10. Qd2 c×d4　11. N×d4 Bc5　12. Rad1 0-0。于是我们可以看出，在这种情况下，形成这个局面的时候是该白方走棋的（一般走 13. Rf3），而现在却该黑方走棋，也就是说白方亏了一步棋，这是由白方 11. d×c5 主动进行交换所致。那么是不是白方这种走法不好？从纯技术角度来说，白送给对手一步棋当然是吃亏的，但是在这个局面中，黑方多走的一步棋未必能带来实质性的利益，而白方通过这样的走法，使局势不担风险且易于把握，这正是宁老师所希望的，由此不难看出，赛前准备这盘棋的时候宁老师是动了一番脑筋的。

14. a3 Bb7?!

更简明的走法是 14...N×d4 15.B×d4 Nc6 16.B×c5 Q×c5+ 17.Kh1 Bd7，黑方可以满意。就目前这种兵形结构而言，黑象布置在 d7 似乎要比布置在 b7 更恰当。

15. Bf2?!

这步棋的目的是给象生根，从而迫使黑方澄清中心的形势，但随着黑方进行交换，这步棋显然又会变成一步无效的棋（等于没走），因此较好的走法是 15.Bf3，黑如仍走 15...N×d4 16.B×d4 B×d4+ 17.Q×d4 Q×d4+ 18.R×d4 Nc6 19.Rd2 Na5 20.b3 Rac8 21.Ne2，再 Nd4，白方明显占优。

15...N×d4 16. B×d4 B×d4+

许昱华并不反对简化局面，是因为她对之后形成的残局形势感到乐观，但此时更好的走法是 16...Nc6!，保持局势复杂化，在 17.B×c5 Q×c5+ 18.Kh1 f6 19.e×f6 R×f6 20.Rfe1 Raf8 21.Bg4 Bc8 22.g3 a5 之后，黑方机会不差。

17. Q×d4 Q×d4+ 18. R×d4 Nc6 19. Rd2 Na5 20. b4（图一）

图一

一步略显无奈的着法，因为这个时候明显不宜走 20.b3，否则在 20...Rac8 之后，和第 15 回合注释的变化相比，白马不能及时退到 e2，局势显然不利。

20...Rfc8?!

总体而言，黑方的布局是成功的。但也许正因如此，致使其对局势的判断过于乐观，因此着法有随手之嫌。这步棋将导致丢掉一个重要的中心兵，实无必要。当然，20...Nc4?! 也是不好的，在 21. B×c4 之后，无论是 21...b×c4 22. Ne2，还是 21...d×c4   22. Rfd1，均为白方占优的局面。

较好的走法是 20...Nc6，以下可能的变化是 21. Nd1 g5! 22. Nb2!（22. g3?! g×f4 23. g×f4 f6 24. e×f6 R×f6，黑方易走）g×f4 23. Nd3 f6 24. N×f4 f×e5 25. N×e6 R×f1+ 26. K×f1 Ne7，双方互有机会。

21. N×d5! B×d5 22. b×a5 Rc3 23. Ra1!

似笨实佳的一着！如走 23. Bf3 R×a3 24. B×d5 Rd8 25. Rfd1 e×d5 26. R×d5 R×d5 27. R×d5 Kf8，则成和势。

现在白方平车保兵之后，以后有 a3-a4 的可能，可以对黑方的后翼兵展开进攻。事实证明，白方多出来的这个叠兵是非常有用的，而这可能是之前黑方没有估计到的。

23...Rac8?!

又是一步随手之着。此着走后，黑车失去了对 a6 兵的保护，白方 a3-a4 这步棋的力量将显著增大。可考虑改走 23...Bc6!?，以下如接走 24. Kf2 Kf8 25. Bd3 Ke7 26. Ke3 Rd8 27. g3 h6，双方形成相持局面，白方难以找到合适的进攻计划，黑方可以接受。

24. Bd3 Bc4?

一步大失水准的着法！从最近这几步棋来看，由于此前对局势判断有误，加之在这场比赛中担负着得分的重任，使得比赛经验丰富的许昱华也产生了急躁的情绪，因此影响了着法的质量。主动放弃 h1-a8 大斜线的后果无疑是严重的！此时仍然应该冷静地走 24...Bc6!，白方如接走 25. a4，则 25...b×a4 26. B×a6 Ra8 27. Bf1 g5! 28. a6! g×f4 29. Rf2 Kf8! 30. R×f4（30. Bd3 Rc5）R×c2 31. Rh4 Rc5（31...Kg7?! 32. Ra3） 32. R×h7 Ke7 33. Rh5 Rb8，黑方虽然少兵，但子力位置尚佳，足可一战。

25. Be4!

避免兑象，将矛头指向易受攻击的 a6 兵，同时亮出车路，是一步简明有力的好棋。是时笔者在旁观战，见许昱华为下一步棋沉思良久，由此不难揣测她忽略了白方这一简单的回应，否则上一回合她肯定会另寻其他可行之着。

25...g5

经过较长时间的思考，许昱华决定采用这步激烈的着法。其实，值得考虑走委曲求全的 25... Bd5，以下变化是 26. B×d5（26. Rad1 Kf8　27. B×d5 e×d5　28. R×d5 R×a3，和势）e×d5　27. R×d5 g6　28. Ra2（改走 28. Rd6 R×c2　29. R×a6 Rb2　30. Kh1 Rcc2　31. Rg1 Ra2　32. Ra8+ Kg7　33. Ra7 Re2!，白方亦难取胜）R×c2　29. R×c2 R×c2　30. Rd6 Ra2　31. R×a6 R×a3，接下来很可能形成同侧车四兵对车三兵的残局，如果黑方防守正确，可望成和。

26. f×g5 Rc5　27. Bb7 Bd5?

退象自阻车路，与此前走 25...g5 的思路自相矛盾。黑方忽略了此时有一步巧妙的着法：27... Rc7!，白方如接走 28. B×a6?!，则 28... Ra7　29. Rd6（29. Bc8?! Bd5）R×c2，再 Bd5，黑方将取得真正的反击机会。相对而言，白方比较理智的走法是 28. Bf3（不走 28. B×a6）·以下 28... Rc5　29. Rd6 R×e5　30. R×a6 R×g5，伏 31... R×f3，接下来黑方还有 Bd5 兑象的手段，白方想赢得此后形成的四车残局并非易事。

28. B×a6 R×c2　29. Rad1 R2c4　30. Rb1 Bc6

不宜走 30... Rc2?!，因为在 31. R×c2 R×c2　32. B×b5 R×g2+　33. Kf1 R×h2　34. Rb4 之后，白方的 a5 兵将变得异常凶险。

31. Rdb2 Be4?

令人费解之着，此后黑方再失一兵，终因少兵太多而无力挽回败局。正确的走法是 31... R×e5　32. B×b5 B×b5　33. R×b5 Re2　34. R5b2 Re5，黑方仍然保持很大的和棋机会。

32. B×b5 B×b1　33. B×c4 R×c4　34. R×b1（图二）

图二

经过转换，白方已呈必胜之势，但因为白方兵形上的缺陷，故而实现优势还需面对一些技术上的困难。

34... Ra4 35. Rb8+?!

在这个局面中，对白方而言，制订一个明确的取胜计划非常重要。白方决定把车布置在通路兵的前面，这样的走法使白车的灵活性大大降低，白方的任务因此变得复杂起来。此时比较稳妥的选择是 35. Rb3! R×a5 36. Re3，充分发挥车的作用，守住 a3、e5 两兵，然后白王可逐步调去后翼支持通路兵。以下可能的续着是 36... Kg7 37. Kf2 Kg6 38. h4 Kh5 39. g3 Kg4 40. Rf3!（重要之着！白王如果径直去后翼，黑方可走 Kg4-h3-g2-f2 进行牵制和骚扰）Rf7 41. Rf4+ Kh5（41... Kh3? 42. h5!，绝杀）42. a4，白方可稳步取胜。

35... Kg7 36. Ra8?! Kg6!

充分利用白车的不利位置，及时出王攻击白方的弱兵，是最顽强的应着。如走 36... R×a3?，白方有 37. g4! 的有力之着（但不能 37. a6?! Kg6 38. a7? Kf5!，这样白方无法取胜，读者可自行验证），以下黑方大致有两种走法。

a）37... Re3 38. a6 R×e5 39. a7! Ra5，白兵推进到第 7 横线之后，接下来的任务是把黑王赶出安全的区域，使白车可以借将脱身，借助王翼三只兵的力量，白方完成这一任务并不困难：40. h4 Ra4 41. Kf2 Ra5（继续打将或推进 e 兵也无法改变什么）42. h5（威胁以 43. h6+）h6 43. g×h6+ Kh7 44. g5，再 g5-g6+，白方胜定。

b）37... Ra1+ 38. Kg2 Ra2+ 39. Kg3 Ra3+，通过以上变化我们已经可以看出白方王翼三只兵的重要性，因此黑方力求通过连续打将先消灭其中的一兵，接下来白方面临选择。

b1）40. Kh4?! Ra2 41. h3?，白方试图保住全部的王翼兵，这是错误的计划，因为白王的不利位置，黑方可巧妙地求得和棋：41... Ra3! 42. a6 Rb3 43. a7（如走 43. Rc8 Ra3 44. Rc6 Kg6!，和棋）Ra3（白方陷于受逼）44. g6 h×g6 45. Kg5 Ra5 46. Kf4 Ra4+ 47. Ke3 g5!，显然是和棋。

b2）正确的着法是 40. Kf2! Ra2+ 41. Ke3 R×h2 42. Kd4 Rd2+（改走42... Rg2 亦无济于事：43. a6 R×g4+ 44. Kc5 R×g5 45. a7 R×e5+ 46. Kb6 Re1 47. Re8 Ra1 48. a8=Q R×a8 49. R×a8，因为黑方王和兵的位置都太低，白王也可及时回防，因此黑方无法获救，简举一例如下：49... Kf6 50. Kc5 Ke5 51. Kc4 Ke4 52. Rh8 f5 53. R×h7 f4 54. Kc3 e5 55. Re7 Kf5 56. Kd3，白胜）43. Kc5 Rd5+ 44. Kb6 R×e5 45. a6 Re1 46. Rb8 Rb1+

47. Kc7 Rc1+   48. Kb7 Rb1+   49. Ka8 Ra1   50. a7, 再 Kb7, 白胜。

37. Rg8+!

如果让黑方顺利消灭 g5 兵和 e5 兵, 白方显然没有任何取胜的希望。因此, 白方果断放弃 a 线兵, 转而攻击黑方的王翼兵, 是争取胜利的最好尝试。

37... Kf5   38. Rg7 R×a3   39. R×f7+ K×g5   40. Rf6?!（图三）

图三

应改走 40. R×h7, 形成通路联兵, 这样白方取胜机会较大。

40... Ra1+?

关键时刻, 黑方选择了错误的计划, 从而丧失了最后的和棋希望。黑方的想法是通过连续打将让白王离开王翼, 然后再吃掉 a5 兵, 此后利用白王远离王翼的机会伺机攻击白方王翼兵。但是白王借机深入黑方阵地立即决定了对局的胜负, 故而此时黑方应先走 40... R×a5, 在 41. R×e6 之后, 黑方有两种选择。

a) 41... Ra1+   42. Kf2 Ra2+   43. Kf3 Ra3+   44. Ke4 Ra4+   45. Kd5 Ra5+   46. Kd6 Ra6+   47. Ke7 Ra7+   48. Kf8 Kf5 (或者 48... Ra2   49. Rd6 Ra8+   50. Ke7 Ra7+   51. Rd7 Ra2   52. e6, 白方胜定) 49. Rh6 K×e5   50. Kg8 Kf5   51. R×h7 Ra8+   52. Kg7 Ra2   53. g3 Kg5   54. Rh4, 接下来白方逐步调整子力位置, 可以取胜。

b) 41... h5!, 这是对上述变化的一个重要加强。黑方必须要保住 h 兵, 不让白方形成车+两联兵对单车的残局, 以下可能的变化是 42. Re8 (白方如走 42. h3, 试图在 h2 格给王找一个掩蔽所, 则 42... h4   43. Re8 Kf5   44. e6

Ra1+ 45. Kh2 Ra4！），黑方可以在保住 h 兵的前提下消灭 e 兵，不怕兑车，因为白王位置不利，所形成的王兵残局将不能取胜）h4 43. e6 Ra1+！（现在开始打将才是正确的）44. Kf2 Ra2+ 45. Kf3 Ra3+ 46. Ke4（46. Ke2 Ra2+ 47. Kd3 Kf6）Kf6，和棋。

41. Kf2 Ra2+ 42. Kf3 Ra3+ 43. Ke4 Ra4+ 44. Kd3 Ra3+ 45. Kd4 Ra4+ 46. Kc5 R×a5+ 47. Kd6 Ra2 48. Rf8?!

此时双方均已陷入时间恐慌，因而白方未能找到更加简明的获胜途径，可改走 48. K×e6 R×g2 49. h4+！Kh5（49...K×h4 50. Rh6+ Kg5 51. R×h7 Kg6 52. Rh1，白胜）50. Kf7 K×h4 51. e6！（错误的是 51. Rh6+？ Kg5 52. R×h7 Rf2+ 53. Ke6 Kg6 54. Rh1 Kg7！，和棋）Re2 52. e7 R×e7+（52...h5 53. Re6）53. K×e7 Kg5（53...h5 54. Rg6）54. Ke6 h5 55. Ke5 h4 56. Rf8，白胜。

48...Ra6+ 49. Ke7 Rb6 50. Rf7 h5 51. Rf6 Rb2 52. Kf7 Rb7+?!

错过了最后一个考验白方的机会：52...h4！，此后白方必须走得很精确才能取胜：53. R×e6 Kf5 54. Rh6 K×e5 55. Rh5+！Kd6 56. g3！（56. Rg5? h3）h×g3 57. h×g3 Rf2+ 58. Kg7，成白方可胜的局面，例如：

a）58...Ke6 59. g4 Rf7+ 60. Kg6 Rf6+ 61. Kg5 Rf1（如走 61...Rf8 62. Rh6+ Ke7 63. Rh7+ Ke6 64. Kh5，再 g4-g5，白胜）62. Rh7！（切断黑王退守路线，是唯一取胜之着）Rg1（62...Rf2 63. Ra7）63. Rg7 Rf1 64. Kh6！，白胜。

b）58...Rg2 59. Rg5 Ke6 60. g4 Rg3 61. Kh6 Kf7（如走 61...Rh3+ 62. Rh5 Rf3 63. Kg6 Rf6+ 64. Kg5，转入此前已分析过的局面，白方可胜）62. Rg7+ Kf8 63. g5 Rg1（63...Rh3+ 64. Kg6 Ra3 65. Rb7 Ra6+ 66. Kh7 Ra1 67. Rb8+）64. Ra7 Rg2 65. Kg6 Rg1 66. Ra8+ Ke7 67. Rg8！，典型的理论赢棋局面。

53. K×e6 Rb6+ 54. Kf7 Rb7+ 55. Kf8 Rb5

改走 55...Rb8+亦无法挽回败局，演变如下：56. Kg7 Rb7+ 57. Rf7 Rb6 58. Rf2 Rb7+ 59. Kf8 Rb8+ 60. Ke7 Rb7+ 61. Kd6 Rb6+ 62. Kd7 Rb7+ 63. Kc6 Ra7 64. e6 Kg6 65. Re2 Kf6 66. e7！（简明的取胜途径）R×e7 67. R×e7 K×e7 68. Kd5 Kf6 69. Ke4 Kg5 70. Ke5 Kg4 71. Kf6 h4（71...Kf4 72. h4 Kg4 73. g3 K×g3 74. Kg5）72. h3+ Kf4 73. Kg6 Kg3 74. Kg5，白胜。

56. h4+! K×h4   57. e6

白方运用这个小小的引离战术引开黑王，使 e 兵得以向前推进，至此黑方已经无法防守，只得认负。

这盘棋，双方进行了全方位的激烈斗争，特别是最后的车兵残局，颇有研究价值。许昱华在这场比赛中临危受命，但可能因为久疏战阵的缘故，未能达到最佳竞技状态，出现了几次不应有的低级漏算。而宁老师则准备充分，稳扎稳打，抓住对手的失误拿下了这宝贵的 1 分。本场比赛，天津队以 3.5：1.5 击败浙江队，积分超越河北队而上升至第八位，严峻的保级形势有所改观。

第十七局　王珏 胜 郭琦

2011 年全国国际象棋甲级联赛第 15 轮

第 15 轮比赛，积分领先的北京队迎来江苏队的挑战。在双方首循环的交锋中，江苏队曾以 3.5：1.5 力克北京队，终结了北京队的开局五连胜。现在，北京队在联赛第二循环再次取得五连胜，江苏队能够再次扮演京师终结者的角色吗？这引起了观者莫大的兴趣。

本局对弈的双方是国内年轻女棋手中的两位杰出代表。两人年龄相仿，在各种比赛中交战无数，彼此可谓知根知底。在本赛季联赛首回合的交锋中，经过一场百余回合的大战，郭琦执白战胜了王珏，因此，这次换先再战，王珏志在回敬对手。她在赛前做了精心的准备，选择了一种极为罕见的着法来进攻卡罗康防御，给人以耳目一新的感觉，这也是我们将此局选入本书的重要原因。

1. e4 c6

郭琦应付王兵开局的主要武器是卡罗康防御和法兰西防御。在和王珏交手时，郭琦采用卡罗康防御战绩一直不错，因此本局继续使用这个开局也在情理之中。但是这一次，王珏给她准备了一份不同寻常的"礼物"。

2. Ne2

少见而有趣的下法，其意图是暂不暴露出子方式，保留较多的选择。印象中王珏在正式比赛中从未走过这个变化，可以推测她在赛前定是做足了功课。因此，当看到王珏走了这步棋之后，笔者怀着莫大的兴趣驻足观看。

2...d5 3.e5 d4

此时黑方另有3...c5的选择，以下4.d4 Nc6 5.c3 c×d4 6.c×d4 Bf5 7.Nbc3 e6 8.Ng3 Bg6等，局势相对平稳。而3...d4则是一种比较强硬的走法，意在阻止白方冲兵d4，使其e5兵变得孤立，这也算是在类似局面中黑方一种典型的手段。这步棋郭琦走得不假思索，似乎要向王珏证明，2.Ne2这样的"雕虫小技"根本难不倒她。不过，到了下一回合，恐怕她就不会这么想了……

4.b4!?（图一）

图一

在这个局面中，白方的主要下法是4.Nf4或4.Ng3，先疏通王翼子力。但黑方只要应对得当，局势并无困难。以侯逸凡和齐布尔达尼泽两位新老棋后在2010年的一盘对局为例：4.Nf4 e6 5.Qe2 Qc7 6.c3 c5 7.c×d4 Nc6! 8.d×c5 B×c5 9.Nd3 Nd4 10.Qd1 b5 11.Nc3 Bb7，黑方子力活跃，对弃兵有充分的补偿，该局最终弈和。

本局王珏另辟蹊径，飞快地走出4.b4这步有趣且充满火药味的着法，显然，这就是她赛前精心研制的一把飞刀。这步棋的想法与黑方的上步棋相仿：阻止黑方走c6-c5，孤立d4兵，下一步准备走Bb2对其进行攻击。

郭琦在此陷入了长时间的思考。在笔者印象中，她是一位开局基本功非常扎实的棋手，尤其对于自己经常采用的布局，对其中的大小变化都很熟悉，比赛时很少看到她在开局阶段耗费过多的时间思考。此番在第四回合就遇到难题，对她来说可谓是十分罕见的。与此同时，在直播网站上，这盘棋也成为了大家关注的焦点和热门的讨论话题。一位爱好者更是直言："本人是卡罗康防御的忠实拥趸，见到这种走法仍感压力很大……"

4...Bf5

本局结束之后立刻成为众多棋手饭桌上的谈资。对于如何应对 4.b4，诸位特级大师和大师各抒己见。以下笔者结合众多高手的分析意见和自己的一点见解，试提出几种值得注意的应着，以期达到抛砖引玉的效果。

a) 4...a5 5.Bb2，以下黑方有两种选择。

a1) 5...a×b4 6.a3!（弃兵争先是积极之着，如走 6.B×d4 e6，白颇无趣）c5（接受弃兵是很危险的：6...b×a3?! 7.N×a3 c5 8.Nf4，黑方出子速度严重落后且白格空虚，将遭受危险的进攻）7.a×b4 R×a1 8.B×a1 Nc6 9.b×c5 Qd5 10.f4 Q×c5 11.c3 d3 12.Nd4〔如走 12.Nc1，黑有 12...N×e5! 的手段，以下 13.f×e5（13.Qa4+ Qc6 14.Q×c6+ N×c6 15.N×d3 Bf5，均势）Q×e5+ 14.Kf2 Qf6+ 15.Qf3 Qb6+ 16.Qe3 Q×b1 17.B×d3 Q×a1 18.Bb5+ Bd7 19.Qc5 Qa8 20.B×d7+ K×d7 21.Qb5+，构成长将和棋〕Qd5 13.B×d3 Q×g2 14.Qf3 Q×f3 15.N×f3 g6 16.Kf2，交换之后，白方拥有更好的前景。

a2) 5...d3 6.Nf4 d×c2 7.Q×c2 a×b4 8.e6 B×e6 9.N×e6 f×e6 10.Bc4，白方弃两兵有一定的攻势，但黑方亦有足够的防御潜力，局势复杂不明。

b) 4...f6 5.f4（不宜走 5.e×f6 N×f6，因接下来黑方可走 e7-e5，顺利巩固 d4 兵，白方的构思宣告失败；以下的弃兵也是可疑的：5.Nf4 g6 6.Bc4?! f×e5 7.Nd3 e4 8.Ne5 Nh6 9.Qe2 Bg7 10.Q×e4 Bf5 11.Qf4 Nd7 12.N×d7 Q×d7，白方一无所获，出子速度反而大大落后，形势不利）f×e5 6.f×e5 Qd5 7.Bb2 c5 8.b×c5 Nc6 9.d3（9.c3? d3!）Q×e5 10.c3 Q×c5 11.N×d4 Nf6，黑方可以满意。

c) 4...Nh6 5.Bb2 Nf5 6.c3（白方不能走 6.g4?，因黑方有 6...Qd5! 的严厉回答，以下 7.Rg1 Nh4 8.N×d4 Q×e5+ 9.Qe2 Nf3+! 10.N×f3 Q×b2 11.Qe5 Qc1+ 12.Ke2 Q×c2，黑方大占优势）d×c3 7.Nb×c3 Nd7 8.d4（不宜走 8.e6?! f×e6 9.Ng3 Nf6，白方弃兵后并无足够的后续手段）Nb6，黑可抗衡。

通过以上分析不难看出，此局面斗争的焦点是黑方的 d4 兵，白方利用 b4 兵和 e5 兵阻断黑方 c 兵和 e 兵对 d4 兵的保护，因此黑方的对策是要么攻击这两只兵中的一只〔a) 变和 b) 变〕，要么出子加强对 d4 兵的保护〔c) 变〕。相比之下，郭琦在对局中所走的 4...Bf5 虽亦属可行之着，但针对性略显不够。

5. Bb2 B×c2?

黑方用这种先弃后取的手段来解决 d4 兵受攻的问题，显得过于草率，是陷入困境的根源。较好的走法是 5...c5，以下 6. b×c5 Nc6 7. c3!?（稳健些可走 7. Ng3，但在 7...e6 之后，黑方吃回 c5 兵形势不错）d3! 8. Nd4 e6 9. Qb3 Qd7 10. f4 Nh6!（错误的是 10...B×c5? 11. N×f5 e×f5 12. Qc4 等）11. Qb5 0-0-0! 12. B×d3 a6 13. Qc4 B×d3 14. Q×d3 B×c5，黑方足可抗衡。

6. Q×c2 d3 7. Qb3 d×e2 8. B×e2

交换之后，白方出动了一后双象，且占据较大的空间；而黑方的大子一步未动，已明显处于下风。

8...e6 9. Nc3 Ne7 10. Ne4

白方跃马中原，自然之着，但此时还有更有力的下法：10. b5!，尽快打开局面，以发挥出子领先的优势，黑将更难应付。例如，20...Nd7 11. Ne4 Ng6 12. 0-0! Ng×e5 13. f4 Nc5（13...Ng6 14. f5）14. N×c5 B×c5+ 15. Kh1 Nd7 16. b×c6 b×c6 17. B×g7 Rg8 18. Bc3 Rb8 19. Qa4，接下来有 f4-f5，白方的攻势几乎是不可阻挡的。

10...Nf5 11. Bc4 Be7 12. g4 Nh4 13. Qg3?!

白方布局取得成功之后，迅速利用出子领先及空间上的优势向黑方发起进攻，弈得积极主动，唯此步弃兵，实无必要，简单地走 13. 0-0 0-0 14. f4，即可取得很有前景的局面。

13...Nd7

似可考虑改走 13...B×b4，以多兵来弥补局面的落后，白方如接走 14. Nd6+ B×d6 15. e×d6 0-0 16. 0-0 Nd7，看上去白方一时还没有明显的进攻手段。

14. Nd6+ B×d6 15. e×d6 e5?（图二）

黑方挺兵的目的是封锁白方黑格象的进攻线路，但杯水车薪，反使白方的白格象威力剧增，由此局势更加恶化。还是改走 15...0-0 较好，尽管此后黑方的形势也很困难。

16. 0-0-0 0-0 17. f4! e×f4 18. Q×f4

图二

白方立即抓住黑方第 15 回合的失误，挺兵打开线路，至此白方双象的线路皆已畅通，黑方的王前阵地已处于风雨飘摇之中，而这样的局面恰恰是王珏非常喜欢的。

18...b5

如走 18...Ng6　19.Qg3，接下来有 h2-h4-h5 等手段，黑亦难应付。

19.Bb3 c5　20.Bd5！Rc8　21.Rhf1！Ng6

白方对黑方隔靴搔痒式的后翼反击置之不理，迅速调动子力向黑方阵地最薄弱的 f7 点发起攻势。黑方退马导致局势迅速崩溃，但即使改走顽强些的 21...Nf6 亦难摆脱困境，大致的变化是：22.B×f6 c×b4+　23.Kb1 Q×f6　24.Q×f6 g×f6　25.R×f6 Ng6（如走 25...Rcd8　26.Rdf1 Rd7　27.R×f7！Rf×f7　28.R×f7，白方速胜）26.Rdf1 Nh8［或者 26...Ne5　27.R6f5！Nc4（27...Rce8　28.Re1）28.d7 N×d2+　29.Kb2 Rcd8　30.Rg5+ Kh8　31.R×f7，白方胜定］27.d7 Rcd8　28.Rd6 Ng6　29.d4！（控制 e5 格）Ne7　30.Be4，黑方全盘受制，输棋只是时间问题。

22.B×f7+ Kh8　23.Qe4 c×b4+　24.Kb1 Nf6　25.Qe6

至此白方胜局已定，因为对于 R×f6 的威胁，黑方已经一筹莫展。

25...R×f7　26.Q×f7 Q×d6　27.R×f6

黑方认输。

这是一盘短小精悍的对局。对于白方抛出的布局飞刀，黑方未能找到合理的应对之策，致使局势早早陷入被动。此后王珏充分发挥了自己擅长攻杀的技术特长，迅速组织兵力向黑方发起猛攻，仅 27 个回合即高奏凯歌。本轮比赛北京队以 3.5：1.5 击败江苏队，报了第一循环输给对手的一箭之仇，同时继续以 2 分的优势力压上海队，领跑积分榜。

第十八局　丁立人 胜 赵骏

2011 年全国国际象棋甲级联赛第 16 轮

联赛最后一个赛会制开始之前，十支队伍在积分榜上分为了三个"阵营"。排名前两位的京沪两强将争夺冠军，青岛队和山东队这对齐鲁兄弟要为第三名而战，而其余六支队伍积分相近，均有降级危险，这种扑朔迷离的保级形势在联赛史上是极为罕见的。所有队伍都有目标和追求，这无疑使最后三轮比赛的紧张气氛和激烈程度大大增加。

卫冕冠军山东队因为侯逸凡缺席了关键的第四站赛会制比赛，致使山东队接连负于京沪两强，早早失去了争冠希望。但对他们而言，保住第三名应该是最低目标。在此之前，山东队积 17 分居第四位，比排名第三的青岛队落后 2 分，因此最后三轮必须每分必争。第 16 轮比赛，他们的对手是全国冠军丁立人领军的浙江队。

在此前的青岛站比赛中，浙江队惨遭三连败，积 12 分滑落至积分榜第七位，保级压力陡然增加。为增强实力，浙江队在最后一站联赛中邀请俄罗斯名将维秋戈夫加盟助阵。然而浙江队请外援历来故事多多（本书第六局即有这方面的介绍），这次也不例外。维秋戈夫因为突发事件无法按时赶到赛地，因此浙江队只好仍以原班阵容出战。在这种情况下，身为主将的丁立人责无旁贷地肩负起得分的重任。本局丁立人的对手是山东队的特级大师赵骏，双方展开了一场艰苦的拉锯战……

1. d4 Nf6　2. c4 g6　3. Nc3 Bg7　4. e4 d6

在国内众多执黑喜走古印度防御的特级大师中，丁立人无疑是其中最卓越的代表。此番赵骏执黑也布下此阵，试探一下丁立人执白应对这一开局有何高着，立意与其一较高低。

5. Nf3 0-0　6. Be2 e5　7. 0-0 Nbd7　8. Be3 Re8

出车是当前局面下的主要弈法之一。其目的是以 9...e×d4 相威胁，迫使白方解除紧张状态，确定中心的兵形结构。除此之外，8...c6 亦是常见的选择。

9. d5 Nh5   10. g3 Bf8

白方挺兵控制 f4 格，防止黑马入侵；黑方退象腾出 g7 位，准备退马到这里，此后继续准备 f7-f5 的冲击，双方的一招一式针锋相对。

11. Kh1!?（图一）

图一

这一非常新颖的着法，笔者猜一定是丁立人赛前就准备好的变化，效果如何有待实战考证。通常的下法是 11. Ne1 Ng7   12. Nd3 f5   13. f3 Be7   14. Qd2 Nf6   15. c5，形成古印度防御中常见的双方各攻一翼的局面。

11... Be7

白方上着棋的主要想法体现在下面这个变化中：11...Ng7   12. g4! f5?!（较好的是 12...Nc5）13. g×f5 g×f5   14. Rg1 Nf6（14...Kh8   15. Ng5）15. e×f5 B×f5   16. Nh4 Bd7   17. Qc2 e4（17...Kh8   18. Ne4）   18. Rg5!，再 Rag1，白方沿 g 线有强大的攻势。因此，黑方不急于冲 f7-f5，而是按部就班的出子，不失为明智之举。

12. Rg1 a5!

阻止白方迅速在后翼扩展空间，同时也是一步良好的等着。如走 12...Ng7，白方可应以 13. g4! Kh8   14. Bd3，以后再 Qc2，使黑方难以冲起 f7-f5，而白方则可根据情况从两翼相机展开活动。

13. Ne1 Ng7 14. Nd3

白方已不能阻止黑方冲 f7–f5。如走 14. g4?! Bg5!，黑方顺利解决坏象的问题，而白方的结构却显得很不协调（整片黑格削弱，且有一只坏象）。

14...f5

面对白方新颖的构思，赵骏显示出一流的应变能力和对这种局面的深刻理解。至此黑方顺利冲起 f 兵，可以说布局取得了成功。不过，也许更精确的着法是先走 14...Bg5!，不必担心 15. f4，因为在 15...e×f4 16. g×f4 Bf6 之后，黑方局势不错。

15. f3 Bg5 16. Bf2!

现在白方得以保留黑格象，无疑是对白方有利。

16...b6 17. h4 Bh6

亦可考虑改走 17...Be7 18. Qd2 Nc5，黑方前景不差。

18. g4!

白方两步挺兵，看似削弱王前阵地，实则是大胆而正确的下法，其主要目的是控制黑方 g7 马的出路。否则黑方在完成子力部署（Rf8，Nh5 等）之后，伺机打开局面，白方王翼防守的压力将更大。

18...f×g4 19. f×g4 Bf4 20. Kg2 Rf8 21. Rh1 Qe7 22. Bf3 h5 23. g5

必然之着。接受弃兵对白方来说是绝不可取的：23. g×h5 N×h5 24. B×h5 g×h5 25. Q×h5 Qg7+ 26. Kf1 Nf6 27. Qe2 Bg4 28. Qc2 Bh6 等，黑方子力活跃，有强大的攻势。

23...Nc5 24. N×f4 R×f4?!

用车吃回，看似自然，但却是此后黑方陷入困境的根源所在。因为这着棋之后，双方势必要沿 f 线交换重子，此后黑方将面临一个困难的残局。应改走 24...e×f4 打开局面，白方如接走 25. Bd4，黑可应以 25...Nd7，再 Ne5，黑方的机会至少不差。

25. Be3 Rf7 26. Qe2 Bd7 27. Raf1 Raf8 28. Qd1 Qe8 29. Be2 Qc8 30. Kh2 Bg4

如走 30...Bh3 31. R×f7 R×f7 32. Rg1，再 Rg3–f3，局势不会有本质上的变化。

31. R×f7 R×f7 32. Rg1 B×e2 33. Q×e2 Ne8 34. Rf1 Qd7 35. b3 R×f1 36. Q×f1 Qg4 37. Qh3 Q×h3+ 38. K×h3（图二）

双方重子兑净之后，本局似乎已呈和棋趋势。但实际上，好戏才刚刚开始！

图二

我们来分析一下现在形成的这个残局：虽然物质力量相等，且局面呈封闭状，但白方具有较大的空间，黑格象作用很大（因黑方从后翼到中心的兵链全部在黑格），而黑方的 e8 马却是一个非常可怜的角色，它很难通过正常的途径投入战斗。另外，白方有一个清晰的计划：运王至 c2，然后走 a2-a3，b3-b4 等，而黑方却只能消极等待。综上所述，白方有明显的优势，虽然这种优势不足以保证胜利，但黑方势必面临艰苦的防御。

38... Kf7　39. Kg2 Ke7　40. Kf3 Kd7　41. Ke2 Kc8

可以考虑走 41... c6，给 e8 马多一些活动空间，因为正如我们将要看到的那样，黑方迟早要推进 c 兵。

42. Kd2 Kb7　43. Kc2 Ng7　44. a3 Na6　45. Ne2 c5

黑方长考之后最终不得不走这步棋。如果仍旧按兵不动，白方可以 Nc1-d3，再 b3-b4，交换之后再走 c4-c5，此后运王至 c4 或 b5，白方的空间优势和子力巨大的机动性将使黑方的防御更为困难。

46. d×c6+ K×c6　47. Nc3 Nc7

黑方当然不能允许白马侵入 d5 格。

48. b4 a×b4　49. a×b4 Kb7?!

比赛进行到这个时候，另外四台棋已经结束，浙江队以 1.5：2.5 暂时落后，扳平比分的希望寄托在这盘棋上。正因如此，双方在态度上形成了鲜明的反差：丁立人竭尽全力地寻求胜机，而赵骏则奉行坚壁清野的策略，试图固守成和。正因如此，使得赵骏在着法的选择上过于保守，结果适得其反。此时应果断地走 49...b5！　50. Kd3 Nge6，黑方谋和并不困难。

50. Na4 Na8?

又一次软弱的退让，其后果是致命的。黑方还是应走 50...b5！，争取积极地以战谋和。大体变化如下：51. c×b5 N×b5　52. Kb3 Ne6　53. Kc4 Ned4　54. B×d4 N×d4　55. Kd5 Kc7　56. b5! Nf3!［较弱的是 56...N×b5?！57. Ke6 Kc6　58. Kf7 d5　59. e×d5+ K×d5　60. K×g6 e4　61. K×h5（如走 61. Nb2 Kd4　62. Nd1 Nc3!　63. N×c3 K×c3　64. K×h5 e3　65. g6 e2　66. g7 e1=Q　67. g8=Q Kb2，理论和棋，尽管黑方尚需面临考验）e3　62. g6 e2　63. g7 e1=Q　64. g8=Q+，白方尚有胜机］57. b6+ Kd7　58. Nc3 N×h4　59. Nb5 Ng2　60. N×d6 Nf4+　61. K×e5 Nd3+　62. Kf6（或者 62. Kd4 K×d6　63. K×d3 Kc6　64. Kd4 K×b6　65. Ke5 h4　66. Kf4 Kc5，和棋）K×d6　63. K×g6 h4　64. b7 Kc7　65. Kf5 h3　66. g6 h2　67. g7 h1=Q　68. b8=Q+ K×b8　69. g8=Q+ Kc7　70. Qc4+ Kb6　71. Q×d3 Qh5+，和棋。

51. Nc3?! Nc7　52. Na4 Na8?　53. c5!

争取胜利的唯一途径。

53...b×c5

更差的是 53...d×c5　54. b×c5 b5?　55. Nb2!，黑必丢兵。

54. b×c5 d×c5　55. N×c5+ Kc6　56. Nd3 Kd6　57. Bc5+! Ke6　58. Bf2!

先进象打将，迫使黑王占据 e6 格，使黑马不能投入战斗，再退象准备走 59. Bg3 捉死兵，次序井然。至此黑方 e5 兵必丢，白方终于看到了胜利的曙光。

58...Ne8　59. Bg3 Nb6

如走 59...Nd6　60. Nc5+，黑方同样要丢兵。

60. B×e5 Nd7　61. Bg3 Ng7

黑方试图沿白格建立封锁。如走 61...Nd6，白方用象换马之后，马兵残局黑方同样难以得救。

62. Kc3 Kf7　63. Kc4 Ne6　64. Bd6 Nb6+　65. Kb5 Nd7　66. Kc6 Ke8　67. Kd5!

注意这一点是非常有益的，即白方始终利用子力的协调配合控制黑方两只马的活动，不让其活跃起来。白方的任务就是逐步缩小包围圈，使黑方陷入受逼局面。

67...Kf7　68. Kc6

此时双方的时间早已耗尽，只能靠加秒维持。在这种情况下，丁立人一时也未找出有力的进攻手段。此时应改走 68. Bb4！，接下来的变化是 68...Nb6+ 69. Kd6 Nc4+ 70. Kc6 Ne3 [如走 70...Ng7 71. Kc5 Ne3 72. Ne5+ Kg8 73. Kd6！（比 73. N×g6 更好，那样的话，黑方可接走 73...Ng2，白方要多费周折）Kh7（73...Ng2 74. Ke7 N×h4 75. Bc3 Ng2 76. Nd7！，白方胜定）74. Ke7 Ng2 75. Kf7 N×h4 76. Bc3，白胜，这个变化能够特别明显地体现出 g7 马的可悲处境] 71. Ne5+ Kg7 72. Bc3 Kh7 73. Kd6 Nd8（73...Nf4 74. Bd2）74. Ke7 Nb7 75. Nd7 Ng2 76. Nf6+ Kh8 77. N×h5+ Kg8 78. Nf6+ Kg7 79. Nd5+ Kh7 [如走 79...Kg8 80. h5！ g×h5 81. g6 Nh4（81...Nc5 82. Ke8！）82. Kf6，白胜] 80. Kf8！（伏 81. Bg7）Nd8 81. Nf6+ Kh8 82. Nd7+ Kh7 83. Bf6 Ne6+ 84. Kf7 Ngf4 85. e5，白胜。

68...Ke8　69. Kd5 Kf7（图三）

图三

70. Bc7？

在时间紧张的情况下，丁立人拼命地转动脑筋思索取胜之路，但仍未能找到正确的着法。这步看似巧妙，实则华而不实，给予黑方一次绝佳的和棋机会。此时仍应走 70. Bb4，请参考第 68 回合的评注。

70...Ke7？

不能吃象：70...N×c7+？ 71. Kd6 Nf8 72. K×c7 Ke7（72...Ke6 73. Kd8）73. Nf4，白方胜定。但黑方此时另有一步巧着：70...Nf6+！，其变化并不复杂：71. g×f6 N×c7+ 72. Kc6（72. Ke5 Ne8）Ne8 73. e5 N×f6

74. e×f6 K×f6，白方不能保住最后一兵。可惜赵骏在时间紧张的情况下未能抓住这次逃生的机会，几个回合之后便只好签城下之盟。

71. Ba5 Ng7　72. Bb4+ Ke8

改走72...Kf7亦无法挽回败局：73. Kc6 Ke8　74. Kd6 Nf8　75. Bc3 Nge6 76. Bf6 Kf7　77. Be7! Nd4　78. Ne5+ Kg8　79. B×f8 K×f8　80. N×g6+，白胜。

73. Bc3!

黑方认输。如果续走下去，可能是73...Kf7　74. Kc6 Nf8（74...Nb8+ 75. Kc7 Na6+　76. Kb7）　75. B×g7 K×g7　76. Kd6 Kf7　77. Nc5，接下来白方的e兵可长驱直入。

丁立人以往给我们留下更深印象的是他那些华丽的中局攻杀。然而本局他向我们展示了其精湛的残局技术，拿下了一盘看似没有胜机的棋。这说明，要想成为一流高手，技术的全面性是多么的重要。

这是本轮比赛最后结束的一盘棋，丁立人的胜利最终使两队打成平局。山东队本场比赛被逼平后，"争三"的前景更加暗淡。而浙江队本场比赛拿到1分之后，又在下一轮比赛中与重庆队打平，最终有惊无险地提前一轮保级成功。更令人哭笑不得的是，维秋戈夫却在这个时候赶到了赛地，并且参加了对浙江队来说已经不太重要的最后一轮比赛（执白与江苏队余瑞源弈和），而浙江队为此仍要按照原先的合同如数付给他不菲的出场费和差旅费。难怪浙江队的棋后许昱华在赛后略带自嘲地说："联赛史上身价最昂贵的外援非维秋戈夫莫属。"

第十九局　　马中涵 胜 韦奕

2011年全国国际象棋甲级联赛第16轮

山东队与浙江队战平，给了青岛实验初中队扩大积分优势的机会，这一轮他们的对手是江苏蓝珀通信队。在双方首循环的较量中，江苏队两位特级大师徐俊和周唯奇均因故缺阵，而青岛队则有两大王牌外援黎光廉和古妮娜助阵，最终以4：1大胜江苏队。此番交手，江苏队虽然老将徐俊仍旧高挂免战牌，但却迎回了另一位特级大师周唯奇，而青岛队这一站的外援是越南伉俪阮玉长山和范黎草原，论实力和威慑力，也比当时的黎光廉和古妮娜逊色一筹。双方实力此消彼长，本场比赛的胜负实难预料。

本局是两位希望之星之间的一场较量。马中涵和韦奕曾经作为队友，在2009年首届全国智力运动会中为江苏队夺得男子少年团体银牌。两人在训练赛中下过几十盘棋，可谓知根知底。这个赛季是马中涵第一次参加甲级联赛，而韦奕也仅仅是"二年级菜鸟"，所以，在大腕云集的联赛赛场上，这私交甚笃的"哥俩"交流起来显得格外亲切，在餐厅等地方经常看到两人坐在一起探讨棋局得失，其乐融融。本场比赛，马中涵也在赛前做了充分的准备，一上来便给了韦奕一个不小的意外……

1. e4!

赛前，笔者和马中涵一起讨论这盘棋的布局选择，商量了几种方案，均感不理想，其主要原因就是两人交手次数太多了，几乎所有可能使用的变化都用过了，已经很难有什么秘密可言。最后，笔者无奈之下带着自嘲的口气说了一句："要不试试1. e4?"没想到小马思考片刻后，觉得这是个不错的主意，接着便着手准备起来。要知道，马中涵在重要的比赛中几乎从来没有走过1. e4，这次求变颇需要一些勇气。

1...c5

当时，韦奕应对王兵基本只走西西里防御，这多少减轻了马中涵准备工作的难度。本局结束之后，这"哥俩"在用晚餐的时候又坐在了同一桌。马中涵向韦奕打趣："你知道你这盘棋输在哪吗?"韦奕说不知，马中涵告诉他："第一步你走1...c5就输定了"（意思是说被准备上了）。没想到韦奕笑着接话："那倒不是，实际上我看你第一步走了1. e4，我就知道完蛋了。"身旁众人听闻此言无不大笑。不过话说回来，如果韦奕也以变对变，放弃西西里防御而改走其他布局，那么这盘棋将是怎样的走势着实令人难以预料。

2. c3

在高水平赛事中，阿拉平变例出现的次数并不多，然而这正是马中涵精心准备的变化。

2...Nf6 3. e5 Nd5 4. d4 e6 5. Nf3 c×d4 6. c×d4 d6 7. Nc3 Nc6

以上着法马中涵走得飞快，显示出有备而来，这让韦奕不得不有所顾忌。这里黑方还有一种常见的选择，即7...N×c3，以下8. b×c3 Qc7 9. Bd2 b6 10. Bd3 Bb7 11. 0−0 Nd7 12. Ng5 d×e5 13. Qh5 g6 14. Qh3 Be7 15. Rae1，白方弃兵之后在中心和王翼伏有种种弃子突破的手段，韦奕显然担心在这种局面中误中马中涵的"飞刀",因此选择了另一种下法。

8. Bd3 d×e5 9. d×e5 Bb4

韦奕再一次拒绝了吃兵的下法:9...N×c3 10. b×c3 Qa5 11. 0-0 N×e5 (不好的是 11...Q×c3?! 12. Rb1 Be7 13. Rb3 Qa5 14. Qc2 h6 15. Bd2 Qc7 16. Qc4!,接下来对于 16...0-0,白方有 17. Qe4 的手段,至此黑方很难顺畅出子,白方大优)12. N×e5 Q×e5 13. Re1,白方弃兵取得危险的主动权。赛前,笔者曾和马中涵就这一局面进行了反复的拆解,觉得在临场黑棋难以找到最佳防守方案的情况下,白方很有机会。因此,韦奕竭力求变,以避免落入马中涵准备的套路中,不失为聪明的选择。

10. Qc2!?

这是本局马中涵第一次真正想棋。这里的第一感觉应该是 10. 0-0,贯彻之前弃兵求势的思想,但马中涵注意到在 10...N×c3 11. b×c3 B×c3 12. Rb1 之后,黑可 12...B×e5!（而不是 12...N×e5? 13. N×e5 B×e5 14. Bb5+ Bd7 15. Qe2!,黑方难应）,以下如接走 13. N×e5 N×e5 14. Bb5+ Nc6 15. B×c6+ b×c6 16. Qa4 0-0 17. Ba3 c5!（不能 17...Re8? 18. Rfd1 Qc7 19. Bd6 Qd8 20. Be5!,黑方要丢子）18. B×c5 Bd7 19. Qa3 Re8 20. Rfd1 Qc7,黑方顺利解决出子的问题并保持多兵,白方无趣。不过,白方可走得更有力些,例如 13. Qc2!?（代替 13. N×e5）Bd6 14. Be4 Qc7 15. Rd1,形成黑方多兵,白方出子较快有主动权的两分局势,双方均可一战。

和 10. 0-0 相比,马中涵在实战中选择的 10. Qc2 可谓朴实无华,但却十分符合他的风格,而且这步棋对黑方同样也不乏考验。

10... Ba5!

退象边隅看似难以理解,实际上却是符合局面需要的一步好棋,体现了韦奕极好的局面感觉!它的主要作用是以 Ndb4 捉双为威胁,阻止白方顺利易位。因为白方一旦无代价地完成易位,黑方 9...Bb4 这步棋就失去了作用,而白方则可以利用 e5 兵带来的空间优势在王翼展开进攻,黑方将缺乏有效的对抗手段。因此,10...Ba5 不失为目前局面下最有针对性的下法。

11. Be4!

针锋相对之着!这里切忌走 11. B×h7?,否则 11...N×c3 12. b×c3 Nd4! 13. N×d4（13. Qa4+? b5）Q×d4 14. Kf1（损失最小的走法）Q×e5,黑方明显占优。

11... Ncb4?（图一）

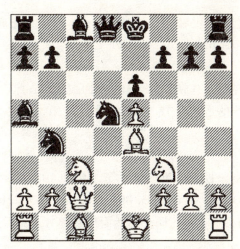

图一

如果说 10...Ba5 是一步充满灵气的着法，那么这步棋则是一个令人费解的自我否定。显然，黑方应继续贯彻先前的思想，走 11...N×c3 12. b×c3 Qc7，接下来可能是 13. 0-0 N×e5 14. N×e5 Q×e5 15. Rb1 Q×c3 16. Qa4+!（如走 16. Q×c3 B×c3 17. Ba3，黑方可用如下手段摆脱束缚：17...a5! 18. B×b7 B×b7 19. R×b7 Bb4! 20. B×b4 a×b4 21. R×b4 Ke7，和势）Bd7 17. Qd1!，白方保持主动权，但黑方的防御潜力亦不容低估，双方互有顾忌。

12. Qb3 Bd7 13. 0-0

由于黑方第 11 回合的失策，白方轻松地完成易位，赢得全局的主动权。而这个时候，黑象在 a5 的位置就显得不那么恰当了。

13... Bc6 14. Rd1 Qb6

不能走 14...0-0，否则有 15. a3，黑方势必遭受物质损失。

15. B×d5 N×d5

改走 15...B×d5 也不见好：16. N×d5 N×d5 17. Qa4+ Kf8 18. a3!（不但威胁以 b2-b4 得子，更重要的是阻止黑象经过 b4 格返回王翼参加防御）Qc7 19. Bg5!，再 Rac1，白方有强大的攻势。

16. N×d5 B×d5 17. Qa4+ Bc6

逼着，因为 17...Kf8? 失利于 18. b4! B×b4 19. Rb1，白方得子（19...a5 20. R×b4!）。

18. Qg4!

现在的局面，如果黑方能顺利完成易位，那么他的双象将保证其机会至少

不坏。但在白方紧凑的攻着下，这成了一个不可能完成的任务，现在走
18...0-0 将失利于 19. Bh6。

18... g6?

这步挺兵过于轻率，造成了黑格无可挽回的削弱，此后黑方已经难以有效
地进行防御。顽强些的走法是 18...Kf8，尽管在 19. b3 或 19. Qf4 之后，白方
的优势仍然很大。

19. Bh6 Qb4

现在设法让黑格象投入防御已经晚了。例如 19... Q×b2 20. Qf4 Bd8
21. Ng5 B×g5 22. Q×g5，或者 19...Bb4 20. Ng5 Be7 21. Qf4 B×g5
22. B×g5，黑方均难以有效进行防御。然而现在黑方邀兑后也只不过是其一厢
情愿的想法。

20. Rd4! Q×b2 21. Rad1 Bb6 22. R4d2 Qc3?!

加速败局！最后一个顽强防守的机会是 22...Rd8!，利用白方的底线弱
点强行兑掉一车。不过即使如此，在白方正确的攻着下，黑方的处境亦难改
善，例如，23. R×d8+ B×d8 24. Ng5! Bd5 25. Qf4 f6 26. e×f6 B×f6（如
改走 26... Q×f6 27. Qa4+ Bc6 28. Q×a7，白方得回兵并保持强大的攻势）
27. Bg7! Qe2 28. Rc1 B×g5 29. Q×g5 Rg8 30. Qf4!，黑方没有满意的防
御，因为 30... R×g7 将遭到连将杀王：31. Rc8+ Ke7 32. Qf8+ Kd7
33. Qd8#。

23. Qf4 Bd5 24. Ng5 Qc7 25. Qf6 Rg8（图二）

图二

26. R×d5！

致命一击。

26...e×d5 27. e6 B×f2+ 28. K×f2?！

也许这是白方本局唯一值得批评的着法，显然，走 28. Kh1 将更利索地结束战斗。

28...Qc5+ 29. Kg3 Qa3+ 30. Kh4 Qb4+ 31. g4

打将结束了，而杀王的威胁已经无法化解，因此黑方认输。

综观全局，马中涵在开局阶段的出其不意收到了很好的效果，而韦奕因为过于忌惮误中埋伏，出着显得颇为谨慎，因此通盘未能发挥出他擅长乱战和精于计算的风格。而马中涵在布局取得成功后，紧紧抓住主动权，弈得流畅而紧凑，最终精彩入局，是为佳构。

本场比赛，青岛队最终以 3：2 击败江苏队，将领先山东队的优势扩大到 3 分，在争夺季军的道路上又迈出了坚实的一步。

第二十局 李超 胜 周建超

2011 年全国国际象棋甲级联赛第 18 轮

联赛最后一轮，积分排名前两位的北京队（场分 28，局分 51.5）和上海队（场分 26，局分 50）狭路相逢，通过直接对话决出联赛冠军。同样的情形曾经在 2008 赛季出现过，当时上海队力克北京队后来居上首次联赛抢元（相关情况请参阅本书第三局），而这一次，上海队面临的任务比上次更艰巨：本场比赛以客队身份出战（多一盘后手）的他们必须以 3.5：1.5 以上的比分取胜才能如愿以偿。

本局是两位国手间的一场较量。李超近年来在联赛中发挥稳定，是北京队可靠的得分点之一。而周建超至今仍保持着一项骄人的纪录：自 2005 年联赛创办至今，周建超参加联赛的每一场比赛，从无缺勤，因此有"联赛劳模"之称。这两人年龄相仿，在少年时期就是强劲对手，后来一起进入国少队，又先后进入国家队，彼此间早已知根知底。这一次，两人在争冠之战中不期而遇，可以说，双方较量的不但是技术，更是谋略和心理。

1. d4 Nf6 2. c4 g6 3. Nc3 Bg7 4. e4 d6 5. Nf3 0-0 6. Be2 Na6

因为上海队必须净胜 2 分以上才能夺冠，所以他们的五位队员均选择了较为激烈的布局，包括执黑后走的三位男棋手亦是如此。笔者印象中，古印度防御是周建超出道时对付 1. d4 的主要武器，但近年来他走得并不多。不仅如此，6...Na6 的变化更是他此前在大赛中从未使用过的，力图出奇制胜的想法由此可见。

7. 0-0 e5 8. Be3

面对对手抛出的意外，李超经过一番思考，选择了这个比较稳健的变化，以使局势较易控制，可谓是随机应变的机警之着！另一种主要的下法是 8. Re1，请参阅本书第三十六局。

8...Qe7

求变之着，但从实战发展来看效果不太理想，此时黑方比较常见的选择有 8...Ng4、8...c6、8...Qe8 等。

9. d×e5

李超继续贯彻"稳字当头"的作战方针，如改走 9. Bg5 e×d4 （9...c6?! 10. c5!） 10. N×d4 Qe5 11. Nf3 （11. f4?! Qc5） Qe8 12. Bd3 Nc5 13. Re1 h6 14. Bh4 g5 15. Bg3 Nh5，则局势会比较复杂。

9...d×e5 10. Nd5 Qe8 11. c5!

扩展后翼空间，使白格象投入战斗，并伏有 B×a6 再 N×c7 的手段，使黑方不敢 11...N×e4。由此可见，上一回合同样逃后，黑方应走 10...Qd8 比较准确。

11...N×d5 12. Q×d5

当然不要走 12. e×d5?!，因为在 12...e4 之后，黑方的子力（特别是黑格象）明显活跃起来。

12...c6 （图一）

13. Qb3!

佳着！体现了李超对这一局面的深刻理解。按一般思路，白方此时会走 13. Qd2，以下通过 b2-b4，a2-a4，b4-b5，逐步展开后翼进攻。但在这种情况下，黑方可顺利完成出子并和白方争夺 d 线的控制权，此后通过 Bc8-g4×f3，再 Na6-c7-e6-d4 的手段获得反击。现在白方退后的想法是吊住 b7 兵，使黑方一时难以出动白格象，白方再借机在 d 线叠车，控制住棋盘上唯一一条开放线。

图一

13...Nc7　14.Rfd1 Qe7　15.Rd6 Kh8?!

平王是为了避开 a2-g8 斜线上的牵制，但显得过于小心，使白方轻松扩大了优势。显然，黑方担心在 15...Ne8 之后白方有 16.Bg5 的应着（黑无法走f7-f6），我们看一下黑方两种可能的应着。

a）16...Qc7?　17.Rad1！N×d6［如改走 17...Be6　18.R×e6 f×e6　19.Q×e6+ Qf7（更差的是 19...Kh8　20.Rd7 Qa5　21.Bc4，伏有 22.Be7 等多种威胁，黑方无法防御）20.Q×f7+ R×f7（20...K×f7　21.Bc4#）21.Bc4，白方胜势］　18.c×d6 Qd7　19.Be7 Re8　20.Q×f7+!! K×f7（20...Kh8　21.Ng5）21.Bc4+ Qe6　22.Ng5+ Kg8　23.N×e6 B×e6　24.B×e6+ Kh8　25.d7 Red8　26.Rd3！Bf8　27.Bf6+ Bg7　28.B×d8 R×e8　29.Rb3 b6　30.Ra3，白方可通过连续攻击黑方后翼兵再得一兵，必胜无疑。

b）正确的着法是 16...Bf6！　17.B×f6 N×f6　18.Qe3 Ne8　19.Rd2 Bg4　20.Rad1 Ng7　21.Qc3（21.h3 B×f3　22.Rd7 B×e2！）Ne6　22.N×e5 B×e2　23.R×e2 Rfd8　24.Red2 R×d2　25.R×d2 Q×c5　26.Q×c5 N×c5　27.f3 Rc8　28.Kf2（28.b4 Ne6　29.Rd7 Rc7）Rc7，黑方的局势虽略显被动，但完全可以防守。

因此，15...Ne8 应该是黑方在这一局面中较好的应着。

16.Rad1

更有力的着法是 16.Bc4！，先吊住黑方的 f7 兵，在 16...Ne8　17.Rd2 之后，黑如错走 17...Nf6？将立刻招致白方的攻击：18.Ng5 Kg8　19.N×f7！R×f7

20. B×f7+ Q×f7 21. Rd8+ Bf8 22. Bh6 Nd7 23. Rd1 Q×b3 24. a×b3 Kf7
25. R×c8 R×c8 26. R×d7+ Ke6 27. R×h7 Rd8 28. Kf1，白方胜势。因此，
黑方应该以 17...h6 代替 17...Nf6，尽管如此，在 18. h3 Nf6 19. Qc2 Bd7
20. Rad1 Rfd8 21. a4 Be8 22. Rd6 之后，白方的优势仍然十分明显。

16...Ne8 17. R6d2 Nf6

正着。在空间较小且出子落后的情况下，黑方不宜走 17...f5 急于反击，
否则局面打开之后白方有多种攻击手段，试演如下：18. e×f5 g×f5 19. Bg5
Bf6（19...Qc7 20. Bd8 Qf7 21. Bc4 Qh5 22. Be7，白方得子）20. B×f6+
N×f6 21. Bc4! Q×c5（21...Ne4 22. Re2 N×c5 23. Qc3）22. Rd8（伏
23. Qe3!）Kg7 23. R×f8 K×f8（23...Q×f8 24. N×e5）24. Rd8+ Ne8
[24...Ke7 25. R×c8! R×c8 26. Q×b7+ Kd6（26...Nd7? 27. Q×c8 Q×c4
28. Q×d7+!）27. Q×c8 Q×c4 28. Qb8+，带将吃掉 e5 兵之后，白方胜势]
25. Qc3 Qe7 26. Qd3!（伏 27. R×c8）Qc7（26...e4 27. Qd4）27. Ng5，
白方威胁众多，黑方无法有效地防御。

18. Qc2 Bg4?!

现在用象换马无助于摆脱受困的局面，似可考虑先弃后取，走 18...N×e4!?，
在 19. Q×e4 f5 20. Qb4 f4 21. Qc3 f×e3 22. Q×e3 Bf6 之后，尽管仍属白方
优势，但黑方可凭借双象及开放的 f 线与白方对抗，要比实战中进行了无生气
的防御好得多。

19. h3 B×f3 20. B×f3

现在我们可以分析一下局面：白方控制了 d 线，在后翼拥有较大的空间和
良好的进攻前景；而黑方的子力缺乏活动性，特别是黑格象短时间内很难投入
战斗，因此现在白方具有明显的优势。

20...Rfd8 21. Qb3

再次吊住 b7 兵，间接确保了对 d 线的控制。

21...R×d2 22. R×d2 Kg8 23. Qd1 Kf8 24. g4!

挺进 g 兵驱赶黑方 f6 马，使白格象得以从保护 e4 兵的束缚中解脱出来，
是扩大优势的佳着！

24...Ke8 25. g5 Nd7 26. Bg4 Nf8

不能走 26...N×c5? 27. B×c5 Q×c5 28. Rd7，白车侵入次底线后，立
刻产生一系列威胁（29. Qb3、29. Be6 等），黑方无法防御。

27. Rd6 Ne6

黑方的局势已十分困难。如果走 27... Rd8，白方应以 28. Qb3！即可保持优势，因为黑方的子力几乎无法动弹。

28. B×e6 f×e6 29. h4 Rd8 30. Qb3！

至此，白方必定得兵，取得了实质性的收获。

30... R×d6 31. c×d6 Qd7 32. B×a7 Bf8 33. Bc5 B×d6 34. B×d6 Q×d6 35. Q×b7（图二）

图二

经过交换，进入了白方多一兵的后兵残局，因为白王位置暴露以及白方王翼兵冲得较高，给予黑方很好的反击机会，所以白方想取胜仍然面临着很大的技术困难。但正如李超赛后提到的那样，实战中，黑方在局面、时间、心理等各方面都处于巨大压力的情况下，想守住这个残局是极为困难的。

比赛进行到这个时候，场上的形势十分微妙：上海队的居文君和外援耶里亚诺夫分别战胜赵雪和修德顺，倪华在对余泱漪的对局中也占有比较明显的优势，但章晓雯对王珏的对局则陷入败势局面。假如倪华和王珏都能顺利取胜，那么本局将成为决定冠军归属的关键。为了缓解紧张情绪，时间比较宽裕的李超甚至专门到赛场外的休息区冷静了十几分钟，然后回座开始努力赢下这个残局。

35... Qd1+ 36. Kh2 Qc2 37. Qb8+ Kd7 38. Qa7+ Kc8？

一个明显的错误，致使局势立刻恶化。应改走 38... Kd6！ 39. Qa3+ Kd7 40. Kg3 Q×e4 41. Qe3 Qd5，黑方吃回一兵并将后保持在攻守两利的位置，白方很难取胜。

39. Qf7！

显然黑方忽略了这步运子，否则上一步黑方即使退王也会退到 c8，使白方吃 e6 兵不带将。

39. ... Q×e4

黑方如走 39. ...Q×b2，则白方不必急于走 40. Q×e6+，而是走 40. Kg3！以静制动。黑如再走 40. ...Q×a2，则 41. Qg8+，消灭掉 h7、g6 两兵后，白方转而利用王翼通路兵取胜，而白王可以利用兵的掩护在黑方阵地内找到很好的掩蔽所逃避将军。因此，黑方选择吃掉 e4 兵，这样使白王少一层掩体，黑后能有较多打将的机会。

40. Q×e6+ Kc7 41. Qf7+ Kd6 42. Kg3 Qe1 43. Qf6+ Kc7 44. Qf3 Qg1+ 45. Kh3 Qb1 46. Qf7+ Kd6 47. Qf6+ Kd5 48. Qf3+ e4？

这步棋之后，黑方的局势变得更加困难，因为黑兵在 e4 反而妨碍了黑后的活动，应该走 48. ...Kd6 比较顽强，在 49. Qa3+ c5 50. Qa6+ Kd5 之后，白方并无明显的取胜途径。

49. Qb3+ Ke5 50. Kg2

现在白王的位置是非常安全的，接下来白方准备挺进 a 线通路兵。

50. ...Kd4 51. Qf7 Kd3 52. Qb3+ Kd4 53. a4

通路兵开始向前挺进，而黑方对此一筹莫展。

53. ...Qa1 54. Qc3+ Kd5 55. a5 c5 56. Qb3+ Kd4 57. Qb6 e3

加速了败局，但改走其他着法亦无济于事。例如，57. ...Kc4 58. Qe6+ Kb5 59. Qe8+！Kb4（59. ...Ka6 60. Qc6+） 60. Q×e4+；或者 57. ...Kd5 58. Qb7+ Ke5（58. ...Kd6 59. Q×h7） 59. a6 Qd1 60. Qb8+ Kf5 61. Qc8+ Kf4 62. a7 Qf3+ 63. Kg1 Qd1+ 64. Kh2 等，白方胜定。

58. b4！

巧妙之着，奠定胜局。

58. ...Kd3

如走 58. ...e2 59. Q×c5+，再 60. Qe3+；或者 58. ...Qc3 59. Q×c5+ Q×c5 60. f×e3+，均为白胜。

59. Q×c5 e×f2 60. Q×f2 Kc4 61. Qf1+

白胜。

李超和王玥两位特级大师是我国棋坛的一对黄金搭档。风格迥异的两人合作多年，很好地促进了彼此棋风的完善。近年来，李超在对局中除了保持他惯有的大刀阔斧的风格外，也经常展现出细腻的残局功夫，本局即是很好的一例。这盘棋李超从头到尾牢牢压制住对手，取得完胜。在争夺冠军的关键对局中能有这样的高水平发挥可以说是殊为不易的。李超也凭借本局的胜利超越了最后一轮输棋的队友修德顺，以 10 胜 6 和 2 负的战绩荣膺本赛季联赛最佳男棋手称号。

在这盘棋结束之前，上海队的倪华可能因为看到队友形势不利，心态出现波动，结果被余泱漪翻盘。这一结果既成事实，上海队的夺冠希望已完全破灭，随后李超的胜利确保了北京队冠军到手。最后，小将王珏战胜本年度的女子全国冠军章晓雯，圆满收官，最终北京队以 3：2 击败上海队，时隔五年之后重新登上联赛冠军宝座。

第二十一局　修德顺 负 温阳

2012 年全国国际象棋甲级联赛第 1 轮

这是联赛首轮京鲁大战中的一盘精彩对局。笔者相信，如果本届联赛设立最佳对局奖的话，该局将是强有力的候选。山东队特级大师温阳面对上届联赛中曾经两胜自己的北京队特级大师修德顺，上演了一出华丽的攻王好戏。这一佳构甚至引起了"棋坛巨无霸"卡斯帕罗夫的注意，他在第 114 期《情报》的个人专栏中专门撰文评述了这一对局。

1. d4 Nf6　2. c4 g6　3. Nc3 Bg7　4. e4 d6　5. f3 0-0　6. Be3 e5　7. Nge2 c6　8. Qd2 Nbd7

双方弈成古印度防御杰米什体系中一路非常著名的变例，这一变例兴盛于 20 世纪 90 年代前期，当时卡斯帕罗夫曾执黑在这一变例中先后与卡尔波夫、克拉姆尼克、希洛夫、贝利亚夫斯基等超级棋手展开较量，也许这也是卡斯帕罗夫会对本局感兴趣的原因之一。

9. 0-0-0

长易位无疑是该局面中白方最具原则性的下法。1993 年利纳雷斯超级大赛，卡尔波夫曾选用 9. Rd1 来对付卡斯，其意是未来进行短易位。然而事实证明，这个想法并不成熟，该局续以 9...a6　10. d×e5　N×e5!　11. b3　b5!

12. c×b5 a×b5 13. Q×d6 Nfd7!，黑方弃兵获得危险的主动权，最终该局以卡斯帕罗夫完美取胜而告终，这也是两卡交锋中极为著名的对局之一。

9...a6 10. Kb1

同样在1993年利纳雷斯大赛中，贝利亚夫斯基执白迎战卡斯帕罗夫，这里走的是10. h4，接下来是10...b5 11. h5 Qa5 12. Bh6 B×h6! 13. Q×h6 b4 14. Nb1 Q×a2 15. Ng3 Nb6 16. c5 Nc4 17. Rd2! Na5!（不能走17...N×d2？ 18. N×d2 Qa1+ 19. Nb1 e×d4 20. e5! d×e5 21. Ne4! N×e4 22. h×g6，白胜）18. c×d6 Nb3+ 19. Kc2 Na1+ 20. Kc1 Nb3+ 21. Kc2 Na1+ 22. Kc1，导致和棋。现在白方先平王是经过改进之后的着法。

10...b5 11. c5

另一种变化是11. Nc1 e×d4 12. B×d4 Re8! 13. B×f6 Q×f6 14. Q×d6 Q×d6 15. R×d6 Ne5，黑方弃兵换取子力的活跃，呈各有千秋之势。

11...Qa5 12. Qc2

面对黑方12...b4捉死马的威胁，白方选择平后，意在保留变化（对12...b4?! 可应以13. Qa4!，白方较优），如改走12. Nd5，将导致双方兑后，白方没有便宜可言，简举一例：12...Q×d2 13. Ne7+ Kh8 14. R×d2 d×c5 15. d×e5 N×e5 16. N×c8 Rf×c8 17. B×c5 Nc4 18. Rd4（18. Rd1？ N×b2!）Rd8 19. R×d8+ R×d8 20. b3 N×e4! 21. f×e4 Rd1+ 22. Kc2 Rd2+ 23. Kc1 Bb2+ 24. Kb1 Rd1+，有长将。

12...d5!

一步强有力的新着！以往在这个局面，黑方多走12...d×c5 13. d×e5 N×e5 14. B×c5 Rd8 15. Nd4 Qc7 16. Nb3 R×d1+ 17. Q×d1 Nfd7 18. Qd6，局势较为平稳，双方均可接受，但是温阳似乎不喜欢这样简化局面的下法。

13. e×d5 b4! 14. d×c6?!

黑方进兵捉马，是前一步挺兵的连贯手段，也是黑方野心勃勃的攻王计划的开始。

修德顺在此考虑良久，决定吃兵接受挑战，结果正中黑方下怀，实不明智。比较稳妥的选择是14. Ne4 N×d5 15. Bf2，将形成双方互有机会的局面。黑如试图使用类似局面中常见的开线技巧走15...b3?，则16. Q×b3 Rb8 17. Be1!!，借这步漂亮的反捉，白方得以巩固住局面，此后黑方弃兵将没有足够的补偿。

14...b×c3（图一）

图一

15. c×d7?

很难想象，这步自然而然的着法会是一个决定性的错误，事实正是如此，此后对局完全成为黑方的进攻表演。

白方如果打算吃回一子，那么他应该先走 15. N×c3，消灭这只"恶兵"，因为黑方不能走 15...Nb8?，否则在 16. d5 之后，白方的兵群将明显强于黑方一子。在 15. N×c3 之后，黑方正确的续着是 15...e×d4 16. c×d7 d×e3 17. d×c8＝Q Rf×c8 18. Na4 Bf8，黑方较有前景，但白方仍有许多对抗的手段。

值得注意的是 15. d5!?，立即制造复杂化，黑方大致有两种续着。

a）15...c×b2!? 16. c×d7 B×d7 17. Nc3 Rfc8 18. Ne4!（在 18. c6? B×c6 19. d×c6 R×c6 20. Bd2 Rac8 之后，黑方的攻势难以阻遏）N×e4 19. f×e4 Bh6! 20. Qd2!（唯一之着！如果吃象将给黑方表演的机会：20. B×h6? Ba4 21. Qf2 R×c5 22. Bd3 Rab8!，伏有以下手段：23...Bc2+! 24. B×c2 Q×a2+!! 25. K×a2 b1＝Q+!，再 26...Ra5#，白方无法防御）Q×d2 21. B×d2 B×d2 22. R×d2 R×c5 23. R×b2 f5 24. Be2 f×e4 25. Rc1 Rac8 26. R×c5 R×c5 27. Rb7，白方虽少一兵，但有良佳的和棋机会。

b）15...N×c5 看起来是更为自然的选择，但白方仍旧可以借一对挺进得很远的通路联兵进行对抗，试演如下：16. Q×c3 Bf5+ 17. Ka1 Qa4（如误走 17...Q×c3? 18. N×c3，黑方 c5 马无处可去）18. b3 N×d5!?（如走 18...N×b3+ 19. Q×b3 Bc2 20. Q×a4 B×a4 21. Rd2 e4 22. Bd4 e3 23. Rd3

Rfd8 24. Nc3 Bc2 25. c7! Rd7 26. R×e3 N×d5 27. B×g7 N×e3 28. Be5 N×f1 29. R×f1，白方强有力的 c7 兵将使黑方实现子力优势变得困难重重）19. Q×c5（如走 19. b×a4 N×c3 20. N×c3 e4 21. Bd4 Rfd8 22. B×g7 R×d1+ 23. N×d1 K×g7 24. Ne3 Rc8，对黑方有利）N×e3 20. b×a4 e4+ 21. Nd4 N×d1（较弱的是21...Rfd8 22. f×e4 B×e4 23. B×a6 R×d4 24. R×d4 B×d4+ 25. Q×d4 Nc2+ 26. Kb2 N×d4 27. c7 Bf5 28. Bb7 R×a4 29. c8＝Q+ B×c8 30. B×c8，白方反而拥有较好的机会）22. Kb1 B×d4 23. Q×d4 Rfd8 24. Qc5 e3+ 25. Ka1（25. Kc1?! Nf2 26. Q×e3 Rab8! 27. Bb5 N×h1）Nf2 26. Q×e3 N×h1 27. Bc4，黑方虽然多子，但形势仍远未明朗。

以上种种复杂变化，不知实战时修德顺是否有所考虑，抑或他认为黑方的攻势是不足为惧的，但事实并非如此……

15...Nd5!!

绝妙之着！黑方无视自己的象正被叫吃，是因为他正确地估计到，在这个局面中，c3 兵的价值远大于此象，同时这步棋还赢得了一步宝贵的先手。相反，如错走 15...B×d7? 16. N×c3，白方的阵势固若金汤。看不出黑方对于弃掉的两兵有什么补偿。

16. d×c8＝Q Rf×c8 17. Qe4?

这样走将导致棋局很快结束，白方最后一个顽抗的机会是 17. d×e5!，在 17...N×e3 18. Q×c3 Q×c3 19. N×c3 N×d1 20. N×d1 B×e5 21. Nf2 R×c5 22. Nd3 Rd5 23. N×e5 R×e5 24. Bc4 之后，尽管少半子，白方尚可进行较长时间的抵抗。

17...Rab8 18. Bc1 R×b2+!!

再度弃子，彻底摧毁了白方王前的屏障，着法精彩动人。

19. B×b2 Rb8 20. Ka1

无奈。如走 20. Qc2 R×b2+ 21. Q×b2 c×b2（伏 22...Nb4）22. K×b2 Qb4+，黑方胜来更易。

20...R×b2 21. N×c3

改走 21. Q×d5 同样导致一个完美的结局：21...c2 22. Rc1 Qb4 23. Qa8+ Bf8，对于 24...Rb1+的威胁，白方束手无策。

21...Q×c3 22. Qd3 e×d4

黑方有多种取胜的办法，实战中温阳选择了比较简明的一种，亦可改走 22...Qb4，例如，23. Qc4（23. Rc1 e4!）Nc3! 24. Bd3 Qa3 25. Bb1 e×d4

26. Rhe1 Rb8 27. Rd2 d3，黑胜。

23. Q×c3 d×c3 24. R×d5 Rb8！（图二）

图二

动人的局面！白方竭尽所能消耗了黑方大量的进攻兵力，甚至兑掉了皇后，但是，黑方的车象兵仍然足以构成致命的杀势。而白方王翼的车和象通盘未能发挥作用，所多出的一车（马上要送掉）只是徒具形式而已。

25. Rd8+

别无他法。

25... R×d8 26. Kb1 Rd2 27. g3 Bd4！

白方挺兵是为了防止黑方 27...c2+ 28. Kc1 Bh6 的杀着。黑方进象之后，胜法同上，白方无计可施，只得停钟认输。

这盘棋，温阳展示了卓越的进攻才能，其战术组合之犀利，入局手法之干脆，令人叹服。在本届联赛中，温阳表现出色，荣膺最佳男棋手称号，他的这一精彩胜局最终帮助山东队与北京队战成平手。

第二十二局 牟科 和 修德顺

2012 年全国国际象棋甲级联赛第 2 轮

本届联赛，牟科代表青岛实验初中队出战，这是他首次参加甲级联赛。首轮比赛，牟科执黑迎战天津队的亚美尼亚外援安德里亚西扬，在和棋在握的情况下，因为全队形势不利，冒险变着，招致失利。第二轮比赛，青岛队与卫冕冠军北京队相遇，牟科的对手是同门师弟修德顺。双方共同演绎了一盘跌宕起伏且颇具戏剧性的对局……

1. d4 Nf6　2. c4 e6　3. Nc3 Bb4　4. a3

双方弈成尼姆佐维奇防御。白方4. a3是一种比较古老的下法，往往容易导致激烈的局面，是牟科比较喜爱的变化。

4. ... B×c3+　5. b×c3 c5　6. e3 Nc6　7. Bd3 e5!?

在2011年全国个人锦标赛中，修德顺执黑迎战赵骏，这里走的是7. ... b6 8. Ne2 Ba6?（次序有误，应先走8. ... 0-0）9. e4 0-0　10. Bg5 h6　11. Bh4 g5　12. Bg3 d6　13. f4，白方取得强大的攻势，最终凭借漂亮的弃子攻杀取得胜利。可能是那场惨败之后修德顺对这一变例有了新的认识，因此本局在此改弦更张。

8. Ne2 e4　9. Bb1 Qe7?!

这样的走法是不符合这种变例的精神的。在第6轮韦奕执黑迎战牟科时，黑方在此选择9. ... b6　10. Ng3 Ba6，通过攻击c4兵对白方构成牵制，是比较积极的对策。接下来白方或者选择前景不明朗的弃兵弈法（11. f3 e×f3　12. Q×f3 B×c4，如牟科—韦奕之战所弈），或者在11. N×e4 N×e4　12. B×e4 B×c4　13. Bd3 B×d3　14. Q×d3 0-0之后，形成一个机会大致相等的局面。

10. Ng3 d6　11. Qc2 0-0　12. 0-0!

积极！如走12. N×e4 N×e4　13. Q×e4 Q×e4　14. B×e4 Re8，白方要被吃回一兵，并无优势可言。

12. ... Re8　13. f3

通过兑兵打开线路，是类似局面中典型的手段，至此白方布局取得成功，前景乐观。

13. ... e×f3　14. R×f3 g6　15. e4!

威胁以16. Bg5，直指黑方阵地中空虚的黑格。

15. ... Bg4　16. Rf1 Nh5　17. N×h5 B×h5　18. Qf2 Na5（图一）

黑方王翼受攻的局面已无法改变，只能通过对c4兵施加压力而求得某些反击。

19. h3?

严重的失策！在这一局面中白方的双象作用很大，特别是黑格象，绝对不

图一

能轻易被兑掉，因此这步棋应改走 19. Bh6!，黑如接走 19...N×c4，则 20. Qa2! (20. Ba2?! b5) b5 (20...Na5? 21. h3 g5 22. Rf5!) 21. a4!，白方优势。

19...g5?

令人费解！当然应该走 19...Nb3，借捉双之机兑掉危险的黑格象，在 20. Ra2 N×c1 21. R×c1 g5 之后，黑势不弱。

20. Qg3 h6 21. Ra2!?

白方此时另有一种很好的选择：21. h4 Bg6 (唯一之着，如果走 21...f6? 22. h×g5 h×g5 23. B×g5! f×g5 24. Rf5 Bf7 25. R×g5+ Kf8 26. Bd3，再 Rf1，白方有制胜的攻势) 22. h×g5 h5 23. Bf4，白方亦稳占优势。临场，牟科在两种变化之间反复权衡，最后决定选择谱着，因为凭他的感觉，白方的后翼车投入战斗后，其攻势很可能将是致命的。

21...Bg6 22. Raf2 N×c4

眼见王翼的防御已无法加强，黑方索性吃兵，看看白方有什么进攻办法。如走 22...Nc6，白方可接走 23. Be3，以后再 Rf6，h3-h4 等，黑方亦难防御。

23. Rf6 Kg7 24. B×g5!

弃象突破，着法果断凶悍！如走 24. h4 c×d4 25. h×g5 h5! 26. c×d4 Rac8，黑方可将线路暂时封闭起来，白方一时还难有破城之术。

24...h×g5 25. Q×g5 N×a3 (图二)

无奈，否则白方走出 e4-e5 之后将立刻结束战斗。

图二

26. e5?

临门一脚操之过急，使任务变得复杂起来。正确的着法是 26. Ba2! c4
27. h4! Q×e4（否则无法应付 h4-h5）28. R×f7+ Kg8 29. R1f4!，这正是牟科
临场计算时所忽略的一着。以下黑如接走 29...Qe1+（或者 29...Qc2
30. R7f6 Kh7 31. h5 Qd1+ 32. Kh2 Q×h5+ 33. Rh4，亦为白胜）30. Kh2
Re6 31. R7f6，白方胜定。

**26... N×b1 27. R×f7+ Q×f7 28. R×f7+ K×f7 29. Qf6+ Kg8 30. Q×g6+
Kh8**

白方攻破了黑方的王城，但进攻兵力损耗大半，只剩单后无力构杀，优势
已大幅缩水。牟科此时巡看了一下全队的战况：越南外援黎光廉在中局作战中
出现严重失误，速败于北京队特级大师余泱漪，虽然另一名外援黄氏宝禅击败
王珏扳平了比分，但龚倩云对赵雪已呈败势，马中涵对李超则大致成和，形势
迫他必须谋胜。他稳定了一下情绪，回座之后开始积极思索争取胜利的方案。

31. e×d6!

最好的尝试！先吃掉重要的一兵，而黑马反正是逃不掉的。

31... N×c3

只能如此，因如改走 31...Na3? 32. Qh5+ Kg7 33. Q×c5，黑马仍要被
抽掉。

**32. Qh5+ Kg7 33. Qg4+ Kh7 34. Qh4+ Kg7 35. Qg3+ Kf7 36. Q×c3
c×d4 37. Q×d4 a5?!**

挺进 a 兵并非当务之急，应改走 37...Ke6 先控制住白方 d 兵，比较顽强。

38. Qd5+ Kf6　39. d7!

在这个局面中，通路兵的挺进速度将是决定胜负的首要因素，因此白方先进兵控制住黑车，是正确的选择。如走 39. Q×b7?! a4　40. Qc6 Rf8，白方显然很难取胜。

39... Rg8　40. Qd6+ Kf7　41. g4 a4　42. Kh2!

精巧！准备走 43. g5!，利用黑王的不利位置做杀。此着之后，黑方被迫以放弃后翼通路兵为代价，转而消灭白方的 d7 兵。

42... Rad8

唯一之着。

43. Qf4+ Ke7　44. Qb4+ K×d7　45. Q×b7+ Ke6　46. Qe4+ Kf6　47. Q×a4（图三）

图三

至此形成后双兵对双车的残局。当时笔者和一些棋手在场外一起探讨这个残局白方是否必胜。记得在 2004 年利纳雷斯超级大赛中，希洛夫与拉迪亚波夫的对局就弈成了这一残局（白方恰好也是 g、h 两兵），当时希洛夫顺利取胜，据此笔者认为白方可胜。但事实上，这一局面白方尚需面临一些技术上的考验，尤其要注意王不能从兵旁被驱开，另外控制黑方双车让其难以发挥作用。

47... Rd2+!

借打将的机会，使双车得以从直线上相连，利于反击，是最顽强的抵抗。

48. Kg3 Rd3+ 49. Kf4?

这步自然的着法使白方的取胜前景蒙上了一层阴影，应改走 49. Kg2 Rd2+ 50. Kf1 Rgd8 51. Qf4+ Kg7 52. Qg5+ Kh7 53. h4，白后处于攻守兼备的位置，以下逐步推进通路联兵，总是可以取胜的。

49. ... Rgd8!

当然不能走 49. ... R×h3?，因为在 50. g5+! 之后，黑方必失一车，读者可自行验证。

50. g5+

暴露出白王位置较高带来的问题：黑方 50. ... R8d4+ 的致命威胁迫使白方推进 g 兵，但这样一来，黑王就有可能黏住白兵，进而为消灭此兵创造条件。此时如走 50. Ke4，黑可 50. ... R×h3!，白方无法抽吃一车，也是和棋。

50. ... Kg7 51. Qa1+ R3d4+ 52. Ke3 Kg6 53. h4 Rd3+ 54. Ke4 R3d6?

应走 54. ... Kh5!，白兵必丢。

55. Qa7 R8d7 56. Qc5 Re6+??

仍应走 56. ... Kh5，白方将无计可施。赛后修德顺说，在时间紧迫的情况下，他的思维出现了盲点，根本没有想到王可以到 h5 捉白兵。

57. Kf4 Rf7+ 58. Kg4 Re4+ 59. Kg3

黑方的失误使白王可以回到兵旁。如前所述，这种局面白方已是必胜之势。此时场上的比分是 1.5 : 2.5，青岛队落后，因此，牟科肩负着为青岛队扳平比分的重任。

59. ... Rfe7 60. Qc2 Kh5 61. Qd1+ Kg6 62. Qd3 Kg7 63. Qc3+ Kg8 64. Qf6 R7e6 65. Qf5 R4e5 66. Qc2 Re4 67. h5 Kg7 68. Kf3 Re1 69. h6+ Kf8 70. g6 Rf6+ 71. Kg2 Re8 72. Qc5+ Kg8 73. Qd5+ Rfe6 （图四）

74. h7+?!

白方步步为营，通路联兵相继推进到第六横线，已是胜利在望。然而此时，白方的临门一脚却再一次拖泥带水（否则本局应在中局就结束战斗），目前局面，黑方的子力已经难以动弹，白方只要逐步运王上前助攻即可取胜：74. Kg3 Kf8 75. Kf4 Rf6+ （75. ... R×g6 76. Qf5+） 76. Kg5 Rfe6 77. Kf5，白方胜定。

74. ... Kg7 75. h8=Q+??

这步"瞎子棋"最终为这盘跌宕起伏的对局加上了一个富有戏剧性的结尾。看到牟科走出这步棋，观战的青岛队棋手无不目瞪口呆。赛后牟科懊恼地

图四

说，长时间的鏖战使他在此时出现了大脑短路的情况，以为接下去是一个简单的三步杀，却忘记了黑方可以走 77…Kf6。此时白方应走 75. Qd4＋ Re5 76. Kg3 K×g6 77. h8＝Q R×h8 78. Q×e5，形成单后对单车的残局，白方仍可取胜。

75… K×h8 76. Qh5+ Kg7 77. Qh7+ Kf6

现在白方只能接受和棋的结果了。

78. g7 Re2+ 79. Kf1 Re1+ 80. Kf2 R1e2+ 81. Kf1 Re1+

和棋。

这盘棋，牟科在布局取得成功之后，牢牢把握着全局的主动权，弈得有声有色。但每每胜利在望之际却操之过急，未能把握好临门一脚的火候，最后更是因一步昏着而前功尽弃，令人惋惜。也许这是一名联赛新人必须交的学费吧！最终，这场比赛青岛队遗憾地以 2∶3 输给了北京队。

第二十三局 龚倩云 胜 蒙格图尔

2012 年全国国际象棋甲级联赛第 5 轮

2011 赛季的大黑马青岛实验初中队在 2012 赛季风光不再，在第一个赛会制比赛中仅取得1平3负的战绩，积分垫底。第5轮比赛，青岛队与广东队狭路相逢。广东队在联赛首轮爆冷击败上海队后遭遇三连败，目前仅比青岛队高出1分，因此这是一场双方都输不起的保级对冲战。本局是双方两员女将之间的一场较量。蒙格图尔是蒙古头号女棋手，近年来一直代表广东队出战，为粤军冲甲和保级立下赫赫战功，是该队的主要得分手。而作为青岛队2011赛季的头号得分手——龚倩云在第一个赛会制比赛中发挥不佳，只得半分，本局执白先行的她更是渴望用一场胜利找回状态，因此这盘棋是一场针尖对麦芒的较量。

1. d4 d5　2. Nc3 Nf6　3. Bg5

这是近两年联赛中龚倩云执先经常采用的一种下法，其主要目的是避开对手熟悉的布局，以期发挥自己擅长中局搏杀的技术特点。

3...e6

这样走表示黑方不反对形成法兰西防御，此时黑方另有3...Nbd7、3...Bf5等多种走法。

4. e4 d×e4　5. N×e4 Be7

如走5...Nbd7，请参阅本书第二十六局。

6. B×f6 B×f6　7. Nf3 0-0　8. c3

这里比较常见的走法是8. Qd2，以便快速完成长易位，继而在王翼展开攻势，以2004年维克安泽大赛中阿南德执白迎战巴雷耶夫的对局为例：8...Nd7　9. 0-0-0 Be7　10. Bd3 b6　11. h4 Bb7　12. Neg5 Nf6　13. c3 B×f3　14. g×f3 c5　15. d×c5 Qc7　16. Kb1 b×c5，形成激烈的对攻局面。

实战中，白方先走8. c3，包含着将来把皇后置于c2格的想法，这是龚倩云在赛前精心准备的着法，从实战来看，收到了较好的效果。

8...b6　9. Bd3 Bb7　10. Qc2 Be7　11. h4 f5?!（图一）

一步大胆而又出人意料的着法，黑方以削弱e6兵为代价封锁了b1-h7斜线。但从对局的发展来看，这步棋的可行性令人怀疑，因为e6兵的削弱绝非是无足轻重的。此时比较正常的下法是11...Nd7　12. Neg5 g6（不能走12...h6?，因为白方有13. Ba6! 的手段）13. 0-0-0。这是龚倩云在赛前准备时力求达到的局面。根据她的看法，白方较有发展前途。

12. Ned2

面对黑方颇具挑衅性的着法，龚倩云在此思索良久，还是未敢采用12. Neg5的强硬下法。实际上，这步棋是对黑方11...f5强有力的反驳，以下

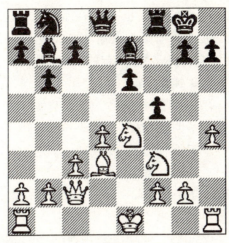

图一

黑方大致有两种应着。

a) 12...B×g5 13.N×g5 （较弱的是 13.h×g5 B×f3 14.g×f3 Q×g5 15.Qe2 Qe7 16.Bc4 Rf6 17.0-0-0 Nd7，再 Nf8，白方少兵未必有足够的补偿）h6，这正是龚倩云临场时担心的变着，因为白如接走 14.N×e6 Re8 15.B×f5 Bd5，白方要丢子。但赛后的分析证明，此时白方可以利用黑方出子落后的弱点，弃子取得强大的攻势。试演如下：16.0-0! B×e6 （也许比较理智的走法是 16...R×e6 17.B×e6+ B×e6，不过在 18.Rfe1 Bf7 19.Qf5 Nc6 20.Re3，仍是白方易下的局面）17.B×e6+ R×e6 18.Qb3 Kf7 19.Rae1 Qd6 （如改走 19...Qd7，白方可用一系列紧着取得制胜的攻势：20.Re5! Ke7 21.Rfe1 R×e5 22.R×e5+ Kf8 23.Re3! g6 24.Qc2 Kg7 25.h5! Qf5 26.Qe2! Nc6 27.Re6，白方胜势）20.f4 Ke7 21.f5 R×e1 22.R×e1+ Kf8 23.Re6 Qd7 24.Qc4，至此，黑方无法有效完成后翼出子，而白方接下来有 f5-f6 等威胁，黑方难以防御。

b) 12...Bd5 13.Qe2 Re8 14.0-0-0 Bf6 15.c4 （亦可考虑走 15.Rhe1）B×f3 16.Q×f3! （16.N×f3?! Nc6）B×g5+ （走 16...Q×d4? 是十分危险的：17.Rd2 Na6 18.B×f5 Q×c4+ 19.Rc2 Qd4 20.B×e6+ Kh8 21.Nf7+ Kg8 22.Rd1 Q×h4 23.Bd5，黑方无法防御大量的威胁）17.h×g5 Q×g5+ 18.Kb1 Nd7 19.Qc6，吃回一兵之后，白方易下。

龚倩云没有走 12.Neg5，除了因为临场时间有限，很难算清上述复杂变化之外，还有一个不容忽视的因素是本场比赛对双方而言意义重大，因此在这种关键着法的选择上，适当的谨慎也是可以理解的。这步 12. Ned2 虽不及 12. Neg5 锐利，但此后白方可有条不紊地对 e6 兵施加压力，局势易于控制，相对而言这种走法更符合龚倩云赛前制定的稳中求胜的战略。

12. ...Bd5 13. 0-0-0 Nc6

不宜走 13. ...B×a2?，因有 14. Nc4!（威胁以 15. b3）b5（14. ...B×c4 15. B×c4，白方吃掉 e6 兵后明显占优）15. b3 b×c4 16. B×c4 B×b3 17. Q×b3 Kh8 18. B×e6 Nd7 19. Qd5，白方有强大的主动权。

14. Rde1 Kh8?!

平王并非当务之急，应改走 14. ...Bf6，黑势不弱。

15. Bc4! B×c4

主动交换使 e6 兵更加孱弱，但黑方的困难在于难以找到一个合适的计划，如果按兵不动，白方可以伺机走 Ng5 或者推进 h5 兵，有持久的主动权。

16. N×c4 Qd5 17. Qb3 Bf6 18. Re2!

老练！如急于走 18. Nce5?! B×e5 19. N×e5（19. Q×d5?? Bf4+）N×e5 20. Q×d5（20. R×e5?! Q×g2）Nd3+ 21. Kd2 e×d5 22. K×d3 Rae8 23. Re5 R×e5 24. d×e5 Kg8 25. Kd4 Kf7!，黑方可以守住，因为 26. K×d5 会遇到 26. ...Rd8+再 27. ...Rd2 的反击。

18. ...a5 19. a4 Rab8 20. Qb5 Rbd8 21. Rhe1 Na7!

顽强。如误走 21. ...Q×b5? 22. a×b5 Na7 23. Na3!，黑方丢兵。

22. Qb3 c5!

黑方不甘受困，企图弃兵制造复杂化，充分体现了蒙格图尔的好战风格，也是目前局面中最好的选择。如走 22. ...Rfe8 23. Ncd2 Q×b3 24. N×b3 Rd6 25. Nbd2 Kg8 26. Nc4 Rc6 27. Nfe5 B×e5 28. N×e5 Rd6 29. Kc2，黑方虽然子力无损，但势必面临一个长期困守的艰难局面。

23. d×c5 Q×c5 24. N×b6 e5!

不能走 24. ...Rb8?，因为白方有 25. Nd7! 的妙手，立刻取胜。

25. N×e5 B×e5 26. R×e5 Q×f2 27. Nd5?!

黑后杀入白方阵营后，取得一定的反击机会，如何才能控制住局面，对于白方是个考验。实战中退马挡住车路是容易想到的着法，但并非佳着，应改走 27. Qe6! 较为有利，封锁黑马出路的同时暗藏陷阱。黑如不察而走 27. ...Rd2?，则 28. Qf7!! Rc2+ 29. Kb1 R×b2+ 30. Ka1 Rg8 31. Re8，白胜。

27...Nc6?!

黑方急于把马投入战斗，但马在 c6 反而更容易受攻击，应直接走 27...Q×h4较好。

28. R5e2 Q×h4　29. Qb5 Qg5+　30. Kb1 f4　31. N×f4

更好的着法是 31. Ne7!，可逼兑黑后，在 31...Q×b5　32. a×b5 N×e7 33. R×e7 之后，尽管物质力量相等，但子力的有利位置和凶险的后翼通路联兵将使白方赢得这个四车残局。

31...Q×f4　32. Q×c6 h6　33. Qe4 Qf6　34. Ka1 Qd6　35. Qe5 Rf4?（图二）

图二

对局至此双方的用时均已十分吃紧，而且此时两队的场上比分为 2：2，本局成为决胜之局，这就更增添了紧张的气氛。此时蒙格图尔选择进车捉兵，令在场观战的棋手纷纷露出不解的神情。因为兑后之后，白方很易实现多兵优势，黑方则失去了全部的反击机会。此时无论如何也要走 35...Qc6，这样在时间紧张的情况下，白方尚需面临不小的考验。

36. Q×d6 R×d6

笔者在现场观战，见蒙格图尔在吃掉白后之前先是一怔，之后微微摇头，看样子似乎在此有个低级漏算：36...R×a4+?　37. Qa3。可见，在紧张的比赛气氛中，棋手时常会出现大脑短路的情况，这一点，即使蒙格图尔这样身经百战的棋手也无法避免。

37. Re4 Rdf6　38. Ka2 h5　39. Ka3 h4　40. Re5 R6f5　41. R×f5 R×f5 42. Rh1 Rh5　43. b4

白方的通路兵开始挺进，至此黑方已无力回天。

43...g5　44. b×a5　Rh6　45. Kb4

至此，黑方看到在 45...g4　46. a6 h3　47. a7 Ra6　48. g×h3 之后，白方的胜利只是时间问题，遂放弃抵抗，签字认输。凭借龚倩云的胜利，青岛队以 3：2 力克广东队，取得这个赛季的首场胜利，也一举摆脱了积分垫底的窘境。

第二十四局　马群 胜 余瑞源

2012 年全国国际象棋甲级联赛第 10 轮

联赛 9 轮战罢后，江苏队、北京队、天津队同积 13 分，分列积分榜前三位，因此津苏之战是本轮的焦点之战。本局是两位 2012 年新晋特级大师之间的对话。两人年龄相仿，从小就在少年赛中多次交锋，此后又一同进入国少队，私交甚笃且知根知底。过往交手，马群通常以 1. e4 起步，这一次，马群在赛前做了精心的准备，改用后兵起步，决定给余瑞源来一次"奇袭"……

1. d4 d5　2. c4 c6

余瑞源执黑对付后兵基本只走斯拉夫防御，这多少减轻了马群赛前准备的难度。

3. Nc3 Nf6　4. Nf3 d×c4　5. a4 Bf5　6. Ne5 Nbd7　7. N×c4 Nb6　8. Ne5 a5　9. f3

如走 9. g3，请参阅本书第八局。

9...Nfd7　10. e4

直接挺兵捉象，是一种力求复杂的下法，另一种选择是 10. N×d7 N×d7 11. e4 Bg6　12. Be2，局势要相对平稳一些。

10...N×e5　11. e×f5 Nec4

在这一局面中，更多的棋手选择走 11...Ned7，此后同样有非常复杂的变化，简举一例：12. d5 c×d5　13. Bb5 （如走 13. N×d5 e6　14. f×e6 f×e6 15. N×b6 Bb4+　16. Bd2 Q×b6，黑方满意）e6　14. Qe2 Bb4　15. f×e6 f×e6 16. Q×e6+ Qe7　17. Q×e7+ K×e7　18. 0-0 Rac8，黑可抗衡（阿什文—倪华，2011 年弈于钦奈）。

11...Nec4 是余瑞源比较喜爱的下法，在此之前亦被认为是可行之着。然而，马群在本局中采用的新下法，却给这一变例的可行性布下了疑云……

12. Qb3 Nd6   13. g4 g6   14. Bf4！

白方出象，准备下步长易位，利用出子速度上的优势迅速对黑方展开攻势，这是一种非常积极的下法。白方此时另有 14. Bd3 的选择。2009 年的一次快棋赛中，现世界头号棋手卡尔森便以此着来对付我国名将王玥，该局的后续是 14...Bg7   15. Be3 Nd7   16. 0-0-0 Qb6   17. Q×b6 N×b6   18. f×g6 h×g6   19. h4 Nd5   20. N×d5 c×d5   21. Kb1 Kd7，大致均势，最终双方弈和。

14...g×f5   15. 0-0-0 e6（图一）

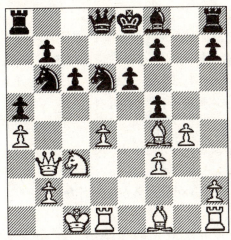

图一

16. g×f5！

新着！2011 年秦皇岛国际象棋公开赛，印度特级大师甘古利在与余瑞源的对局中也曾走成这一局面。当时甘古利走的是 16. Be5，以下 16...Rg8   17. g×f5 N×f5   18. Bh3 Bb4   19. Rhg1 Rg6   20. B×f5 e×f5   21. Bg7？（改走 21. Rge1 较好）Qe7   22. Na2?！（如走 22. Rge1 Re6   23. Be5 0-0-0，同样黑方占优）Qe6！，逼兑后，此后白方少兵而无所补偿，最终余瑞源赢得了这盘对局。

现在白方直接吃兵，是对上述对局着法的一种改进，这也正是马群精心准备的一把飞刀。

16...N×f5   17. d5！

迅速弃兵开线，是上一着棋的连贯动作，矛头直指滞留在中心的黑王。

17...c×d5?

面对新的课题，余瑞源在此颇费苦思，但仍未能找到最佳的应对方法，用c兵吃掉白兵将导致局势迅速的崩溃。我们来看一下此时黑方其他一些选择。

a) 17...e×d5?　18.Re1+ Be7　19.Bh3 Nd4　20.Qd1 Ne6（如走20...c5　21.Rhg1，黑亦难找到满意的应着）21.B×e6 f×e6　22.R×e6，白方攻势猛烈，黑方难以抵挡。

b) 17...N×d5　18.N×d5！（较弱的是18.Q×b7 Bd6！　19.Q×c6+ Kf8　20.B×d6+ N×d6　21.Ba6 Nb4　22.Q×d6+ Q×d6　23.R×d6 N×a6，黑方得以渡过难关）c×d5（改走18...e×d5　19.Re1+ Be7　20.Rg1，黑势同样困窘）19.Bb5+ Ke7　20.Rhe1，黑方难以应付。

c) 17...Qh4！?，看上去是一步离奇的着法，因为在18.Be5之后，黑方将不可避免地遭受物质损失，但这也许是此时黑方最顽强的应着，以下接走18...Qb4　19.Q×b4 a×b4　20.d×c6 b×c6　21.B×h8 b×c3　22.B×c3 R×a4，这样，黑方尚能稳住阵脚进行较长时间的抗争。

根据以上的分析，我们不难看出，白方的新着威力巨大，黑方所选择的这路变化的可行性有必要去重新进行审视了。

18.Bb5+ Ke7

如走18...Nd7　19.N×d5！，黑方迅速崩溃。

19.Qa3+ Kf6

如走19..Nd6，白方有20.Ne4！的有力之着，黑方无法应付。

20.Ne4+ Kg6　21.Rdg1+?

这步棋增大了白方获胜的难度。据马群赛后说，赛前他已对17.d5之后的各种变化做了详细的拆解，而黑方17...c×d5是所有可能的选择中最差的一种，所以在准备的时候对此并未引起足够的重视。因此，当这步棋真的出现在棋盘上时，马群一时竟忘记了赛前准备好的着法。此时应走21.Rhg1+！Kh5　22.Be8！！，可一举制胜，例如，22...Rc8+（如走22...Qc8+　23.Kb1 d×e4，白方将胜得更加精彩：24.B×f7+ Kh4　25.Qb3 Qc4　26.Bg5+ Kh3　27.B×e6！Q×b3　28.B×f5+ K×h2　29.Bf4#！，其余走法同样无济于事，读者不妨自己验证一下）23.Kb1 d×e4（23...B×a3　24.B×f7+ Kh4　25.Rg4+ Kh3　26.Nf2#）24.Qb3 Q×e8　25.f×e4，黑方无法化解随之而来的一系列杀王威胁。

21...Kh5　22.Qd3?!

更好的是22.Qb3！，在这种情况下黑方不敢吃e4马，否则在f×e4之后，白后投入进攻立刻定局，接下来黑如走 22...Be7　23. Kb1！（必要的预防措施）Bh4　24. Bd3 Bf6　25. N×f6+ Q×f6　26. Rg5+，白胜。

22...d×e4　23. Qf1 Bh6　24. f×e4 B×f4+　25. Kb1

为何不走 25. Q×f4 呢？据马群赛后说，他看到黑方可以走 25...Qc7+（逼着）26. Q×c7 Rhc8　27. Q×c8 R×c8+　28. Kb1 Nd6，这样白方虽然多子，但兑后之后一时难以成杀，黑方还能进行较长时间的抵抗，因此便改用对局中的走法。但他却在随后的计算中出现了盲点，险些前功尽弃……

25...Bg5　26. h4？

走这步棋时，马群未能计算到第 28 回合黑方有 28...Nd5！的好棋，这将导致白方的攻势被击退。故而此时应改走 26. e×f5，例如，26...Kh6　27. Qh3+ Kg7　28. Qc3+ Kg8　29. f×e6 f×e6　30. h4 h6　31. h×g5 h5　32. Rd1，这样，白方的攻势仍然是不可抵抗的。

26...Be3　27. e×f5 Kh6！　28. Qf3（图二）

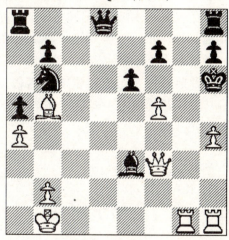

图二

28...Qd4？

余瑞源在误中布局飞刀之后，在凶险的局面中防御得极为顽强，但也因此耗费了大量的时间，已陷入时间恐慌。终于，在棋局即将迎来转机的时刻，余瑞源犯下了这个致命的错误，功亏一篑。

当然，28...B×g1？肯定是不行的，因为有 29. Qf4+ Kg7　30. R×g1+ Kf8　31. f6 Nd7（31...h5　32. Rg8+！）　32. Qd6+ Ke8　33. Rd1，白胜。

正确的着法是 28...Nd5！，对局时双方都忽略了这步棋。在此之后，白方的攻势已进入死胡同，唯有求和：29. Be2 B×g1 30. R×g1 Q×h4 31. Rh1 Q×h1+ 32. Q×h1+ Kg7 33. f×e6 f×e6 34. Qg1+ Kf7 35. Qf2+ Ke7（不宜走35...Nf6?!，因为在36. Bh5+ Kg7 37. Qg2+ Kh6 38. Bf7 之后，黑方子力不协调，白方机会较多）36. Qc5+，白方可以构成长将，但也仅此而已。

29. Rg4 Qc5 30. f×e6 f5 31. Rg5！

这一次，马群没有再让机会溜走，进车叫杀算度准确，是决定性的一击。

31...B×g5 32. h×g5+ K×g5

改走32...Kg7亦无济于事：33. Q×b7+ Kg6 34. Qf7+ K×g5 35. Qg7+ Kf4 36. Rh4+ Kf3 37. Qg5，黑王无法逃脱杀网。

33. Qg3+ Kf6 34. Rh6+ Ke7 35. Qg7+ Kd6 36. e7+ Kd5 37. Qg2+ Ke5 38. Qe2+ Kf4 39. Qh2+ Kf3 40. Be2+ Ke4 41. Re6+

黑王在棋盘右半边几乎兜了一个圈，最终还是难以逃脱白方的追杀。看到接下来有两步杀，于是黑方认输。

这盘棋，马群出色的赛前准备对他最终的胜利起了决定性的作用，同时也对黑方在本局中所采用的变例提出了质疑。不过，余瑞源在困难局面下的顽强防御也是值得称道的。激战中，马群先后错过了几次简明取胜的机会，但余瑞源在时间紧张的情况下遗憾地未能把握住稍纵即逝的转机，最终告负。这场比赛，天津队以3：2击败江苏队，而北京队却被积分靠后的广东队逼平。这样，天津队便以积15分的成绩跃居积分榜首。

第二十五局　范黎草原　胜　丁亦昕

2012年全国国际象棋甲级联赛第10轮

越南棋手范黎草原2010年代表深圳华腾队首次参加中国联赛，此后三个赛季则均效力于青岛实验初中队。她是受益于中国联赛的外援棋手的典型代表。因为中国女棋手普遍具有较强的实力，因此初来中国联赛时，范黎草原的战绩十分惨淡：2010年出战3场，1和2负，2011年则2胜5和5负。但随着在中国联赛的历练，范黎草原的棋艺水平有了长足的进步。2012赛季，她为青岛队出战18场比赛，取得10胜6和2负的佳绩，几乎凭一己之力带领青岛队保级成功（赢棋数等于青岛队其他队员赢棋数之和）。现在，范黎草原已成为越南头号女棋手。

以下我们选评范黎草原迎战浙江队特级大师丁亦昕的一盘对局。在 2011 赛季两人曾有一次交手，最终鏖战 94 回合战成平手，本局双方同样杀得难解难分……

1. d4 Nf6　2. Bf4 g6　3. e3 Bg7　4. Nf3 d6　5. Be2 0-0　6. 0-0 Nbd7　7. h3 b6

这是白方进攻古印度防御中一路稳健而缓慢的体系，越南棋手（特别是女棋手）尤为喜用，因此很多中国棋手甚至将其称为"越南体系"。一般来说，这种下法不会在开局阶段给黑方带来特别的困难，白方通常致力于中残局的角斗，比较符合越南棋手普遍具有的坚韧顽强的棋风。

黑方双出侧翼象，是这种局面的主要应法之一。除此之外，7...Qe8（准备 e7-e5）也是常见的选择。

8. c4 Bb7　9. Nc3 Ne4　10. N×e4 B×e4　11. Rc1 e5　12. Bg3

也许直接走 12. Bh2 要好一些。因为随着黑方挺进 f 兵，白象在 g3 受到威胁，迟早还是要走这一步。

12... Qe7　13. Nd2

退马捉象（黑不能应以 13...e×d4?，因为 14. N×e4 Q×e4　15. Bf3，白方得子），下步进兵封闭中心，可以说是白方争夺优势的唯一途径。但白方不能立即走 13. d5?，否则 13...B×f3　14. B×f3（14. g×f3 f5）e4，白方丢兵。

13... Bb7　14. d5 f5

至此形成古印度防御中常见的斗争格局：白方准备在后翼打开线路进行突破，黑方则致力于在王翼的积极活动。

15. b4?!

嫌急！应走 15. Bh2 先避一手较好。

15... Rae8?!

俗手！有力的着法是 15...a5!　16. a3 f4!　17. Bh2（17. e×f4?! e×f4 18. Bh2 Bb2）f×e3　18. f×e3 R×f1+　19. B×f1 a×b4　20. a×b4 Qg5　21. Qb3 Bh6　22. Re1 Rf8，以下有 Nd7-f6-h5，Bc8 等手段，黑势非常主动。

16. Bh2 g5?（图一）

这步看似自然的着法其实是一个严重的局面性错误，因为这使白方有机会封锁黑方王翼兵的挺进。可考虑改走 16...Nf6，黑势不差。

图一

17. e4! f4

无奈。否则在 e×f5 之后，白方可确保对 e4 格的控制并掌控全局。

18. Bh5 Rb8　19. Bg4 Nf6　20. Be6+ Kh8　21. g4!

白方预先把白格象走到兵链外，继而挺兵封闭王翼，着法连贯有力，使黑方面临不愉快的选择。

21... Bc8?

在这步棋之后，黑方的黑格象完全退出了战斗，且难以在王翼有所作为，而白方 c4-c5 的推进却是不可阻挡的，因此白方将取得全局的绝对主动权。较为有力的续着是 21...f×g3　22. f×g3 g4!，弃掉一兵将黑格象活跃起来，在 23. B×g4 N×g4　24. Q×g4 Bh6 之后，虽然黑方的主动权未必能补偿一兵之失，但其局势和对局相比要好得多。

22. B×c8 Rf×c8　23. Kg2

白方的优势主要就体现在两只黑格象的对比，黑方的黑格象在这一局面中是十足的局外人，而在 f2-f3，Bg1 之后，白方的黑格象不但可投入战斗并将发挥巨大的作用。

23... Kg8　24. Bg1 Kf7

黑方准备走 h7-h5，此后打开 h 线制造反击，是目前局势下最好的对抗方案。如走 24...c5?! 主动打开局面，则在 25. d×c6 R×c6　26. f3 之后，形势更加糟糕，因为白方接下来有多种进攻手段，例如 Qb3，Ra1，a2-a4-a5 等，而黑方却没有合适的计划相对抗。

25. f3 Qd7 26. Rc2 Bf8 27. Nb3 Be7 28. Qe2 h5 29. c5 h×g4 30. h×g4 Rh8 31. Rfc1 Bd8 32. Nd2?!

这步棋是不准确的，应该走 32. c×d6 c×d6 33. b5，以下 Rc6，再 Nb3-d2-c4 等，将彻底压住黑棋。也许是白方觉得优势太大，因此低估了黑方反击的危险性。

32... b×c5!

主动交换，是十分果断的下法，虽然这样导致 a 兵被孤立（迟早要被消灭），但黑车占领了开放的 b 线却给她增添了新的进攻机会，有可能和 h 线的后和车形成左右包抄式的进攻（请注意黑方第 37 手的注释）。当时笔者在现场观战，觉得白方的局面并非想象中那样可以随心所欲。况且，局面打开后，战术因素将显著提升，而处理这样的局面并不是范黎草原的特长。

33. b×c5 Kg6 34. Nc4 Ne8

黑方如走 34... Rh4（有可能在 g4 弃子），白方可用简单的 35. Kf1 来应付。

35. Na5 Qh7 36. Kf1 Bf6 37. c6?!

白方冲兵是想把黑方两翼子力完全隔离，然后消灭黑方 a 兵之后，通过逐步推进自己的 a 兵来取胜。但是这个计划太缓慢了，黑方有机会组织起危险的反击。白方应走 37. Nc6，保留 c×d6 打开线路的可能，例如，37... Rb7 38. Ke1 Qh4+ 39. Kd2 Qg3 40. Bf2 Qh2 41. c×d6 c×d6 42. B×a7，白方胜势。

37... Rb6!?

颇为有趣的想法，黑方试图把这只车走出自己的阵营（白象现在明显不敢吃车），引白方来攻击，从而进一步制造复杂化，但让出了开放线的后果是白车可沿着这条线攻入黑方的阵营，而且这只车最后不得不牺牲。值得注意的是 37... Be7，再 Nf6，接下来有可能在 g4 或 e4 实施弃子。白方不能吃 a7 兵：38. B×a7? Qh1+ 39. Bg1 Rh3 40. Rc3 Rg3 41. Qf2 Rb2!，黑胜。

38. Nc4 Ra6 39. Rb1!

占领开放线，紧要之着。

39... Ra4 40. Rb7 a6 41. a3 Bd8 42. Rb3?!

白方已经有一个明确的计划，即运王到 b3 提死黑车。但在这个过程中，白方要提防黑方弃马换兵突破的手段。现在白方回车过于谨慎，车在第三横线反而有可能被黑方利用，应走 42. Qg2，黑方难以实施突破。

42...Nf6　43. Rd3　Qh3+　44. Ke1?!

这步棋将使黑方获得真正的反击，还是应该走 44. Qg2，黑如接走 44...
N×e4?!，则 45. Q×h3　R×h3　46. Nb2!，白方得子。因为思考时间不足，范黎
草原忽视了这步巧着。

44...Qg3+

有力的着法是 44...Qh1!，接下来可能的变化是：45. Kf1（45. Qf2?
N×e4）Rh3　46. Qg2　N×e4!　47. Q×h1　Ng3+　48. Kg2　R×h1　49. Bf2
（49. Bh2 Re1）Rb1!　50. B×g3　f×g3　51. K×g3　Rb5　52. Kf2　Kf6　53. Ke3
Be7，双方形成相持之势，谁也不敢妄动，大概是一盘和棋。

45. Bf2　Qg2　46. Kd2（图二）

图二

46...Rh2?

比赛进行到这个时候，浙江队凭借丁立人的胜利在已结束的三盘男子对局
中 2:1 领先，而龚倩云与王晓晖基本和棋已定，因此青岛队扳平比分的希望
就寄托在了范黎草原身上。这个时候，双方的用时均已十分紧张。在这种情况
下，丁亦昕无暇细想，随手进车捉象帮倒忙，结果使白方轻松渡过难关，走向
胜利。此时应先走 46...R×c4!　47. R×c4　Rh2，以下白方要么选择在 48. Ke1
Rh1+　49. Kd2　Rh2 之后同意重复局面和棋，要么在 48. Ra4　Q×f2　49. Q×f2
R×f2+　50. Kc3　Re2　51. R×a6　N×g4　52. f×g4　R×e4 之后，进入一个双方互
有顾忌的残局。

47. Kc3!　Qh1

对于 47...Qh3，白方可接走 48.Kb3 R×f2 49.Q×f2 N×e4 50.f×e4 Q×d3+ 51.K×a4 Q×e4 52.Qd2，即多子胜定。

48.Qd1?!

比较精确的着法是 48.Rd1! Qg2 49.Kb3 R×c4 50.K×c4 Rh3 51.Rd3 Rh1 52.Rb3，不给黑方任何反扑机会，白方多子胜定。

48...N×e4+!

在双方均陷入时间恐慌的情况下，黑方弃马换双兵将水搅浑，从战略上讲是正确的，否则将眼睁睁看着白方走 Kb3 捉死 a4 车而取胜。

49.f×e4 Q×e4 50.Kb3 Rh1 51.Qd2 R×c4 52.R×c4

现在白方多出一车，已是必胜之势，但面对黑方的殊死反扑，还要冷静才行。

52...Rb1+ 53.Ka2 Qh1 54.Qc2 Ra1+ 55.Kb3 Kg7 56.Ka4 Bf6 57.Qe2 Qb1 58.Rb3 Qh1 59.Qe4 Qd1 60.Qf3

白方通过连续邀兑后把黑后从有威胁的位置驱走，是老练之着，此时千万不能走 60.Rcb4??，否则在 60...R×a3+! 之后，白王被杀。

60...Qf1 61.Rc2 Rd1 62.Ba7! Q×f3

黑方被迫兑后，因为如走 62...Qe1 63.Re2 Qh4，黑后将完全失去威胁，白方简单接走 64.Rb7 即胜。

63.R×f3 e4

黑方把最后的希望寄托在通路联兵身上。如走 63...R×d5 64.Rb3 Kf7 65.Rb7 Bd8 66.Bb6，白方胜定。

64.Rb3 e3 65.Bb8

小小的不精确，应走 65.Rb7 Bd8 66.Bb6!，黑方的通路联兵仍然不能动弹，白方胜来更易。

65...Bd8

如改走 65...Rd4+ 66.Ka5 R×d5+ 67.K×a6 Re5 68.B×c7 e2 69.Rb1 e1=Q 70.R×e1 R×e1 71.Bb6，白胜。

66.Rb7 f3 67.B×c7 f2 68.Bb6+

就棋论棋，更好的走法是 68.B×d8+ Kg6 69.c7 f1=Q 70.c8=Q，黑方后和车的打将并不能对白方构成威胁（读者不妨自己验证），白方胜定。但范黎草原在时间非常紧张的情况下，选择对局中保险系数较高的下法，是很容易理解并且非常明智的。

68...Kg6　69.R×f2　e×f2

改走 69...B×b6　70.Re2　Rd2　71.Re1，黑亦必输无疑。

70.B×f2　R×d5

或者 70...Rc1　71.Rd7，白方胜定。

71.c7　B×c7　72.R×c7

至此硝烟散尽，白方多子胜定，接下来就很简单了。

72...Rd2　73.Bb6　Rd3　74.Rc4　Kf7　75.Rd4　Rg3　76.Bc7

黑方认输。

经过一场激战，范黎草原终于战胜对手，为青岛队将比分扳平，最终两队战成平局。在这一分站赛的三场比赛中，青岛队其他队员一胜难求：另一位越南外援阮玉长山三战皆和，三位国内棋手均为 2 和 1 负。唯有范黎草原三战全胜，最终帮助青岛队连续取得三场平局。赛后，在三场比赛中分别输棋的三位国内棋手称："范黎草原把我们每人都救了一次。"

第二十六局　王珏 胜 穆克尔奇扬

2012 年全国国际象棋甲级联赛第 14 轮

2012 年全国国际象棋甲级联赛进行到第 14 轮，上轮刚刚登上榜首的北京队迎来了河北队的挑战。河北队在赛季前半程表现不佳，一场未胜，积分深陷降级区。为改善这种局面，河北队在下半程一开始就请来亚美尼亚二号女棋手穆克尔奇扬助阵。穆克尔奇扬不负众望，在之前的一轮比赛中力克宁春红，帮助河北队 3∶2 击败了当时的领头羊天津队，取得赛季首胜。本轮比赛，穆克尔奇扬执黑与北京队的小将王珏交手。王珏的棋风喜攻好杀，而穆克尔奇扬则较为稳健，这次相遇，也算是一场"利矛"与"坚盾"之间的较量。

1.e4　e6　2.d4　d5　3.Nc3　Nf6　4.Bg5　d×e4

另两种走法是 4...Be7 和 4...Bb4，相比之下，4...d×e4 是较为稳健的选择。显然，穆克尔奇扬不打算和王珏在复杂的局面中进行较量，而是力求局面简单化，以期扬长避短。

5.N×e4　Nbd7

另一种常见选择是 5... Be7，请参阅本书第二十三局。

6. N×f6+

这里通常的续着是 6. Nf3 h6 7. N×f6+ N×f6 8. Be3 或 8. Bh4，形成流行变化。王玥赛后表示，临场她记错了次序，所以先换了马，这给黑方提供了新的选择。

6... N×f6 7. Nf3 c5!?

求变之着！黑方当然可以走 7... h6 转入常见变化，但是穆克尔奇扬显然打算利用白方第 6 着小小的不精确。现在我们不难看出，如果白方先走 6. Nf3，黑方就不能走 6... c5，因为白方可以简单地走 7. d×c5 占优。

8. Ne5

立刻弃兵跃马，试图利用黑方 a4-e8 斜线的削弱展开攻势，体现了王玥积极进取的风格。这里另一种较有前途的续着是 8. Bb5+ Bd7 9. B×d7+ Q×d7 10. Qe2，再长易位，白方易走。

8... a6

谨慎，同时再一次鲜明地体现出穆克尔奇扬本局的战略，即避免复杂化。事实上，黑方可以大胆地走 8... Q×d4!，在 9. Bb5+ Bd7 之后，白方大致有两种选择。

a) 10. N×d7 Qb4+!（不宜走 10... N×d7?，否则 11. Qe2! a6 12. c3 Qd5 13. Rd1 Q×g5 14. B×d7+ Ke7 15. 0-0，以下有 f2-f4-f5 等手段，黑方难以防御）11. c3 Q×b5 12. N×f6+ g×f6 13. B×f6 Rg8 14. Qf3 Q×b2 15. 0-0，白方弃兵之后有一定的主动权，但黑方的防御潜力亦不容低估，双方互有顾忌。

b) 10. Q×d4 c×d4 11. N×d7 N×d7 12. 0-0-0 Bc5 13. c3 a6! 14. B×d7+ K×d7 15. Be3（较差的是 15. c×d4 Bd6 16. d5 Rhc8+ 17. Kb1 e5!，黑方易走）Kc6 16. B×d4 Rhd8，均势。

9. c3 Be7

如改走 9... c×d4 10. Qa4+ Bd7 11. Q×d4，白方较好。但可以考虑走 9... Qd5!?，白方如接走 10. B×f6 g×f6 11. Ng4 Be7 12. Ne3 Qd6，成双方互有顾忌的局面，但这种局面可能是穆克尔奇扬不喜欢的。

10. Bd3

此时较为简明的选择是 10. d×c5! Q×d1+ 11. R×d1 B×c5 12. Be2，白方残局前景甚佳，因为黑方很难顺利地完成后翼子力的出动，以下黑如贸然接走

12...B×f2+? 13.K×f2 Ne4+ 14.Ke3 N×g5 15.h4 f6 16.h×g5 f×e5 17.g6! h6 18.Rhf1 Rf8 19.Rd8+!,白方胜势。

10...c×d4 11.Qa4+ Nd7

可考虑改走11...Bd7 12.Q×d4（如走12.N×d7 Q×d7，交换之后白方将留下一个孤兵，并不便宜）Bb5! 13.Q×d8+ R×d8 14.B×b5+ a×b5，均势。

12.B×e7 Q×e7 13.Qd4 Qc5!

兑后是谋得均势的佳着，此后黑王可舒服地置于中心，白方将很难发挥后翼多兵的优势。

14.Q×c5 N×c5 15.Be2 Ke7

交换之后局势平稳，双方基本均势，很难想象在这样的局面中还会掀起什么波澜。然而，好戏才刚刚开场！

16.0-0-0 f6 17.Nc4 b5?!

一个不易觉察的错误！尽管尚不足以造成严重的后果，但却是黑方走向失败的开端。应该说，对局进行至此，穆克尔奇扬一直坚定地执行简化策略，并且成功地将局势引向了她希望形成的平稳局面。然而，可能正因如此，让她产生了放松的心理，导致此后她对残局形势判断失误，接连出错，局势最终变得不可收拾。当然，从另一个角度来说，也可能是她过于忌惮王珏的搏杀特长，而低估了她的残局水平。

此时较好的走法是17...Bd7。白方如接走18.Nb6 Rad8 19.N×d7 R×d7 20.R×d7+ N×d7 21.Bf3 b6，黑方局势无虞。实战中黑方冲b5，导致两只后翼兵变得易受攻击，这给白方提供了很好的攻击目标。

18.Nd6 Rd8

穆克尔奇扬乐意继续简化，因此没有走18...Bd7 19.Bf3 Ra7。但客观来说，这是较好的选择，毕竟在这种两翼有兵的残局中，象还是比马要强一些的。故而白方为了保证能用马换象，上一着应走18.Nb6较好。

19.N×c8+ Ra×c8 20.R×d8 R×d8 21.Rd1（图一）

21...R×d1+?

白方主动邀兑第二只车，对黑方是个考验。而穆克尔奇扬竟然轻率地接受兑车，对潜在的危险未有丝毫察觉，是本局致败的直接原因。

通常情况下，在类似两翼有兵的局面中，有象的一方愿意保留一个车，以便利用车象的配合给对手制造弱点。如果只留下一只象，则攻击力明显不足。

图一

也许穆克尔奇扬正是考虑到这一点才决定兑车。然而现在的局面，黑方已经有了明显的弱点（后翼的两只兵），因此需要区别对待。这种情况下黑方更需要留一只车，便于防守。而白车虽然占领开放线，但无法入侵黑方阵营，一时难有作为，故而此时黑方应走 21...Rc8，可望坚守。

22. K×d1 Kd6 23. Kc2 Na4?

黑方煞费苦心地制订了一个运马到 c7 格防守的计划，只会加速局势的恶化。可考虑改走 23...e5，设法发挥王翼多兵的优势，以期对白方有所牵制。以下白方如接走 24. b4 Ne6 25. Bf3 Kc7（这是较好的防御方案：用王保护后翼兵，保证了马的灵活性）26. Be4 g6，白方一时尚难有所作为。

24. b4!

典型的手段！将黑方的弱兵固定在象的同色格，使其成为永久的弱点。

24...Nb6 25. Kb3 Nd5?

执迷不悟！仍应走 25...e5 26. Bf3 Kc7，白方想赢还不是那么容易。

26. c4 Nc7

无奈。如走 26...b×c4+ 27. B×c4 Nc7 28. Ka4 Kc6 29. B×a6! N×a6 30. b5+ Kb6 31. b×a6 K×a6 32. Kb4，拥有远方通路兵的白方可轻易赢得这个王兵残局。

27. Bf3!

把象调到 b7，吊住黑方的 a6 兵，使黑马不能动弹，是白方取胜过程中最重要的步骤。对于一般爱好者而言，注意一下接下来白方是怎样通过有计划的部署一步步赢得这个残局是非常有益的。

27. … e5?!

较顽强的是27…f5，然后再走e6-e5，可以保证王翼多兵不被封锁。黑方此时显然没有注意到白方接下来的一个巧妙构思。

28. g4！

佳着！阻止黑方走f6-f5，这步棋的意义我们很快就会明白。

28. … g6 29. Bb7 Kd7

如改走29…f5，白方第28着的意图便得以显现：30. g×f5 g×f5 31. Bc8！f4 32. Bb7，于是黑方的王翼多兵被封锁住，将迟早陷入受逼局面。这个时候我们可以明显地看出，假如当初黑方保留一只车，此时就可以用车轻易将白象赶走，局势将是完全可以防御的。

30. a4 Kd6 31. a5！

精确之着！如急于走31. c×b5?! a×b5 32. a5 Ne6 33. a6? Kc7 34. Bd5 Nd4+！，再35…Kb6，黑马得到解放，白方反而不利。现在白方先进兵，威胁以32. c×b5 a×b5 33. a6，迫使黑方主动换兵，从而使白王占领c4格。白王活跃之后，黑方的局面将无险可守。

31. … b×c4+ 32. K×c4 f5

黑方已经势必陷入受逼局面，如走32…h6 33. h4，黑方迟早还是要走f6-f5。

33. g×f5 g×f5 34. Bc8！ f4 35. Bb7 h6 36. h3！（图二）

图二

至此黑方已无等着可走，陷于受逼，败局已定。

36...Ke7 37. Kc5 Kd7 38. f3!

冷静之着，使黑方再次陷于受逼。此时切忌操之过急，走 38. Kb6 Kd6 39. B×a6??，因为 39...N×a6 40. K×a6 e4 41. b5 e3 42. f×e3 f3!，黑方反败为胜。

38...Ke7 39. Kc6 Ne6

如走 39...Kd8 40. Kd6，白方同样轻易取胜。现在黑方出马试图反击，但显然已无济于事。

40. B×a6 Nd4+ 41. Kd5 N×f3 42. Be2 Nd4 43. a6 Ne6 44. K×e5 Nc7 45. a7 Kd7 46. Bf3

黑方认输。

综观全局，穆克尔奇扬一直奉行以稳为主的策略，尽力避免复杂的局面，但是她却做得过了头。过度的退让和一味寻求简化，使自己一步步陷入困难的残局。而王玥则在本局中展示了一名优秀棋手的全面性。尽管擅长攻杀的风格无从发挥，但同样可以凭借缜密的构思在残局中击败对手，其精彩的表演足以写入残局教科书。最终，北京队在这场比赛中以 4.5∶0.5 大胜河北队，继续领跑积分榜。

第二十七局 安娜·穆兹丘克 负 赵雪

2012 年全国国际象棋甲级联赛第 20 轮

联赛最后 4 轮的赛会制比赛移师海南儋州进行，空前激烈的竞争形势使很多队伍纷纷请来高水平外援助阵，该站联赛的外援总数达到了创纪录的 19 人。连实力本就很强大的上海队也请来了耶里亚诺夫和安娜·穆兹丘克两大强援助阵，目标直指联赛冠军。

联赛第 20 轮，万众瞩目的京沪大战再度上演。赛前上海队积 30 分（局分 57.5），北京队积 28 分（局分 58），分列积分榜前两位。在联赛仅剩 3 轮将要结束的情况下，这场比赛无疑是决定冠军归属的关键一战，甚至可以说，上海队请来两位强力外援，针对的就是这场"巅峰之战"。本局是当今棋坛两位女子顶尖高手间的一次对话。安娜·穆兹丘克当时的等级分达到 2606 分（是继小波尔加、科内鲁、侯逸凡之后，第四位等级分突破 2600 分大关的女棋手），高居女子世界排名第二位，关于她的情况，本书第四局曾有过介绍，在此不再赘述。她和赵雪在各种比赛中数次交锋，彼此知根知底。本局双方以古老的意大利开局拉开战幕。

1. e4 e5 2. Nf3 Nc6 3. Bc4 Bc5 4. 0-0 Nf6 5. d4

对付意大利开局，穆兹丘克喜欢下这种有趣的弃兵变例。除此之外，古老的伊文思弃兵局（1. e4 e5 2. Nf3 Nc6 3. Bc4 Bc5 4. b4）她也经常采用。

5... B×d4

用象吃兵是最可靠的应着。如走 5... e×d4 6. e5 d5 7. e×f6 d×c4 8. Re1+ Be6 9. Ng5 Qd5 10. Nc3 Qf5，将形成著名的"马克思朗进攻"。这种体系往往导致异常复杂的局面，白方的进攻手段较多。因此，除非黑方对此做过充分准备，否则实战中一般不采用这种下法。

6. N×d4 N×d4 7. f4 d6 8. f×e5 d×e5 9. Bg5

进象牵制 f6 马，利用打开的 f 线对黑方施加压力，是弃兵之后白方主要的攻击手段。

9... Qe7 10. Na3

跳边马的想法是在 c2-c3 之后，进行 Na3-c2-e3 的调动，对黑方中心和王翼施加压力，是白方主要的续着之一。除此之外，另有 10. Nc3、10. c3 等选择，简举一例：10. c3 Ne6 11. B×f6 Qc5+ 12. Kh1 Q×c4 13. B×e5 0-0 14. Nd2 Qc6?!（应走 14... Qb5，黑棋不错）15. Qg4 Qb5 16. Qg3! Q×b2 17. Nb3，以下有 Rf6 等手段，白方弃兵取得有力的攻势（选自丁亦昕—波格尼娜，2012 年弈于中俄对抗赛）。

10... Bd7

另一种走法是 10... Be6。现在黑方把象出动到 d7，其主要想法是伺机走 Bc6，对白方 e4 兵施加压力，并且空出 e6 格给马，以后有机会走 Ne6 攻击白方的黑格象，迫其表态，和 10... Be6 相比，笔者认为这种走法更加含蓄，更有弹性。

11. Qe1 a6!

在 2009 年穆兹丘克与俄罗斯名将小科辛采娃的一盘对局中，双方也弈成这一局面，当时黑方走的是 11... 0-0-0，在 12. Qf2 Kb8 13. c3 Ne6 14. B×f6 g×f6 15. Q×f6 Qc5+ 16. Qf2 Q×f2+ 17. K×f2 之后，白方取得较为有利的残局形势，并最终取胜。

本局赵雪改走挺边兵，是一步有力的改进之着，看似闲庭信步，实则寓意深刻。黑方暂不易位，是因为考虑到未来随着白方在 f6 格进行交换吃回一兵，黑王位于中心可以轻易地守住 f7 弱兵。另外，这步棋还加强了对 b5 格的保护，防止白马可能的进袭，以及在未来有机会走 b7-b5 驱赶白方有力的白格象，可以说是一步具有多种目的的好棋。

12. Qh4

比较精确的是 12. Qf2，可以防止黑方以后沿 a7-g1 斜线打将带来的麻烦。

12. . . b5

积极！不仅为了兑掉白方重要的白格象，同时也可以控制白马，使其不能经过 c4 格投入战斗。

13. c3?

白方错误判断形势，这样走的后果是白方必须用白格象与黑马进行交换，从而给黑方留下一只有力的白格象。白方应该老老实实地走 13. Bb3，黑如接走 13. . . N×b3   14. a×b3，a 线的开放会使黑方有所顾忌。对于 13. Bb3，黑方可能会应以 13. . . Be6，则 14. B×e6 N×e6   15. B×f6 g×f6   16. Q×f6 Q×f6   17. R×f6 Rd8，双方大致均势。

附带提一下，看似凶狠的 13. R×f6? 显然是行不通的，因为在 13. . . g×f6   14. B×f6 之后，黑方有 14. . . Qc5+的解着。

13. . . Ne6   14. B×e6

如改走 14. B×f6 Qc5+!   15. Qf2（15. Kh1 b×c4!）Q×f2+   16. R×f2 g×f6   17. B×e6 B×e6   18. R×f6 0-0-0，尽管白方吃回一兵，但黑方形势明显占优，因为无论是子力位置还是兵形配置，黑方都强于白方。

14. . . B×e6

现在可以看出，黑方的 e6 象明显强于白方的 a3 马，这一点决定了优势属于黑方。

15. B×f6

必须交换，如走 15. Rad1 Qc5+（借打将摆脱牵制）16. Kh1 Nd7，白方少兵而无任何补偿。

15. . . g×f6   16. Qf2

白方退后作用不大，也许改走 16. Rad1 要好一些，但在以下演变之后，仍属黑方较优的形势：16. . . f5！（比 16. . . B×a2 有力）17. Qg3（17. Q×e7+

K×e7　18. e×f5　B×a2）f6　18. e×f5　Qc5+！　19. Kh1（19. Qf2　Q×f2+　20. R×f2 B×a2）Bd5，伏 20…Rg8，白方局势困窘；白另如走 16. Q×f6　Q×f6　17. R×f6 0-0-0，黑方优势，请参阅第 14 回合注释。

16…Rg8　17. Nc2　Rg4！（图一）

图一

目前局面下，e4 兵对于白方的意义是不言自明的，它是白马未来入侵 d5 或 f5（在 Ne3 之后）的支撑点，并且压制住了黑方 f 线的叠兵。因此，黑方立即对其施加压力，把握住了局势的关键。

18. Nb4？

放弃 e4 兵毫无道理，是本局的败着。大概穆兹丘克已经意识到形势不利，因此有些急躁。尽管白方很想把 e3 格留给马，但现在走 18. Qe3 是必要的，黑方可能会应以 18…a5（防止 Nb4），以下 19. h3　Rg6　20. Rfd1　Kf8 等，黑方仍然占优，但战线还十分漫长。

18…R×e4　19. Rfd1　Rc4！

非常机敏的调动！不但守住了 c6 格，而且避免了黑方两只车位于一条大斜线可能带来的麻烦，更重要的是可以在适当的时机走 Qc5 兑后简化局面。至此，白方少两兵且没有相应的补偿，败相已呈。

20. a4

唯一可能的反击。

20…b×a4　21. R×a4　Rd8！

不为防守孱弱的 a 兵费脑筋，立即出车争夺主动权，着法强劲有力，大局感极强。

22. Re1 Rf4

这是黑方计划中的走法，不过，更有力的着法是 22...Qc5！强行兑后，在 23. Q×c5 R×c5　24. N×a6（24. R×a6 Rd2）Rc6 之后，黑方的多兵优势将更加明显，局势也更易于控制。

23. Qe3 Qd7　24. R×a6 Qd2　25. Raa1 Q×e3+　26. R×e3 Rd2　27. Nd3?

错过了最后一次顽强防守的机会。应走 27. Rd3！，利用杀王的威胁兑掉占据次底线威力巨大的黑车。在 27...R×d3　28. N×d3 Re4　29. Kf2 Bc4　30. Rd1 Ke7 之后，黑方优势仍然很大，但白方尚可进行较顽强的抵抗。

27...Rf5　28. h4 Bd5（图二）

图二

现在黑方的任务就简单多了。因为她的子力占位极佳，特别是位于次底线的车，使白方如鲠在喉。另外，黑方还多一兵。以下赵雪用简洁的手法实现了优势。

29. Rg3 Ke7

正着。黑方不走 29...B×g2，是因为她正确地认识到，保留这只有力的象远比吃掉一兵更重要。

30. Nb4 Be4　31. Re1

如改走 31. Rg4 Rf4　32. R×f4 e×f4　33. Re1 f5，黑方的胜势亦不可动摇。

31...Rf4　32. Na6 R×b2　33. N×c7 Bc6　34. Rd1 R×h4　35. Rg8

或者 35. Nd5+ B×d5　36. R×d5 h5（准备 Rg4），白方的局势同样毫无希望。

35...h5　36. Rdd8　R×g2+　37. R×g2　K×d8

白方认输。

这盘棋，赵雪展现了控制局面的能力以及娴熟的实现优势的技巧，最终使穆兹丘克吃到了三度参加中国联赛以来的首场败仗。同时，这也是赵雪在正式比赛中首次击败穆兹丘克。本场比赛，上海队另一外援耶里亚诺夫被李超击败。北京队最终以 3.5：1.5 击败上海队，积分追平对手，并凭借局分优势登上积分榜首。然而在接下来的一轮比赛中，北京队出人意料地以 2：3 负于深陷降级区的广东队，拱手让出争冠主动权。赛场风云，变幻莫测。

第二十八局　居文君 胜 雅瓦希什维利

2012 年全国国际象棋甲级联赛第 22 轮

联赛进入最后一轮，尚有三支队伍在争夺冠军，保级区内则有四支队伍在为脱离苦海而战，这种激烈的竞争局面是联赛有史以来头一遭。六场比赛中只有山东队对天津队的比赛与争冠和保级均无关系，这也使得本赛季的收官战显得空前引人关注。

争冠区内，赛前上海队积 32 分，江苏队 31 分，北京队 30 分（三队的局分均为63.5分），依次位列积分榜前三位。最后一轮，北京队要与江苏队直接对话，上海队的对手则是升班马无锡队。上海队只要取胜便夺得冠军；如果战平，江苏队只要战胜北京队即可后来居上登顶；如上海队告负，则联赛冠军将由京苏之战产生。

积分领先，对手又不强，上海队的夺冠前景在赛前被普遍看好。但有北京队前一轮被广东队掀翻的前车之鉴，沪上众将还是不敢有任何怠慢，甚至在上轮比赛结束之后立即聚集在场外开会讨论比赛战术。而无锡队虽然已经提前保级，但队员斗志并未减弱。最后一个赛会制的前三轮比赛，该队先后迎战青岛、成都、河北三支保级队，除小负青岛队之外，另两战一平一胜，使成都、河北两队的保级之路遭受重创（成都队已提前降级）。最后一轮，该队的表现又将左右联赛冠军归属，堪称名副其实的"主考官"。

本局是两位女将之间的一场较量。居文君是国家女队的主力成员，这些年来在联赛中发挥稳定，始终保持着较高的胜率，曾三夺联赛最佳女棋手称号（2008 年、2009 年、2011 年），是上海队十分稳定的得分点之一。她本局的对手是此前已取得个人五连胜的格鲁吉亚外援雅瓦希什维利，面对强敌，居文君能否再立新功？

1. d4 Nf6 2. c4 e6 3. g3 d5 4. Bg2 Bb4+ 5. Bd2 Bd6

双方弈成卡塔龙开局，这是居文君执白最为拿手的布局武器之一，近年来在大赛中屡次使用且颇有建树。

黑方退象至 d6 是相对少见的下法，估计是有备而来。此时最常见的选择是 5...Be7 6. Nf3 0-0 7. 0-0 c6 8. Qc2，将形成非常流行的变化。

6. Nc3 0-0 7. Nf3 Nbd7

较稳正的下法是 7...c6。黑方一直不冲 c 兵，似乎有以后走 c7-c5 的想法，但从本局的发展来看，这种构思似乎不太成熟。

8. c5！

针锋相对！且时机恰到好处，体现了居文君对该布局体系的精到理解。

8...Be7 9. Qc2 c6 10. 0-0 b6

黑方必须立刻着手反击，否则白方冲起 e2-e4 之后，其巨大的空间优势将使黑方感到巨大的压力，尤其是她的白格象，很难找到合适的出路。

11. b4 a5 12. a3 a×b4？

黑方显然错误地理解了这个局面，过早地解除紧张状态并打开后翼线路无疑是对白方有利的，因为此后白方可沿着开放的线路入侵黑方阵地，并且有非常明确的攻击目标——c6 兵，黑方由此陷入被动局面。值得考虑的走法是 12...Ba6，先解决白格象的出路问题，以下白方可能续走 13. Rfb1 Qc8 14. e4 N×e4 15. N×e4 d×e4 16. Q×e4 a×b4 17. a×b4 Bb5，这样虽然白方仍保持着空间上的优势，但黑方的阵地较为稳固，亦可抗衡。

13. a×b4 R×a1 14. R×a1 b×c5 15. b×c5 e5

必然的后续手段。可以说，黑方急于在后翼兑兵就是为了实施这一手段（在白方 d×e5 之后使 c5 兵变得孤立），但棋局的发展表明，黑方高估了自己的局面前景。

16. d×e5 Ng4 17. Bf4（图一）

17...B×c5？！

白方进象保兵，伏有 h2-h3 的手段，使黑方面临考验。

黑方用象吃兵，看似先手，但无助于解决实际问题，致使局势迅速恶化。

图一

此时可考虑走 17...g5!?，挑起复杂化。白如消极地退象，则黑方吃回 e5 兵后局势不错，因此白方不能退让，可能有以下两种应法。

a）18. Bh3 N×f2！ 19. B×d7（不好的是 19. K×f2 g×f4 20. g×f4 N×e5！21. B×c8 N×f3 22. K×f3 Q×c8 23. Rg1+ Kh8 24. Rg3 B×c5，黑方优势）Q×d7 20. K×f2 g×f4 21. g×f4 Kh8，各有千秋，黑方机会不差。

b）18. N×g5!，这是最果断的应着，但经过以下演变，黑方仍可应付：18...B×g5 19. Qf5 B×f4 20. Q×g4+ Bg5 21. h4 h6 22. h×g5 Q×g5 23. Qd4 Q×e5 24. e3 Q×d4 25. e×d4 Nf6，因为白方兵形配置较好，故而仍保持一定的主动权，但黑方的局面是完全可以防守的。

18. e3 f6？

急躁！此时比较明智的选择是 18...Qe7，在 19. Na4 Bb4 20. Q×c6 Nd×e5 21. N×e5 N×e5 22. Q×d5 Ng6 23. Bg5 之后，白方多兵稳占优势，但黑方仍有机会进行固守。实战中，黑方不愿接受这种处于下风的局面，于是冲兵进行反击，但这给予白方一次立即展开进攻的机会。

19. e6！ Nb6 20. N×d5 B×e6

明显不能走 20...Q×d5?，因为有 21. Ng5；另如改走 20...N×d5 21. Q×c5 B×e6（21...N×f4 22. e7）22. Bd6 Re8 23. Nd4 Ne5 24. e4 Nb6 25. B×e5 f×e5 26. N×e6 R×e6 27. Rb1 Nd7 28. Qc4 Nf8 29. Bh3，白方得子胜定。

21. N×b6 Q×b6

对于 21...B×b6，白方不宜接走 22. h3?!，因为有 22...N×f2！ 23. K×f2

g5，黑方有浑水摸鱼的机会，而是果断地走 22. Q×c6 Bd5 23. Qb5，以下黑如接走 23...g5，则 24. Rd1！g×f4 25. R×d5 Qc7 26. Rc7 Qc1+（26...Qc2 27. Q×b6 Q×f2+ 28. Kh1 N×e3 29. Rd2！）27. Bf1 Qc2 28. Qc4+！Q×c4 29. B×c4+ Kh8 30. g×f4，白方胜定。

22. Rb1 Qa5 23. h3 Ne5？

漏算，招致速败，不过即使改走 23...Nh6 24. B×h6 g×h6 25. Qe4 Bd5 26. Qg4+ Kh8 27. Nh4，黑方亦难久撑。

24. B×e5 f×e5 25. Ng5！

这一简单的双重攻击迫使黑方立刻认输（25...Bf5 26. Qc4+），居文君在开赛三个小时之后为上海队叩开了冠军之门。

居文君的胜利也使联赛冠军的争夺渐渐明朗化，此后，上海队女外援安娜·穆兹丘克再下一城，尽管主将倪华失手不敌无锡队外援伊纳尔基耶夫，但周建超和外援耶里亚诺夫先后与对手弈和，上海队最终以 3∶2 取胜，从而以 15 胜 4 平 3 负积 34 分的佳绩夺得本届联赛冠军。这是继 2008 赛季、2009 赛季后，上海队第三次登上联赛冠军宝座。

第二十九局 卢尚磊 负 伊万丘克

2012 年全国国际象棋甲级联赛第 22 轮

收官之战，争冠区"三国演义"的形势相对明朗化，而保级区的"四国大战"却进行得惨烈而又惊心动魄。在上轮比赛结束后，成都队提前降级，另外一个降级名额将在青岛、浙江、广东、河北四队之间产生。最后一轮比赛，四支队伍的对阵形势为：重庆队—青岛队（场分 15，局分 44），浙江队（场分 14，局分 46）—河北队（场分 14，局分 42.5），成都队—广东队（场分 14，局分 45），其中，浙江队与河北队的直接对话无疑是一场生死战。

这场比赛，浙江队只要战平河北队即可保级，一旦告负，只能寄希望于成都队击败广东队；而河北队必须取胜才能确保上岸，如打平，则要寄希望于广东队失利或者青岛队以 1∶4 以上的大比分失利，如果告负则铁定降级。本局是这场比赛中最受人关注的一盘棋。河北队在保级形势严峻的情况下，最后一站比赛请来乌克兰超级棋手伊万丘克助阵，他也是中国国际象棋联赛有史以来最大牌的外援。但是，伊万丘克初来乍到似乎"水土不服"，前三场比赛连连弈和，寸功未立，特别是第二盘和第三盘，连续执先手被无名小将逼和，实在有负重望。本场比赛开始前，笔者与河北队教练兼队员张鹏翔特级大师交谈。他面露忧虑地说："我们队压力大啊，没想到伊万丘克竟然不开张。"但是，在这场生死战中，伊万丘克终于显露英雄本色，战胜浙江队小将卢尚磊，为河北队取得关键的 1 分。

1. e4 e5 2. Nc3 Nc6

伊万丘克对于这盘棋是否做了相应准备我们无从知晓，但从他的这步棋来看，笔者揣测，他至少还是对卢尚磊的棋路有一定了解的。黑方这步如走 2...Nf6，白方很可能走 3. f4，这是卢尚磊很擅长的一种变化。因此，伊万丘克选择了另外的次序，避开对手熟悉的套路。

3. g3 Bc5 4. Bg2

白方选择了古老的维也纳开局，这种开局在现今高水平的比赛中已经很少出现了。不过卢尚磊对此却十分偏爱，曾在实战中以此为布局武器战胜过众多高手，且看本局伊万丘克如何来应对这一开局。

4...d6 5. d3 f5!?

常规的下法是 5...a6 6. Nge2 Nf6，局势相对平稳。现在伊万丘克艺高人胆大，布局伊始便执黑棋走出这种少见而十分具有挑战性的下法，其强烈的争胜欲望跃然枰上。

6. Na4

面对黑方咄咄逼人的走法，卢尚磊沉思有顷，决定先除去黑方有力的黑格象，是稳正的选择。

6...Bb6 7. N×b6 a×b6 8. h3 Nf6 9. Ne2 0-0 10. 0-0 Qe8 11. e×f5

以上几个回合双方正常排兵布阵，着法堂堂正正。现在白方主动兑兵，打开白格象的活动线路，是积极的着法。如走 11. Nc3 f×e4 12. d×e4 Be6，黑方子力结构较合理，而白方白格象的线路被 e4 兵挡住，感觉不太满意。

11...B×f5 12. f4 Bd7

面对白方 g3-g4 的先手，黑方先行退象避让，是稳妥的应着。不过，比赛时伊万丘克曾在此考虑良久，其间还不断摆出他招牌式的抬头仰望天花板的POSE，也许是在计算 12...Qh5!? 的变化。如果这样走，白方有以下几种选择。

a）13. g4?，显然是自投罗网，以下有 13...B×g4　14. h×g4　N×g4　15. Rf3（或者 15. Bd5+ Kh8　16. Rf2 N×f2　17. K×f2 Qh4+　18. Kg2 e×f4 等，白亦难防御）Qh2+　16. Kf1 Qh4　17. Kg1 e×f4　18. B×f4 Nd4!　19. N×d4 R×f4!，有制胜的进攻。

b）13. f×e5?! d×e5!（13...N×e5　14. Nf4）　14. Nc3 Bg4!　15. h×g4 N×g4　16. Bd5+ Kh8　17. R×f8+ R×f8　18. Qe2 e4!（伏 19...Rf1+!）　19. B×e4（19. Bf4 Nd4）Qc5+　20. Be3（20. Kh1 Rf1+!　21. Q×f1 Qh5+　22. Kg2 Qh2+　23. Kf3 Nce5+　24. Kf4 Qh6+　25. Kf5 Qf6#）N×e3　21. Na4 Qg5，得回弃子，黑方保持攻势占优。

c）13. Nc3!，这是最为明智的选择，在 13...Q×d1　14. N×d1 之后，双方机会大致相当。

13. g4 Nd8　14. Ng3

白方继续按部就班地向王翼调动子力，此时也可考虑走 14. f5!?，在王翼形成有力的兵链，并且准备推进 g4-g5 继续进攻，接下来可能是 14...Bc6　15. Ng3 B×g2　16. K×g2 Qc6+　17. Kh2 h6　18. h4 Qa4　19. Kh3，成互有顾忌的形势。

14...e×f4　15. B×f4 Ne6　16. Qd2

至此，白方局面开扬，并有王翼进攻的前景，但黑方阵型工稳，潜力亦不容低估，是一个双方机会大致相当的中局局面。

16...Bc6　17. Nf5 h5!?

伊万丘克经过较长时间的思考，毅然冲兵放出胜负手，显露出要与对手一争胜负的决心！此时比较稳妥的选择是 17...N×f4　18. R×f4 B×g2　19. Q×g2 g6　20. g5（如走 20. Nh6+ Kg7　21. Raf1 Qe3+　22. Kh1 Nd7，均势）g×f5　21. g×f6+ Qg6　22. R×f5 Kf7　23. Rg5 Q×g5　24. Q×g5 Rg8　25. Q×g8+ R×g8+，再吃回 f6 兵，大致成和。

伊万丘克选择主动挑起复杂化的另一个原因是当时的场上形势尚不明朗，伊万丘克作为主将如果草草弈和，无疑会让本队其他棋手压力增大，于是他毅然选择了战斗！

18. B×c6 b×c6　19. Rae1! Qd7（图一）

必须立刻摆脱牵制。如错走 19...h×g4?　20. N×g7! K×g7　21. Bh6+ Kf7　22. B×f8 Q×f8　23. R×f6+，白方速胜。

20. R×e6?

图一

　　对局进入最关键的时刻，白方的子力都已到达合适的位置，如何展开下一步的攻势是白方需要面对的问题。卢尚磊经过一番长考后，出人意料地弃掉了半子，令观者无不哗然。

　　卢尚磊是一位棋风比较飘逸，且创造性极强的棋手，因此，我们常常能在他的对局中见到一些匪夷所思的弃子，当然，他也时常奉献给我们一些精彩的对局。在如此关键的比赛，如此关键的时刻，面对如此强大的对手，卢尚磊依然我行我素，大胆弃子，精神可嘉。然而这一次，他却做得过了头。事实证明，白方的这个弃子是完全不成立的。

　　记得在比赛当天的早餐桌上，笔者曾和几位朋友预测这场比赛的结果。当时一位特级大师曾表示，伊万丘克很有可能迎来在中国联赛的首胜。原因除了双方实力上有差距外，更重要的是因为卢尚磊的棋艺风格。伊万丘克面对的前三轮对手均采取了以和为贵的思想，着法十分稳健，加之伊万丘克自身状态不佳，因此连连被逼和；而卢尚磊很少愿意主动求和（特别是拿先手），他那种颇具挑衅性的棋风可能会激发出伊万丘克的状态和斗志，而伊万丘克处于最佳状态时有多么可怕，相信所有与他交过手的超一流棋手都有体会。因此，这位特级大师看好伊万丘克能赢得这场比赛。事实证明了这位特级大师判断的正确性。

　　代替这步略显鲁莽的弃子，白方此时有两种值得考虑的下法。

　　a）20. Bh6!? g×h6，以下：

　　a1）21. R×e6 Q×e6　22. Re1 Q×a2（有趣的是 22...Ne4!?　23. R×e4 Qf6

24. Qe3！ h×g4　25. h×g4 Ra5！　　26. Re6 R×f5　27. R×f6 R5×f6，大致是和棋）23. Q×h6 Rf7　24. c4！〔不能走 24. Ne7+？ R×e7　25. R×e7，因为黑方有致命的反击：25... Qb1+　26. Kg2 Q×c2+　27. Kg3 h4+！　28. K×h4（28. Q×h4 Q×d3+　29. Kg2 Qd5+）Qf2+　29. Kg5 Qd2+　30. Kg6 Q×h6+　31. K×h6 Nd5，黑方胜势〕Q×b2　25. Qg6+ Kf8　26. Qh6+ Kg8　21. Q×h6，白方只得长将。

a2）21. Q×h6 Rae8　22. g5 Nd5！〔较差的是 22... Nh7　23. g6 Nf6（23... Nhg5　24. Kh1！，伏 h3-h4，黑方难以防御）24. R×e6 R×e6　25. g7 Rfe8　26. Qg6 Ng4　27. Q×h5 Nh6　28. N×h6+ R×h6　29. Q×h6 Q×g7+　30. Q×g7+ K×g7　31. Kf2，转入车兵残局，白方净多一远方通路兵，胜望颇浓〕23. Qg6+ Kh8　24. Q×h5+ Qh7（如走 24... Kg8?！　25. Re4！ R×f5　26. R×f5 Ng7　27. R×e8+ Q×e8　28. Q×e8+ N×e8　29. Rf2，白方较有胜机）25. Nh6 R×f1+　26. R×f1 Rf8　27. g6 Ndf4！（错误的是 27... R×f1+？　28. K×f1 Qd7　29. Ng4+ Kg8　30. Q×d5! c×d5　31. Nf6+ Kg7　32. N×d7 K×g6　33. a4，白方可胜）28. Nf7+ R×f7　29. Q×h7+ R×h7　30. g×h7 N×h3+　31. Kg2 Nhg5，大致和棋。

b）20. Bg5!? Rae8〔不好的是 20... h×g4　21. Nh6+! g×h6　22. B×f6 Rae8（22... Kh7　23. d4!）23. Q×h6 Qh7　24. Q×h7+ K×h7　25. h×g4 Kg6　26. Bh4，白方多兵占优〕21. B×f6 R×f6　（21... g×f6　22. g×h5）22. g5 Rff8　23. g6! Qd8!（23... Rf6?！　24. Nh6+ Kf8　25. Kh2!，伏 26. Nf7，黑方难应）24. Kh2 Rf6　25. Re3 R×g6　26. Qe2 Qd7　27. Q×h5（27. Re1?! Qf7）Rg5　28. Qh4 Rf8　29. R×e6 Rg×f5　30. R×f5 R×f5　31. Re7 Qc8　32. Kg2 c5，白方子力位置好，略占主动，但似乎难有实质性的收获。

以上变化比较复杂，也许尚有未穷尽之处，但至少可以表明，黑方的阵地并不是那么容易被攻破的。因此，实战中白方这步弃车砍马的着法，多少有点飞蛾扑火的味道。

20... Q×e6　21. Re1

如走 21. Bh6，黑方可走 21... Ne4！（如走 21... g×h6 将形成前面分析过的变化，导致和棋）22. d×e4 g×h6　23. N×h6+ Kh7，白方弃子显然补偿不够。

21... Q×a2　22. Bh6 Rae8！

面对白方来势汹汹的进攻，伊万丘克泰然自若，一手简单的平车邀兑，顿使白方的攻势烟消云散。场外一些探讨此局的棋手看到黑方走出这着棋之后，一致断定白方已在劫难逃。

23. N×g7

如果走 23. B×g7 R×e1+　24. Q×e1 Re8　25. Qf1 Qe6，黑方亦轻松打消白方的攻势，多子占优。

23... R×e1+　24. Q×e1 h×g4　25. c4

或者 25. Nf5 Re8　26. Be3 Q×b2，黑方胜势。

25... Q×b2　26. Qe6+ Kh7　27. Nf5 g×h3！（图二）

图二

白方的攻势已是强弩之末，现在黑方转入决定性的反攻，胜局已定。

28. Qe7+ Kg6　29. Nh4+

或者 29. Qg7+ K×f5　30. Qg5+ Ke6　31. B×f8 Qd4+，黑方胜定。

29... K×h6　30. Q×f8+ Kh5　31. Qh8+ Kg4

不会再有打将了，白方的着数已用尽，最后是黑方的表演时间。

32. Qh6 Qd4+　33. Kh1 Qa1+　34. Kh2 Qe5+

白方认输，因为在 35. Kh1 之后有 35... Qe1+。

伊万丘克在本局中尽显高手风范。面对白方不成熟的进攻，进退有度，攻守兼备，终于迎来了他在中国联赛中的首胜，也是价值连城的一胜。在伊万丘克的率领下，河北队发挥出色，最终以 3：2 击败浙江队，赢得了这场保级生死战。这样的结果宣告了河北队和青岛队保级成功（青岛队最终以 2：3 负于重庆队），而浙江队能否留在甲级行列，将取决于成都队与广东队的比赛结果。

第三十局　刘冠初 负 沃洛基廷

2012 年全国国际象棋甲级联赛第 22 轮

在联赛还剩 3 轮的时候，广东队的积分尚位居倒数第二，且接下来要连续面对天津、北京两支强队，保级前景被一片看衰。然而深陷绝境的广东队此后却迸发出惊人的战斗力，以两个 3∶2 连胜津京两强。特别是上轮比赛对北京队的胜利，不但使本队的保级形势柳暗花明（最后一轮战平即可确保上岸），而且基本断送了北京队卫冕的希望。

成都队在上轮比赛结束后不幸提前降级，但最后一轮，为尊严而战的他们给广东队制造了巨大的麻烦。本局是成都队小将刘冠初先手迎战广东队外援沃洛基廷的对局。该局进行得紧张激烈，扣人心弦。双方一直鏖战到最后一刻，是本届联赛最后结束的一盘棋，也是决定降级名额归属的关键一局。接下来，我们就一起欣赏这惊心动魄的一战。

1. e4 c5　2. Nf3 d6　3. d4 c×d4　4. N×d4 Nf6　5. Nc3 a6　6. Be3 e5　7. Nb3 Be6　8. f4

双方以西西里防御纳道尔夫体系中的一路流行变例拉开战幕，白方此时更"大众化"的选择是 8. f3，以下再 Qd2，0-0-0 等，形成比较激烈的对攻局面。

现在白方 f 兵冲两步，亦是该局面中一种常见的选择。如名将希洛夫、我国特级大师倪华等，均十分擅长这一下法。不过从本局来看，沃洛基廷对这种变例深有研究，小将刘冠初选择这种下法颇有点"撞在枪口上"的感觉。

8. …e×f4　9. B×f4 Nc6　10. Qe2

白后出动到 e2，留出 d 线给车，其主要目的是阻止黑方走 d6-d5 摆脱落后兵。这一步白方如选择 10. Qd2，黑方可以立即 10. …d5!，并在 11. 0-0-0 N×e4　12. N×e4 d×e4　13. Qe3 Qf6　14. Q×e4 Be7 之后取得满意的局面。而在 10. Qe2 之后，黑显然已不能走 10. …d5?，否则在 11. e×d5 N×d5　12. 0-0-0 之后，黑方立刻面临失子。

10. …Rc8　11. h3 Nb4!

这一新颖之着是以色列名将苏托夫斯基在 2009 年与希洛夫的一盘对局中首创的。以往在这个局面黑方通常续以 11...g6，以两位俄罗斯名将斯维德勒与莫罗泽维奇在 2008 年的一盘对局为例，以下是：12. Qd2 Nh5　13. Bg5 Qb6　14. 0-0-0 Ng3　15. Be3 Qc7　16. Rg1 Bg7　17. Bf4 Be5　18. B×e5 d×e5　19. Nd5 B×d5　20. e×d5 Nb4　21. Kb1 0-0，各有顾忌。

12. a3

对于 12. 0-0-0，黑方可应以 12...B×b3（如走 12...N×a2+　13. N×a2 B×b3　14. Nc3 Be6　15. e5，将形成双方互有机会的复杂局面）13. a×b3 Qa5　14. Kb1 Be7　15. e5 R×c3！　16. b×c3 Qa2+　17. Kc1 Nfd5　18. c×b4 Qa3+　19. Kd2 Q×b4+　20. Kc1 Qa3+，长将成和。

前述希洛夫与苏托夫斯基的对局，在此续以 12. Nd4 Qb6　13. N×e6 f×e6　14. a3 Nbd5！，导致有趣的复杂化，双方机会相当。

12...Nh5！

这步巧妙的战术反击是黑方思路的关键所在，借此黑方取得了满意的局面。

13. a×b4 N×f4　14. Qf3 g5！

白方失去黑格象之后，阵地中呈现整片的黑格削弱。黑方立即着手利用这一点，进兵保马的同时，准备侧翼出动黑格象，控制 h8-a1 大斜线以及关键的 e5 格。相比之下，14...Ng6 虽亦属可行之着，但不那么有力。

15. b5 a5！

弃兵的目的是不让白方打开后翼活跃其子力，是获取主动权的关键之着！据沃洛基廷所说，对于该变例以及现在形成的这个局面，他曾经做过深入的研究。他的结论是：黑方前景较好，这主要是因为在这一局面中黑方的黑格象非常强大。

16. N×a5

如改走 16. b6 试图使局势进一步复杂化，则在以下演变之后进入一个对黑方有利的残局：16...Q×b6　17. R×a5 Bg7　18. R×g5 Be5　19. g3 Ng6　20. Bb5+ Ke7　21. Qf2 B×c3+　22. b×c3 Q×f2+　23. K×f2 B×b3　24. c×b3 R×c3　25. Bc4 Ra8 等。

16...Bg7

亦可改走 16...Ra8　17. Nb3 R×a1+　18. N×a1 Bg7，但沃洛基廷认为黑车在 c 线作用很大，没有必要与白车进行交换。

17. g3?!

白方试图逐步完成出子并稳住阵脚，但难以做到。不如改走 17. N×b7，吃掉第二只兵，制造局势复杂化，大致变化如下：17...Qb6　18. e5（如走 18. Na5 Ra8　19. g3 Ng6　20. Nb3 R×a1+　21. N×a1 Bd4!，再 Ne5，黑方有强大的主动权）0-0！（以下走法将导致重复局面和棋：18...B×e5　19. Ra6 Qd4　20. Qe4 Q×e4+　21. N×e4 R×c2　22. Nb×d6+ Kd7　23. Ra7+ Rc7　24. Nb7! Kc8　25. Nbd6+等）19. N×d6（如走 19. Ra6 Qd4!　20. Qe4 Q×e4+　21. N×e4 R×c2，黑方优势）Rc5!　20. 0-0-0 Qa7!　21. Qe4! Qa1+　22. Kd2 Q×b2　23. Na4 Q×e5　24. Q×e5 R×e5　25. Nb6 Rd8　26. Kc1 Bf8　27. Nbc4 B×c4　28. N×c4 R×d1+　29. K×d1 R×b5　30. Kc1，大致均势。

17...Ng6　18. Be2

此时白方再走 18. N×b7?! 就不是很好了。因为在 18...Qb6　19. Na5 Ra8 之后，将转入上回合评注中提到的变化，白方不利。

18...0-0

除了这步正常的应着外，黑方还有一种有趣的可能性：18...Ra8　19. Nb3 R×a1+　20. N×a1 h5，再 h5-h4，可完全统御黑格。不过，相比较这种追求控制的下法，棋风凶悍的沃洛基廷更愿意展开直接的进攻。

19. Nb3（图一）

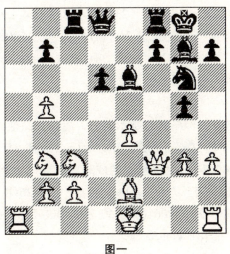

图一

19...f5?

自然的，但并非最有力的着法。黑方忽略了严厉的 19...d5!!，可使白方面临无法解决的难题，例如，20. e×d5 B×c3+ 21. b×c3 B×d5，黑方得子；或者 20. 0-0-0 d4 21. Nd5 f5！ 22. N×d4 f×e4 23. N×e6 e×f3 24. N×d8 f×e2，导致同样结果。白另如改走 20. 0-0 d4 21. Rad1，则黑方有以下强硬的手段：21…d×c3！！ 22. R×d8 Rf×d8 23. b×c3（否则无法对付这只兵）R×c3 24. Qh5（24. Qg2 R×c2 25. Nc1 Rdd2 等）R×g3+ 25. Kf2 Nf4 26. K×g3 N×h5+ 27. B×h5 Rc8 28. Rf2 Rc3+ 29. Bf3 Be5+ 30. Kg2 b6，尽管子力均等，但黑方的双象统御全局，白方的子力几乎不能动弹，难以进行有效的防御。最后，对于 20. N×d5，则 20…f5！ 是强有力的应着，在 21. c4 Ne5 之后，黑方摧毁了白方虚幻的中心堡垒并有制胜的攻势。

20. 0-0-0?!

白方急于把王撤离中心，但这给予黑方扩展主动权的良机，应走 20. e×f5！较为有力。以下可能的续着是 20…R×f5 21. Qd3 Qf6 22. Ra4！Ne5 23. Q×d6 Nf3+ 24. B×f3 R×f3 25. Re4 B×b3 26. Q×f6 B×f6 27. c×b3 B×c3+（27…R×g3 28. Nd5！） 28. b×c3 Rf×c3 29. Kd2 R×b3 30. Re7！R×b5 31. h4！g4 32. Rf1，白方有很好的和棋机会。

20…f×e4?

严重的错误，使优势荡然无存。应走 20…B×c3！ 21. b×c3 f4，黑方仍然有明显的优势。

21. Q×e4 B×b3 22. c×b3 Qa5 23. Kb1 B×c3 24. b×c3 Ne5

黑方进马意在保留变化。如走 24…Q×c3，则 25. Bc4+ Kh8 26. R×d6 Ne5（26…Q×g3?! 27. Rd7！） 27. Qd4 R×c4 28. b×c4 Qb3+ 29. Kc1 Qa3+ 30. Kd1 Qb3+，导致长将。

25. Qb4?!

兑后虽属可行之着，但毕竟有嫌示弱，大概白方高估了自己的危险。更好的选择是 25. Rhf1！，黑如接走 25…R×f1?! 26. R×f1 Ra8，白方可通过 27. Bc4+ Kh8 28. b4！轻松化解黑方的威胁，此后局势将对白方有利。因此在 25. Rhf1 之后，黑方应续以 25…Q×c3，接下去是 26. Bc4+ Kh8 27. R×f8+ R×f8 28. Qd4！Q×g3 29. Q×d6 Qf4 30. Bd5 Qf5+ 31. Kb2 Qf2+ 32. Kb1，黑方似乎没有比长将成和更好的选择。

25…Q×b4 26. c×b4 Rc3 27. R×d6 R×b3+ 28. Kc2 R×g3 29. Rh2?

经过交换，双方恢复了物质力量的均衡。目前局面，因为黑方子力位置良佳，且白王仍不安全，因此黑方保持着一定的主动权。但白方只要应对得当，亦无大碍。可惜白方此着抬车过于随手，使局势再次面临危机。应改走29.Rd5！Ng6 30.Bc4，可保持局面的平衡。

29...Ra8 30.Rd5 Re8 31.Bh5 Rc8+ 32.Rc5 Ra8！

佳着！现在白方势必遭受物质损失。

33.Re2 Nd3 34.Rc3 N×b4+ 35.Kb3 R×c3+？

对局至此，双方的用时均已十分吃紧。在临场有限的时间内，沃洛基廷未能对局势做出正确的判断，主动兑车使白方得以转危为安。正确的着法是35...Nd3！ 36.Kc2 R×h3 37.R×d3 R×h5，这样黑方将有很好的取胜机会，因为接下来白方双车占领次底线并不能构成真正的威胁。

36.K×c3 Nd5+ 37.Kd4 Nf4

只能如此。如走37...Nf6?！ 38.Bf3 Rd8+ 39.Kc5 Rd7 40.Kb6，黑方反而需要为求和而战。

38.Re8+！R×e8 39.B×e8（图二）

图二

兑掉双车之后，白方虽少一兵，但子力位置极佳，黑方已经难以取胜。

比赛进行到这个时候，河北队暂时以2：1领先于浙江队，而且河北队小将翟墨在对浙江队女外援吉尔娅的对局中已形成了必胜的残局，河北队胜利在望。而广东队此时以0.5：2.5落后于成都队。这就意味着，广东队剩下的两盘棋必须全部取胜，否则将和成都队一起降级。好在李雪怡此时优势很大，获胜不成问题，因此本局便成为了众人关注的焦点，此时在棋桌周围已经围了一圈观众。

39... Kf8

必须先使王投入战斗。如改走 39... N×h3   40. b6（伏 41. Bc6）Nf4
41. Bc6 Ne6+   42. Kd5 Nd8   43. B×b7！N×b7   44. Kc6 Nd8+（44... Na5+
45. Kb5）   45. Kd7 Nb7（45... g4??   46. K×d8 g3   47. b7 g2   48. b8=Q g1=Q
49. Ke7+ Kg7   50. Qf8+ Kg6   51. Qg8+，白胜）   46. Kc6，白方可轻易取得
和棋。

40. Bd7 Ke7   41. Bf5 Kd6   42. B×h7 N×h3   43. Bf5?!

白方弈得不够简明，应改走 43. b6！把黑方 b 兵固定在白格，以下白方可
用象交换黑方 b 兵，再用王捉死 g 兵而简单成和，例如，43... Kc6   44. Be4+
K×b6   45. Ke5 Nf2   46. B×b7 K×b7   47. Kf5 g4   48. Kf4，再 49. Kg3，或者
43... Nf2   44. Bg8！Kc6   45. Bd5+ K×b6   46. B×b7 K×b7   47. Ke5 等。

43... Nf4   44. Bg4?!

仍然应走 44. b6 Kc6   45. Ke5 K×b6   46. Kf6，吃掉 g5 兵之后轻松成和。

44... b6！

现在白方失去了攻击 b 兵的机会，任务多少有些复杂化。但对于白方来
说，只要不犯大的错误，和棋仍然不是问题。

此时翟墨已经战胜吉尔娅，为河北队锁定胜局。而李雪怡也战胜对手为广
东队扳回一城（这是李雪怡在本届联赛中的唯一胜局，但价值连城）。此时众
人的目光已经全部聚焦在这盘棋上，沃洛基廷必须设法取胜才能使广东队保
级。这个时候，棋桌周围已经围了第二圈观众。

**45. Bf3 Ke6   46. Bg4+ Kd6   47. Bf3 Ng6   48. Be2 Ne5   49. Ke4 Ke6
50. Bf1 Kf6   51. Be2 Ke6   52. Bf1 Kf6**

双方在时间紧张（都只剩下 1 分多钟）的情况下周旋了几个回合，白方
防守准确，黑方已无计可施。广东队的领队教练和队员个个神态严峻，似乎感
到降级的厄运已不可避免。然而就在此时，棋局却出现了戏剧性的变化……

53. Kd5?

为什么不继续走 53. Be2 呢？黑方已经要不出任何花样。在 53... Ng6
54. Bd1 Nf4（54... Ke6   55. Bb3+）   55. Bg4 之后，显然是和棋。

在这场比赛过去好几个月之后，笔者在与刘冠初的一次闲谈中，再一次聊
到这盘对局的这一时刻，刘冠初用自嘲的口吻说道："其实整盘棋我一直都在
猥琐求和（即消极求和），但走到这里却突然改变了主意试图以战谋和（白方
打算用王去攻击 b 兵），我也不知道自己当时是怎么想的……"结果，他这次

突然的大脑短路，不但葬送了自己，还改变了广东队和浙江队的命运。

53. ... g4! 54. Ke4 Ng6! 55. Kd5 Ne7+（图三）

图三

56. Kd6??

黑方抓住机会，通路兵得以向前挺进，但这个残局究竟能否取胜，在场观战的众多高手仍是莫衷一是。一种比较普遍的观点是白王如能回到 g 兵前面进行防守，则黑方仍然很难取胜；而白王如被隔开，则必输无疑。可惜，在紧张激烈的对局中，刘冠初并未意识到这一点，因此在这里选择了错误的计划（仍然试图反击 b6 兵），最终导致失利。

如前所述，白方应该及时退王防守：56. Ke4! Kg5 57. Ke3 Nf5+ 58. Kf2 Kf4 59. Bd3 g3+ 60. Kg1 Nd4 61. Kg2，这样，黑方不能取胜，读者可自行验证。

56. ... Nf5+ 57. Kc6 Ne3 58. Be2 g3 59. Bf3 Nc4

现在白王被隔开，且无法吃掉 b6 兵，至此黑方终于看到了胜利的曙光。此时观众已将这张棋桌围得水泄不通，赛场的气氛几乎令人窒息，裁判长不得不出面命令观众远离棋桌，以免影响棋手思考。

60. Kd5 Nd2 61. Bg2

白方最后一个顽强防守的机会是走 61. Bh1，把象布置在 h1 而不是 g2，可免遭黑马在 e3 时的抽将威胁，但黑方仍然可以取胜，而且其手法极有教益。略示如下：61. ... Kf5 62. Kc6 Nc4 63. Kd5 Na5 64. Kd4 Kg4!（威胁以 65. ... Kh3，必须先让白象回到 g2）65. Bg2 Nb3+ 66. Kd5（如走 66. Ke3 Nc5

67. Ke2 Ne6　68. Kf1 Nf4　69. Bc6 Kh3　70. Kg1 g2，黑方取胜更易）Nd2

67. Kd4 Nb1！！，这一绝妙的运子是黑方取胜的关键，黑马必须先跳到 a3，这样，当白王攻击 b 兵时，黑方可走 Nc4 守住，并且不让白王再退回 d5（因为有 Ne3+抽象的手段），现在白方如接走 68. Kd5 Na3！　69. Kc6 Nc4，黑即轻易取胜。白另如改走 68. Ke3，则 68...Nc3　69. Bf1 Nd5+　70. Ke4 Nf4

71. Ke5 g2　72. B×g2 N×g2　73. Kd6 Ne3，黑方同样取胜。

61...Kf5　62. Kd4

如走 62. Kc6 将输得更快：62...Nc4　63. Bh1 Ke5　64. Bg2 Kd4，再 Kd4-e3-f2。

62...Kf4　63. Kd3

如走 63. Bh1 Kg4　64. Bg2 Nb1！，接下来用第 61 回合注释中提到的方法取胜。

63...Nf3　64. Bh3 g2！

至此白方认输，因为接下来将是 65. B×g2 Ne1+　66. Kd4 N×g2　67. Kd5 Ne3+　68. Kd4（68. Kc6 Nc4　69. Kd5 Na5）Nf5+　69. Kd5 Ne7+　70. Kd6 Ke4！　71. K×e7 Kd5，黑胜。

沃洛基廷堪称中国联赛赛场上的一员福将。他曾在 2009 年最后一个赛会制比赛时加盟上海队，为该队夺冠立下战功。时隔三年之后，沃洛基廷重返中国联赛，加盟深陷降级区的广东队。结果，沃洛基廷不辱使命，最后三轮连续取胜，力挽狂澜，最终帮助广东队奇迹般地保级成功。本局在他获胜的一刹那，广东队的李师龙第一个走上前去向其握手致意，该队的其他队员则和梁金荣、黄民驹两位教练激动地拥抱在一起。而最后一站比赛请来两大外援，以五位特级大师组成上场阵容的浙江队，则出人意料地和成都队一起降级，让人不禁感叹职业联赛的残酷。最终，本届联赛以这样一个惊心动魄且富有戏剧性的结局画上了句号。

第三十一局　卢尚磊 胜 余瑞源

2013 年全国国际象棋甲级联赛第 1 轮

2013 年全国国际象棋甲级联赛推出了最佳对局的评选活动，每个分站赛评选一盘，这无疑刺激了棋手们的创作欲望，尤其对于那些喜欢激烈战斗的年轻棋手来说更是如此。在联赛首轮，浙江队的特级大师卢尚磊在迎战江苏队特级大师余瑞源时就为我们奉献了一盘短小精悍的佳作。

1. e4 d5

斯堪的纳维亚防御虽不属常见开局，不过这却是特级大师余瑞源十分擅长的布局武器之一，曾多次在比赛中采用，战绩不俗。

2. e×d5 Q×d5   3. Nc3 Qa5

这是比较古老的变化，现在更流行 3...Qd6 的下法，变化相对更丰富。荷兰的特级大师季维亚科夫十分擅长这路变化，曾在大赛中以此变例让阿南德等顶尖高手数次无功而返。国内棋手中，女子特级大师黄茜也非常喜爱这一变化。

4. d4 Nf6   5. Nf3 c6   6. Bc4 Bf5   7. Ne5

另一路变化是 7. Bd2 e6   8. Nd5 Qd8   9. N×f6+ g×f6（亦可 9...Q×f6）10. Bb3 Nd7，双方另有攻守。相比之下，7. Ne5 是较为积极的选择，可导致更为复杂的局面，比较符合卢尚磊的口味。

7...e6   8. g4 Be4?

白方进兵捉象，是上一步跳马的后续手段，也是类似局面中的典型攻着。

黑方选择进象捉车，颇耐人寻味。1997 年比尔大赛，法国特级大师劳蒂尔曾选择走 8...Bg6 来迎战阿南德，但最终被阿南德绝妙的构思所击败，该局是阿南德的佳作。续着如下：9. h4 Nbd7   10. N×d7 N×d7   11. h5 Be4   12. Rh3! Bg2?!（较好的走法是 12...Bd5!   13. Bd3 0-0-0   14. Bd2 Qb6   15. N×d5 e×d5，形成互有顾忌的局面）13. Re3!（识破了黑方的意图！如走 13. Rg3?! Bd5，此后黑方走 Bd6 将赢得一步先手，而这正是黑方上一步的主要想法）Nb6   14. Bd3（14. Bb3?! c5）Nd5   15. f3!（白方构思的关键！做出一定的物质牺牲，最终的目的是捉死黑方的 g2 象）Bb4   16. Kf2! B×c3   17. b×c3 Q×c3   18. Rb1 Q×d4   19. R×b7 Rd8   20. h6!! g×h6?（速败之着！不过即使改走 20...N×e3   21. B×e3 Qe5   22. h×g7 Rg8   23. Qg1!，黑势亦不容乐观）21. Bg6!! Ne7（21...Q×d1   22. R×e6+ Kf8   23. B×h6+ Kg8   24. B×f7#）22. Q×d4 R×d4   23. Rd3! Rd8   24. R×d8+ K×d8   25. Bd3，黑方无法避免巨大的物质损失，至此认输。

笔者揣测，作为斯堪的纳维亚防御的忠实拥护者，余瑞源应该是知道这盘经典对局的。因此，实战中他的走法是对上述对局着法的一种改进也未可知。

不过依笔者浅见，劳蒂尔所用的 8...Bg6 仍是此时最好的走法，通过以上我们引用的对局和简单的评注可以看出，劳蒂尔失败的主要原因还是自己的构思有弄巧成拙之嫌。第 12 回合如果直接走 12...Bd5，黑方足可一战。而现在余瑞源所走的 8...Be4，从实战发展来看，应该说是一个并不成功的改进。

9.0-0 Bd5　10.Bd3 Nbd7

急于反击走 10...c5？显然是不可取的，因为有 11.N×d5 N×d5（11...e×d5　12.Re1）　12.Qf3 Qc7　13.Bb5+ Nc6　14.c4，白方胜势。

11.f4 Bb4？

令人费解！因为白方本来就打算用马换象，而且黑象位于 b4 会使白方以后走 c2-c3 赢得一先。较好的走法是 11...Qb6　12.N×d5 N×d5（改走 12...c×d5　13.c3，白方同样稳占优势）13.c3 Be7，虽属白棋易走，但黑势较稳固。

12.N×d5 Q×d5

黑方有四个子可以吃回白马，但无论用哪个吃都是不令人满意的；如用马吃，则白方交换 d7 马之后，黑王将滞留中心；如用兵吃（无论 12...c×d5 或 12...e×d5），则要顾忌白方接下来走 13.g5（例如 12...c×d5　13.g5 Ne4　14.Qe2，白方明显占优），因此实战中黑方选择用后吃回，但这同样赋予白方一次展开攻势的良机。

13.Bc4 Qd6

对于 13...Qa5，白方可用对局中同样的手法实施突破，即 14.c3 Bd6　15.N×f7! K×f7　16.f5 等。

14.c3 Ba5（图一）

15.N×f7!

黑方只差一步即可完成易位从而松一口气，但白方用这步精妙的弃子使黑王留在了危险的中心。对于特级大师级别的棋手来说，发现这步棋其实并不困难，这是类似局面中攻击方一种典型的突破手段，读者应当细心体会和揣摩。

15...K×f7　16.f5 Nf8？

速溃之着！较好的走法是 16...Ke8，先使王离开 a2-g8 斜线这一是非之地，接下来可能的续着是 17.f×e6 Nb6　18.Bd3 Nbd5（如走 18...Kd8　19.b4 B×b4　20.Bf4 Q×e6　21.Bf5，再吃回象，白方大占优势）19.g5 Ng8　20.Qh5+ Kd8　21.Qf7 Nge7，这样，黑方虽然仍很难下，但尚可暂时稳住阵脚。

图一

17. f×e6+ Kg8

如走 17... N×e6，则 18. g5 即可定局。

18. Qf3！

平静而有力之着，再度威胁以 g4-g5，至此，白方的攻势已不可阻挡。

18... b5　19. Bb3 h6　20. e7+ Kh7

如走 20... Ne6　21. Qf5 Kf7　22. Re1，白方立刻取胜。

21. Qd3+！

紧凑之着！如急于吃回弃子而走 21. e×f8＝Q，则 21... Rh×f8，此后黑王可退到相对安全的 h8 格，白方取胜需要再花费不小的力气。现在直接平后打将，使黑方的子力无从协调。这步棋也可改走 21. Qf5+，以下 21... Ng6　22. Bf7 Nd5　23. Re1（威胁以 22. Re6）Nd×e7　24. R×e7 Qf6　25. Re6 Q×f5　26. g×f5，白方胜定。

21... Ng6

如走 21... g6，则有 22. B×h6！ 的有力之着，以下 22... K×h6（22... Q×e7　23. Qh3）23. g5+ K×g5　24. Qe3+ Kh4　25. Rf4+ Kh5　26. Bd1+，白胜。

22. Bf7 Nd5

如走 22... N×g4　23. Bf4 Qf6　24. Bg3 Qg5　25. Rae1，接下来有 26. Rf5 的威胁，黑方无法防守。

23. B×h6！

再弃一子，彻底摧毁黑王的屏障，入局手法十分犀利。

23...Nd×e7

改走其他着法亦无济于事。例如 23...Bc7   24.Bf4! Nd×f4   25.R×f4，或者 23...g×h6   24.B×g6+ Kg8   25.Qf5 等。

24.Bg5

至此，黑方看到在 24...Ng8 之后，白方有 25.Rf6 的手段，遂停钟认负。

这盘棋，白方抓住黑方在布局阶段的疑问手，通过典型的在 f7 格弃马的手段突破了黑方的阵地，上演了精彩的中心攻王。本局最终被评为联赛首站的最佳对局。

第三十二局　李师龙 胜 韦奕

2013 年全国国际象棋甲级联赛第 6 轮

联赛进行到第 6 轮，暂居积分榜第三位的江苏队迎来了广东队的挑战。广东队在前五轮比赛中发挥不佳，仅积 1 分排名垫底。在这种情况下面对强敌，对于广东队的众将士来说，此役已是背水之战。本局是一老一少两位特级大师之间的对话。广东队主将李师龙时年 36 岁，在联赛中已属老将，但一直保持着极佳的竞技状态。而天才少年韦奕刚刚成为世界上最年轻的特级大师，风头正劲，且看李师龙如何迎敌……

1.d4 Nf6　2.c4 e6　3.Nc3 Bb4　4.e3 0-0　5.Bd3 d5　6.Nf3 b6

双方弈成尼姆佐维奇防御中的鲁宾斯坦变例，这步棋韦奕选择出动后翼侧翼象，是相对少见的走法。估计有其战略方面的考虑，比较流行的下法是 6...c5，将形成截然不同的一种局面。

7.c×d5

针对黑方的上一步棋，白方现在进行这一交换是非常适时的走法，看一下黑方的动向。黑方如用马吃回，白方以后会形成中心多兵；如果用兵吃回，则势必挡住 b7 象的线路。

7...e×d5　8.0-0 Bb7　9.Ne5 Bd6

黑方退象是当前局面中的常见续着之一，然而赛后韦奕却对这步棋显得颇为懊悔。因为他觉得从实战发展来看，李师龙对这路变化相当有体会，而自己的理解却不够深，以致在中局战斗中渐落下风。黑方此时另一种可靠的下法是9...Nbd7　10. f4 c5　11. Bd2 Ne4　12. N×e4 d×e4　13. Bc4 B×d2　14. Q×d2 N×e5　15. f×e5 Bd5，黑方可以满意。

10. Nb5 Be7　11. b3 c5　12. Bb2 a6

精确的次序！如果径走12...Nc6，则13. Rc1 a6　14. Nc3 c×d4　15. N×c6 B×c6　16. Ne2!，再17. N×d4，黑方形成中心孤兵而没有足够的补偿，白方稳占优势。

13. Nc3 c×d4　14. e×d4 Nc6　15. Ne2

目前局面，双方的兵形结构完全对称，似乎局势平稳。但白子占位有利，e5马占据中心制高点，其余子力也可源源不断地运往王翼；相比之下，黑方的子力不够协调，王翼的防守也有些薄弱。因此，白方已经取得全局的主动权。究其原因，可能跟黑方所选的开局变例略显消极有关。

15...Nb4

进马踩象意义不大，但如改走15...N×e5　16. d×e5 Ne4　17. Nd4，白方亦明显占优。

16. Bb1 Re8　17. Ng3 g6　18. f4!

迅速挺进f兵开线，攻击点选择准确。

18...Nc6　19. f5 Bd6　20. f×g6 f×g6（图一）

图一

21. B×g6!

出人意料！按照通常的感觉，白方会接走 21. Qf3，以下可能是 21...Rf8 22. B×g6 h×g6 23. N×g6 Qd7（23...Rf7? 24. Nh5!） 24. N×f8 R×f8 25. Nf5 等，白方有强有力的攻势，但一时尚难看出有明确的取胜之路。而现在，李师龙却突然弃子，让观者无不吃惊。这步棋算度深远，且有胆有识，令人叹服。

21...h×g6 22. Qc2 N×e5 23. d×e5 Bc5+ 24. Kh1 Ne4 25. N×e4 d×e4 26. Rad1 Qc8!

以上几个回合均属必然的应对，黑方兑掉了白方两只马，且封住了白后的进攻线路，压力似乎有所减轻，但白方也借机将后续部队投入进攻。现在黑方平后是正确的应着，如走 26...Qe7?!，白方有 27. b4! 的手段，以下 27...B×b4 28. Qb3+ Qe6（28...Kg7? 29. e6+） 29. Q×b4，白方吃回弃子且保持强大的攻势，明显占优。

27. e6!

弃兵打开 a1-h8 斜线，是有力的后续手段，如走 27. Rf6 Be7 28. R×g6+ Kh7 29. Qf2 K×g6 30. Rd6+ B×d6 31. Qf6+ Kh7 32. Qf7+ Kh6，白方唯有进行长将。

27...Ba3?

黑方打算以弃回一子的代价兑掉白后，这个想法没错，但计算有误。改走 27...Bd4! 才是正确的着法，这样白方唯有走 28. Q×c8 Ra×c8 29. B×d4 R×e6 30. Be3 a5，再 Ba6，黑方足可应战。

28. Qf2!

避兑后保持攻势，佳着！如走 28. Q×c8 Ra×c8 29. B×a3 R×e6 30. Rd7 Bc6 31. Ra7 Rd8，白方并无便宜可言（32. R×a6? Bb5）。

28...Q×e6?（图二）

最后的败着！韦奕显然忽略了白方的下一步棋，否则他可能会改走 28...Rf8。分析表明，在这种情况下，黑方仍然有挽救败局的可能，试演如下：

a）29. Qf7+ R×f7 30. e×f7+ Kh7 31. B×a3 Qe6 32. Rd6〔如走 32. f8＝Q R×f8 33. R×f8 e3 34. Rdf1 B×g2+!（不能走 34...e2??，否则 35. R1f7+ Kh6 36. Rh8+ Kg5 37. Bc1+，以逼着杀王）35. K×g2 Qg4+，长将成和〕Qe7 33. Rd8 Q×d8 34. f8＝Q Q×f8 35. R×f8 R×f8 36. B×f8，和势。

b）29. Bf6! Be7 30. Qh4 B×f6 31. R×f6 R×f6（31...Qe8? 32. Rd7）

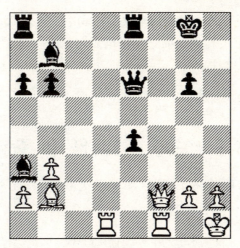

图二

32. Q×f6 Qf8　33. Q×g6+ Qg7（如走 33... Kh8　34. Qh5+ Kg8　35. Qg5+，黑方终究要走 35... Qg7，因为 35... Kh8? 会遇到 36. e7! Qe8　37. Rd6，白方速胜）34. Q×g7+ K×g7　35. Rd7+ Kf6　36. R×b7 K×e6，尽管可能面临少两兵甚至少三兵的局面，但强有力的 e 线通路兵以及白王的不利位置（白如接走 37. Kg1，黑可 37... Rf8! 阻止白王参加战斗）仍给予黑方现实的和棋机会。

29. Ba1!!

绝妙之着！白方拒吃黑象，使自己的象得以保留在 a1-h8 斜线上，是对黑方的致命一击。相反，如走 29. B×a3? e3　30. Qe2 Qe4，白虽吃回一子，但黑方将反夺主动，而这正是黑方所期望的变着。

29... e3

改走 29... Re7 亦无济于事。因为有 30. Qh4 Rg7（30... Rh7　31. Rd8+）31. Rf6! Qe7　32. Qh6 Rd8（否则 33. R×g6）33. R×d8+ Q×d8　34. Q×g7+! K×g7　35. Rd6+，白方得子胜定。

30. Qh4 B×g2+　31. Kg1!

当然不要走 31. K×g2?，因为有 31... Qe4+。

31... Qh3　32. Qf6 Qh7　33. Rd7!

最后一击！黑方见已无法化解杀势，只得停钟认负。

这盘棋，韦奕有意选择了相对少见的布局变化，但未能收到预期的效果。李师龙显示出对该变例的精湛理解，迅速在王翼取得有力的攻势。此后面对白方的弃子进攻，韦奕未能找到正确的应对方法，最终被白方凌厉的攻势所击败。这场比赛，广东队在李师龙的率领下发挥出色，以 3.5：1.5 力克江苏队，一举摆脱了积分垫底的位置。而这盘棋也当之无愧地被评为该站联赛的最佳对局。

第三十三局　科内鲁 和 黄茜

2013 年全国国际象棋甲级联赛第 11 轮

印度名将科内鲁是当今女子棋坛的顶尖高手，也可以说是中国联赛史上最大牌的女外援。2008 年，科内鲁第一次参加中国联赛，加盟志在冲冠的河北队。没想到，甫一亮相就成为众矢之的，竟先后负于居文君、王瑜、侯逸凡，仅取得 2 胜 1 和 3 负的惨淡战绩，河北队最终只名列第三。五年之后，科内鲁再次投身中国联赛，加盟 10 轮之后位居积分榜首的天津队，她能交出怎样的答卷，是人们普遍关注的焦点。

这一次科内鲁的对手是 2012 年女子全国冠军得主，并且此前刚刚在亚洲个人锦标赛中荣膺女子冠军的黄茜。黄茜的棋风稳健细腻，以顽强著称，是一位很难击败的对手。近些年，黄茜在联赛中一直保持着稳定的高胜率，为重庆队联赛排名一直保持在中上游做出了突出的贡献。值得一提的是，就在本站比赛开始前一周，黄茜刚刚与特级大师卜祥志完婚，因此本局不但是科内鲁第二次中国联赛之旅的首次亮相，也是黄茜婚后的首场比赛，堪称当轮比赛的焦点之战。

1. d4 g6　2. e4 Bg7　3. Nc3 c6　4. Be3 d6　5. Qd2 Nd7　6. h4

黄茜选择皮尔茨防御（亦称乌菲姆采夫防御），大概是想避开科内鲁比较熟悉的布局套路。不过在笔者印象中，近年来黄茜使用这一布局迎战实力较强的对手时战绩并不理想。例如 2012 年的联赛，她就曾被居文君用漂亮的战术组合击败过。

白方直接挺边兵进攻，着法直截了当，令人耳目一新。科内鲁原本也是一位稳健的局面型棋手，善于积小胜为大胜。然而近年来她在对局中时常表现得很强硬，不知是不是因为在和侯逸凡的屡次争斗中连续被小侯"战术性击倒"，迫使她完善自己的棋风。科内鲁采用的这种走法可以说是对付皮尔茨防御最具攻击性的变着之一，她强烈的求胜欲望由此可见一斑。

6...h5

顶住白兵，是正常的应着，但不利之处在于给了白方一个良佳的 g5 据点。另一种走法是 6...Ngf6　7. f3　b5　8. g4，以下黑方有 8...h5、8...h6、8...Nb6 等多种走法，双方另有复杂的攻守变化。

7. Nh3 Ngf6　8. f3 e5?

在目前这种结构下，这步棋是不可取的，因为它使 d6 兵变得薄弱，并且大大削弱了 g7 象的作用。应走 8...b5，尽快从后翼展开反击，才是类似局面中正确的步调。

9. 0-0-0 Qe7　10. Be2 a6?!

这种过于谨慎小心的走法使白方得以迅速夺取主动权。是否可以考虑立即走 10...b5 呢？大概黄茜担心白方有 11. d5 的应着，但黑方可续走 11...b4 12. d×c6 b×c3　13. c×d7+ B×d7　14. Q×c3 0-0，因为后翼线路的开放，黑方对失兵有较好的补偿。

11. d×e5 d×e5　12. Nf2

退马的目的是尽快冲起 g2-g4，对黑方王翼展开攻势。除此之外，白方还有一种值得注意的下法：12. Ng5 0-0　13. Qd6，兑后之后，可充分利用黑方阵地内的弱点以及子力不协调的问题，接下来可能是 13...Q×d6　14. R×d6 Ne8　15. Rd2 Bh6　16. Rhd1! b5（如误走 16...f6?　17. Bc4+ Kh8　18. Nf7+ R×f7　19. B×h6 Re7　20. Be3，白方大占优势，因为黑方的局面几乎陷入瘫痪）17. Rd3 Ng7（17...f6?　18. Ne6 B×e3+　19. R×e3 Rf7　20. Nd8）18. Kb1 f6　19. a4!，白方优势明显。

12...0-0　13. g4 Nc5　14. Bg5 Ne6?!

退马作用不大，不如改走 14...h×g4，接下来可能的变化是 15. h5（如走 15. f×g4 Ne6，和实战相比，黑方可避免 g 线的开放，日子无疑好过得多）Ne6 16. h6 Rd8　17. Nd5! c×d5　18. h×g7 K×g7　19. e×d5（19. N×g4?! N×g5 20. Q×g5 Ng8!）N×g5　20. Q×g5 Ng8　21. Qe3 g×f3　22. B×f3 f5，尽管白方的攻势仍很危险，但黑方有成功进行防御的可能。

15. g×h5 g×h5　16. Nd3 Rd8　17. Qe3 Nf8　18. f4!（图一）

黑方开局很不成功，至此王前阵地支离破碎，已濒临失败的边缘。而科内鲁是位很少犯错的棋手，因此众人无不为黄茜捏一把汗。然而正如前文所提到的那样，黄茜是一位极为坚韧顽强的棋手，想三两拳就将她击倒是很难的……

图一

18...e×f4   19.N×f4 R×d1+   20.R×d1 Bg4   21.Rg1?!

这步棋当然并不坏，然而从此时开始，可以感觉到科内鲁在优势巨大的情况下心态有了微妙的变化，想急于吃掉对手又恐有失，因此出着变得犹豫起来。当然，本局观者如堵的场景可能也增大了她的心理压力（特别是中国国际象棋队总教练叶江川老师长时间驻足观战，这在以往联赛赛场上是很少见的）。此时直截了当的下法是 21.N×h5 B×h5   22.B×h5 Qe5   23.Be2 Ne6 24.Rg1 Kf8   25.Bc4，白方有决定性的优势。

21...Qe5   22.Nd3 Qe6   23.Nc5 Qe5   24.Bf4 Qe7   25.e5 Nd5

改走 25...N6d7   26.N×d7 Q×d7   27.Ne4，黑方的处境亦难改善。

26.N×d5 c×d5   27.B×g4 h×g4   28.R×g4

白方在保持局面优势的情况下得兵，取得了实质性的收获。不过此时双方的用时都已经很吃紧（科内鲁还有十几分钟，而黄茜已经不足 5 分钟），对于经常陷入时间恐慌的黄茜来说，她早已适应了在这种情况下作战；而对于本不以计算见长的科内鲁来说，思考时间不足带来的影响显然会更大，对局接下来的进程也说明了这一点。

28...Ng6   29.Nd3 Kh7   30.Qg3 Rg8   31.Kd1?!

躲一步王的目的是防止黑方走 N×f4 再 Bh6 的手段，但出于同样的想法，应走 31.Bd2! 保留黑格象才是正着。因为黑方并不敢吃 e5 兵，例如，31...N×e5   32.Rg5! N×d3+   33.Q×d3+ Qe4   34.Rh5+ Kg6   35.Qg3+ Kf6 36.Qd6+ Qe6   37.Bc3+ Kg6   38.Qg3+，下一步杀王；或者 31...B×e5

32. Qe3 Bg7 33. h5！Ne5 34. R×g7+ R×g7 35. N×e5，白方胜势。

31...Qe6 32. h5？（图二）

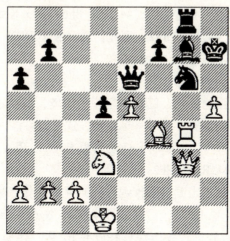

图二

明显的失误，被黑方轻松吃回一兵，优势尽失。此时还是应该走 32. Bd2，黑如接走 32...B×e5，则 33. Qf3！Ne7（33...Bg7 34. Re4！！） 34. N×e5 Q×e5 35. Q×f7+ Rg7 36. R×g7+ Q×g7 37. Q×g7+ K×g7 38. h5 Nf5 39. Bf4，白方有一个易胜的残局。

32...N×f4 33. N×f4

不能走 33. Q×f4？？，因为有 33...Bh6，黑方得子，之前科内鲁可能疏忽了这一点。

33...Q×e5 34. c3 Re8

值得注意的是 34...d4！?，可能会引出一个非常有趣的变化：35. h6 B×h6 36. R×g8（36. Qd3+ f5 37. c×d4 Qe4！）B×f4 37. Qg4 d×c3 38. b×c3 Q×c3 39. Rd8 Qa1+ 40. Ke2 Q×a2+ 41. Kf3 Bc7！ 42. Qh4+ Kg6！，黑王看似处境危险，但白方却无法构成杀势，接下来进行长将也许是最明智的选择。

35. Rg5 Qf6 36. Qd3+ Kg8 37. Rf5 Qh4 38. Kc2

必要之着。如错走 38. N×d5？？ Re1+ 39. Kd2（39. Kc2 Qa4+）Bh6+，黑方胜。

38...Qf2+ 39. Qd2

现在的局面，白王并不比他的对手更安全，因此兑后是明智的选择，此后白方至少没有输棋的危险。

39...Q×d2+ 40.K×d2 d4 41.c4 Re4?!

更有力的着法是 41...Re3！（准备 42...Rf3），白方如接走 42.Ne2，则 42...Rh3 43.Rd5 Kf8 44.N×d4（44.Rd7 Bh6+ 45.Kc2 d3+！ 46.R×d3 Rh2 47.Kd1 Rh1+ 48.Kc2 Rh2，重复局面和棋）Rh2+ 45.Kc3 Ke7，接下来黑方用象换马可吃回一兵，大致成和。

42.Nd5 Rh4?

以上黑方经过顽强的抗争，已逐步摆脱了困境，取得了大致均势的局面。然而这步棋，黄茜未及细算，随手平车跟兵，致使局势再一次出现险情。应先走 42...Kf8 防止白马打将，在 43.Kd3 之后再走 43...Rh4，黑方谋和不难。

43.Ne7+ Kh8 44.R×f7 Rh2+

这步棋，黄茜一直思考到钟面仅剩几秒钟时才无奈出着，大概她本来考虑的是接走自然之着 44...R×h5，但白方可接走 45.Ng6+ Kh7 46.Nf4 Rh2+ 47.Ne2！，此后白方有胜机。故而她只好放弃 b7 兵，转而利用通路 d 兵制造反击。

此时，本场比赛已经结束了四盘棋，天津队暂时以 1.5∶2.5 落后，因此，扳平比分的重任就落到了科内鲁的肩上。

45.Kd3 Rh3+ 46.Ke4 d3 47.Ng6+ Kg8 48.R×b7 d2 49.Rd7 Bh6 50.c5 Rh1?

失策！黑方急于引兵升变而忽略了白兵的危险性。应改走 50...R×h5 先消灭危险的 h 兵，以下可能是 51.c6 Rc5 52.Ne5 Rc1 53.b3！Kf8！（错误的是 53...d1=Q 54.R×d1 R×d1 55.c7 Rc1 56.Nc4 Re1+ 57.Kd5 Re8 58.Nd6，白胜）54.Nc4 Ke8 55.N×d2 R×c6，白方虽然多兵，但难以取胜。

51.c6! Rc1

显然不能走 51...d1=Q? 52.R×d1 R×d1 53.c7 Rc1 54.c8=Q+ R×c8 55.Ne7+，白方胜定。

52.b4

更好的是 52.b3！，以后有 Ng6-e5-c4 的手段。与第 50 回合注释中的变化相比，白方多了 h5 兵，黑方难以成和。不过在时间紧张的情况下，这种小兵挺进一步的"谦卑式"着法是很难想到的。

52...Bg5

无奈，否则黑方无棋可走，将坐以待毙。

53.Kf5 d1=Q 54.R×d1 R×d1 55.K×g5 Kf7（图三）

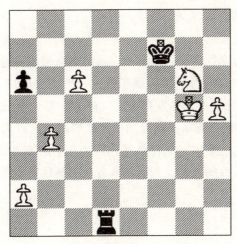

图三

56. Kf5?!

经过转换，白方以马四兵对黑方车单兵，且子力位置极佳，获胜并不困难。但这个时候，科内鲁又一次出现思路上的混乱，急于运王去支持后翼兵，结果被黑方得机使王发挥作用，局势转危为安。此时白方应充分利用 h 兵，迅速双管齐下：56. c7 Rc1　57. h6 R×c7　58. h7 Rc8　59. h8 = Q（59. Kf5！更精确）R×h8　60. N×h8+ Ke6　61. a3，白方必然能保住一兵，胜定。科内鲁未能看出这个并不复杂的变化，也许只能从她临场的心态做出解释。

56... Rh1　57. Nf4?

白方在错误的道路上越走越远。应走 57. c7 Rc1　58. h6，白方仍可取胜。

57... Ke7!　58. Ke5 Re1+　59. Kd5 Rf1　60. Ng6+ Kd8　61. a4 Kc7

现在黑王占据了最好的防守位置，白方已经无法取胜了。

62. Ne5

改走 62. Ne7 Rh1　63. Kc5 Rc1 +!（63... R×h5 +?!　64. Nd5 +）64. Kd4 Rh1，也是和棋。

62... Rh1　63. b5 a×b5　64. a×b5 R×h5

吃掉 h 兵，和局已定，重庆队众将士终于露出了轻松的表情。

65. Ke6 Rh1　66. Nf3 Rb1　67. Nd4 R×b5

子力耗尽，科内鲁只好无奈地同意和棋。

这盘棋，黄茜在开局阶段没有走好，以至于迅速陷入受攻难走的局面，形势一度接近崩溃。但在这种情况下，她却将自己坚韧顽强的风格充分表现出来，抓住科内鲁立功心切却又患得患失的心理，一步步扳回了局势，最终经过一场苦战，取得了宝贵的半分，确保了本队的胜利。本场失利之后，天津队也因此错失夺取半程冠军的机会，被北京、江苏两队超过，退居积分榜第三位。

科内鲁在本局中遭遇对手的顽强抵抗，几度错失胜机，未能取得"开门红"。但是在随后的比赛中，她发挥稳定，在出战的 12 场比赛中取得 7 胜 4 和 1 负的战绩，其整体表现与第一次参加中国联赛时相比可谓天壤之别。特别是在最后一个赛会制的比赛中，天津队接连与山东、北京、江苏三支强队过着，科内鲁连续取得决定性的胜利，为天津队首次夺得联赛冠军立下了汗马功劳。

第三十四局　丁立人 负 王晨

2013 年全国国际象棋甲级联赛第 13 轮

在青岛站的比赛中，重庆队发挥异常抢眼，他们先是以 3：2 力克强大的天津队，使后者失去了赢得半程冠军的机会，此后又出人意料地以 5：0 横扫河北队，强势挺进积分榜三甲。本轮比赛，重庆队携连胜之威迎战有两位全国冠军压阵的浙江队，以下是王晨执黑迎战浙江队主将丁立人的一盘精彩对局。

1. c4 e6　2. Nf3 Nf6　3. g3 d5　4. Bg2 g6

颇为少见的应着。因为从棋理上说，走了 e6 再走 g6，有前后矛盾之嫌，且容易造成黑格的削弱。然而王晨却对这种独特的走法情有独钟，曾多次采用且效果颇佳。通过本局，我们也能看出他对这种下法的独到见解。这里比较多见的走法是 4...Be7 或者 4...d×c4。

5. 0-0 Bg7　6. d4 0-0　7. Nc3 Nc6　8. Ne5

这里另一种变化是 8. b3 Ne4　9. Bb2 N×c3　10. B×c3 a5，这样局势会平稳一些。

8...Ne7

黑方调马到 f5 格，对白方 d4 兵施加压力，是这一变着中黑方主要的反击手段，这里如果走 8...N×e5　9. d×e5 Ng4　10. c×d5 e×d5　11. Q×d5 N×e5 12. Rd1 Q×d5　13. N×d5 c6　14. Ne7+ Kh8　15. N×c8 Ra×c8　16. Rb1，白方拥有双象，比较主动。

9. Qb3　c6　10. Rd1　Nf5　11. g4!?（图一）

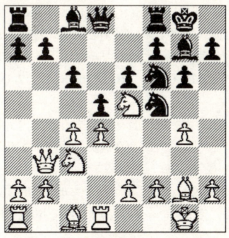

图一

前 10 个回合，双方均按部就班地排兵布阵，白方占据较大的空间，黑方的阵式虽略显消极但十分坚固，如何寻找进攻点是白方面临的主要问题。

白方不顾王前阵地削弱的危险，立即挺兵驱马，其拼搏争胜之心跃然枰上。但也正是这步棋，招致了黑方强硬的回击，由此拉开了激战的序幕。此时比较稳健的走法是 11. e3，先加强 d4 兵。

11... N×g4!!

面对白方咄咄逼人的着法，王晨经过长考，毅然选择了弃子反击的方案，这一出人意料的妙着立刻掀起了对局的高潮。据王晨赛后讲，他之所以放弃"常规"的应着 11... Nd6，是因为考虑到在 12. c5　Nde4　13. Bf4 之后，白方将有长久的主动权。在面对丁立人这样实力强劲的对手时，选择这样的局面无疑是非常痛苦的，因此他决定放手一搏！对局随后的发展表明，他的这一选择十分正确。况且，从纯技术角度而言，这着棋也不失为目前局面下最好的选择，因为黑方弃子之后有一系列的后续手段，足可与白方一战。

12. N×g4　Qh4　13. h3

似可考虑改走 13. Ne3!?，以下变化是 13... N×d4　14. Qa3　b5!　15. c×b5　c×b5（威胁以 b5-b4）16. Qa5（如走 16. R×d4　B×d4　17. N×b5　Be5　18. h3　Bd7，双方各有顾忌）b4　17. R×d4（逼着！如走 17. Nb5　N×e2+　18. Kf1　Nf4 等，明显对白方不利）Q×d4　18. Nc2　Qb6　19. Q×b6　a×b6　20. N×b4　Bd7　21. Bd2，白方稍优，但黑方亦可抗衡。

13...h5 14. Ne5?!

不能走 14. Nh2?，因为 14...N×d4 15. Qa4 b5! 16. c×b5 c×b5 17. Qa5 b4 等，白方难以应付。不过较好的选择仍是 14. Ne3，形成和上一回合注释的变化相类似的局面。

14...N×d4 15. R×d4 Q×d4 16. Nf3 Q×c4 17. Q×c4 d×c4 18. Nd2 b6?

以上着法具有一定的强制性，且均在双方计算之内，经过转换之后形成的这个局面，黑方已经略占上风，因为在这类局面中，车和多兵往往比两个轻子要更有力量。

黑方此步挺兵，目的是尽快解决后翼子力的出动问题，但白白牺牲 c6 兵毕竟代价太大，可考虑改走 18...Rd8 19. N×c4 Rd4 20. Na5 f5，黑方局面不错。

19. B×c6 Rb8 20. Nde4?

白方跃马中路，企图利用黑方子力的不协调做文章，但成算不足，对局势的发展判断有误，给黑方留下了 c4 兵，终成大患。应改走 20. N×c4 Ba6 21. Nd6 Rfd8（如走 21...B×c3?! 22. b×c3 B×e2 23. Bf4，白方有利）22. Nde4 Rbc8 23. Bg5 Rd4 24. Nf6+ B×f6 25. B×f6 Rf4 26. Bd7 R×f6 27. B×c8 B×c8 28. Rd1 Kg7 29. Rd8 Ba6 30. Rd7，形成各有千秋的残局形势。除此之外，走 20. Bb5!?，再用象吃回 c4 兵，也是值得考虑的走法。

20...Bb7 21. B×b7

如走 21. Bb5 Rfd8 22. f3 [更差的是 22. B×c4? B×e4 23. N×e4 Rd1+ 24. Kg2 Rc8 25. Nc3（25. Nd2 b5）R×c1!（不宜走 25...B×c3?!，因白方有 26. Bb3! 的解着）26. R×c1 R×c4，黑方多兵且子力位置占优，足以取胜] Rd4! 23. Be3 a6 24. Ba4 b5 25. Bc2 B×e4 26. N×e4 Rd5，黑方亦明显占优。

21...R×b7 22. Bg5 f6 23. Be3 Rd7 24. f3 Rfd8 25. a4 f5 26. Nf2 Bf6 27. Kf1 Kf7 28. Ke1 g5 29. a5

以上几个回合，黑方逐步改善子力位置，步步为营，而白方则无好棋可走。眼见消极等待只会让形势更加不利，丁立人决定冲边兵开线进行反击，不失为目前局面下较顽强的应着。

29...b5?!

强硬的回答，但实无必要，自然而有力的应着是 29...Rb8，再 b6-b5，白方很难找到满意的防御方案。

30. N×b5 B×b2   31. Rb1 c3   32. Nd3 R×d3！?

这是黑方计划好的战术打击。另如改走 32...Rb7！?   33. Na3 R×d3 34. e×d3 c2   35. R×b2 R×b2   36. Kd2 g4   37. f×g4 f×g4   38. h×g4 h4（错误的是 38...h×g4?   39. Nc4！Ra2   40. Ne5+等）39. N×c2 h3   40. Bf4，黑方的取胜前景仍然存疑。

33. e×d3 a6（图二）

图二

34. N×c3?

令人费解！弃马换兵无异于放弃抵抗，此后白方将坐以待毙。此时无论如何应该尝试一下 34. Nc7，可能的变化是 34...R×d3   35. B×g5 f4！   36. B×f4 R×f3，以下：

a) 37. Bc1? R×h3   38. B×b2 Rh1+   39. Ke2（39. Kf2 R×b1   40. B×c3 Rc1   41. Be5 Rc5   42. Bd6 R×a5，黑方胜势）R×b1   40. B×c3，现在走 40...Rc1?!   41. Kd2 R×c3?   42. K×c3 h4 似乎可以轻松取胜，因为看上去白方已经赶不上 h 兵，但事实却并非如此！接走 43. Nb5！！h3   44. Nd6+ Ke7（以下走法也不足以取胜：44...Kg6   45. Ne4 h2   46. Nf2 Kf5   47. Kd3 Kf4   48. Ke2 e5   49. Kf1 Kf3   50. Nh1 e4   51. Nf2 e3   52. Nh1 等）45. Ne4 h2   46. Ng3 Kd6   47. Kd4 Kc6   48. Kc4！e5   49. Nh1 e4   50. Kd4 Kb5   51. K×e4 K×a5   52. Kf3 Kb4   53. Kg2 a5   54. Nf2，白方可以神奇地守和。因此，代替 40...Rc1?!，黑方应走 40...h4   41. Kf2 Rc1   42. Be5 Rc5，胜来不难。

b）正确的着法是 37. Bh6！Kg6　38. Ke2 Rf7　39. Bc1 R×c7（改走 39... B×c1　40. N×a6 Bb2　41. Nb4，再 Nd3，黑方同样不易取胜）40. B×b2 c×b2　41. R×b2，以下有 Rb6 的手段，黑方能否赢下这个车兵残局是令人怀疑的。

34... B×c3+　35. Ke2 f4　36. Rb7+

改走 36. Bb6 Rd5，或 36. Bd2 B×d2　37. K×d2 Rd5，白方同样无望。

36... Kf6　37. Bc5 Rd5　38. Bf8 B×a5

消灭 a5 兵之后，黑方的胜利只是时间问题。

39. Bg7+ Kg6　40. Bh8 Bd8　41. Rg7+ Kh6　42. Ra7 a5　43. Bc3 e5 44. Ra6+ Kg7　45. Kd2 Kf7　46. Kc2 Rb5　47. Ra8 Ke7　48. Ra7+ Ke6 49. Ra6+ Kd5　50. Rh6 h4　51. Rg6 Be7　52. Ra6 Bb4　53. Bb2 Bc5　54. Bc3 Bb6　55. Ra8 Kc6　56. Rc8+ Kb7　57. Rc4

其他走法也无济于事：57. Rg8 Bd4！　58. B×d4 e×d4　59. Rd8 Re5 60. R×d4 Kc6　61. Rd8 Re3　62. Rg8 R×f3　63. R×g5 R×h3　64. R×a5 Rh1，以下黑方挺兵到 h2，再冲 f 兵即胜。

57... Rd5　58. Re4 Bd4　59. B×d4 e×d4　60. Kb3 Kc6　61. Ka4 Kd6 62. Re8

或者 62. Kb3 Re5！　63. R×d4+ Rd5 等，也是黑胜。

62... Re5　63. Rd8+ Ke6　64. R×d4 Re3

末后一段，丁立人虽然进行了顽强的抵抗，无奈众寡悬殊，败局难挽。白方认输。

王晨面对强大的对手，在布局伊始即大胆弃子争势，弈得积极主动，最终力克强敌。在这场比赛中，重庆队继续神勇的发挥，以 4.5：0.5 重创浙江队，而本局最终也被评为青岛站的最佳对局。

第三十五局　沈阳 胜 章晓雯

2013 年全国国际象棋甲级联赛第 13 轮

联赛 12 轮过后，天津队积 17 分暂时领先，而重庆、北京、上海、江苏四队同积 16 分紧随其后，第一集团的激烈争夺已近白热化。在这种情况下，第

13 轮的沪苏之战无疑是一场双方都输不起的焦点之战。

本局是两位女子特级大师沈阳和章晓雯之间的一场较量。两人是知己知彼的老对手，而且布局都相对单一。因此，当章晓雯执白时，两人通常会在西班牙开局中斗法；而当沈阳先走时，两人则会在古印度防御中展开较量。果然，本局双方心照不宣地布下了古印度防御……

1. d4 Nf6 2. c4 g6 3. Nc3 Bg7 4. e4 d6 5. Nf3 0-0 6. Be2 e5 7. 0-0 Nc6 8. d5 Ne7 9. b4

这是近年来沈阳执白攻古印度防御时比较喜爱的方案，她和章晓雯在这一变化中已有多次较量。笔者印象中，似乎沈阳输得多一些。然而沈阳坚持布下此阵，一则说明她已经进行了总结，吸取了经验教训，找到了一些改进的办法；二则也体现了她倔强的不服输的精神。

9... Nh5 10. Re1 a5

第 9 回合黑方另一种常见选择是直接走 9... a5，现在黑方跳马之后再冲兵，是一种布局趣向，更流行的续着是 10... f5 11. Ng5 Nf6，此后 12. f3 或者 12. Bf3，均有复杂的变化。

11. b×a5 R×a5 12. Nd2 Nf4 13. Bf1 c5 14. a4 h5!?

有趣而相对少见的下法，但从实战来看效果似乎并不理想。通常黑方在此先走 14... Ra6，在 15. Ra3 之后，黑方有 15... g5、15... Nh5、15... Kh8 等多种下法，我们以克拉姆尼克与卡斯帕罗夫在 1997 年的一盘对局为例：15... g5 16. g3 Nh3+ 17. B×h3 B×h3 18. Qh5 Qd7 19. Q×g5 h6 20. Qe3 f5 21. Qe2 f4 22. Nb5 Kh7，黑方弃兵有补偿，双方各有机会。

15. Ra3 Ra6 16. Nb5 h4 17. Nf3 Bf6?!（图一）

软着，由此陷入困境。1998 年俄罗斯名将萨洛夫执白迎战小波尔加的对局，小波尔加在此选择走 17... Bg4，以下 18. h3 Bh5 19. B×f4?! e×f4 20. Qd2 B×f3 21. R×f3 g5!，后续有 Ne7-g6-e5，黑方较优，最终小波尔加取得了胜利。但是，代替 19. B×f4?!，白方可考虑改走强硬的 19. g4!，以下 19... h×g3 20. f×g3 B×f3 21. R×f3 Nh5 22. h4!，以后有 Bh3 的手段，仍属白方易走的局面。

18. B×f4 e×f4 19. h3!

冷静。如改走 19. e5 d×e5 20. N×e5 Nf5，白方虽然获得 d 线通路兵，但也促成了黑方子力的活跃，白方未必有利。现在白方挺一步边兵，首先可以防止黑方 Bg4 及 h4-h3 等手段，其次给自己的王开一扇"天窗"，更重要的是，

图一

白方保留着走 e4-e5 以及 N×d6 再 e4-e5 先弃后取的手段，这种引而不发的下法正是高水平棋手控制局面能力的一种体现。

19...Kg7 20. Bd3 Be5

这样甘愿让白方以马易象，黑方势必陷入一个困守的局面，但问题是黑方此时也没什么好棋可走。例如走 20...g5，白方即可利用黑方王翼的削弱适时出击：21. N×d6! Q×d6 22. e5 B×e5 23. R×e5 f6 24. Re1 Ng6 25. Bc2，再 Qd3，白方明显占优。

21. N×e5 d×e5 22. Qa1 f6 23. Be2!

精巧的调动，准备走 Be2-g4，用坏象求兑黑方的好象，是推动局势向前发展的佳着。

23...Bd7 24. Rb1!

精确！如果直接走 24. Bg4，黑方可应以 24...B×b5 25. a×b5 R×a3 26. Q×a3 Qb6 27. Rd1 Rd8，黑方局势虽差但可以坚守。而现在黑方如走 24...B×b5，白方可用车吃回，保持对黑方 b7 兵的压力。

24...Nc8?!

黑方在劣势下显得不够冷静，此着之后，局势进一步恶化。可考虑改走 24...b6 25. Bg4 Ra5 26. Qb2 Nc8 27. B×d7 Q×d7，这样，黑方后翼阵式较稳固，尚无大碍。

25. a5!

推进边兵，进一步增强压力，使黑方不能构成前述坚固的阵式，由此白方的优势进一步扩大。

25...Rf7

此时再走 25...b6？显然已不妥，因为这会帮助白方打开后翼的进攻线路，而且此后黑方的 c5 兵显得异常软弱。接走 26.a×b6 R×a3（26...R×b6 27.Ra8） 27.Q×a3 Q×b6 28.Rb2！，此后白方有 Nb5-d4-b3 等手段，黑方很难防守 c5 兵。

26.Qc3 Be8？

空着！应改走 26...Ra8 静观其变较好。白方如直接走 27.Bg4，则 26...B×g4 28.h×g4 Kh6，再 Kg5，以后伺机在 h 线重叠重子，以 h4-h3 的冲击相威胁，可以对白方的后翼进攻形成一定的牵制，这样黑方尚可进行抗争。局中所走之着之后，白方迅速取得决定性的优势。

27.Bg4 Bd7 28.B×d7 R×d7 29.Ra4 Nb6 30.Ra2 Nc8 31.Rba1 Nd6？

决定性的错误！兑马之后形成的重子残局，黑方是无法守住的。黑方此时只宜坚守待变（例如走 31...Rf7），固守 b7 兵，这样白方想突破黑方的阵地还需要费很大的力气。

32.N×d6 Rd×d6 33.Kh2！

非常老练的着法，也是进攻之前必要的准备工作，让王离开底线的用意我们很快就会明白。

33...Ra7 34.Rb2 b6

黑方最终不得不走这步棋，因为她的局面已经无法固守。例如，34...Rda6 35.Rb5 Qe7 36.Rab1，再 Qa3，黑方势必丢兵；或者 34...Rd7 35.Rb5 Qc8 36.Rab1 Ra6（如改走 36...Kh7 37.Qa3 Rc7 38.d6 Rc6 39.Qd3！ Qd7 40.R×b7！ R×b7 41.R×b7 Q×b7 42.d7 Rc8 43.d×c8=Q Q×c8 44.Qd6！，白方亦是必胜之势） 37.Qa3 Rc7 38.Rb6！ Qa8 39.d6 Rf7 40.R×a6 b×a6 41.f3 Qc8 42.Qd3，以下有 Qd5 和 Rb6 等手段，黑方显然无法守住全部的弱点。

35.Rb5 Qa8

改走 35...Rf7 36.Qb2 b×a5 37.Ra×a5，黑方亦难进行长久抵抗。

36.a×b6！（图二）

这是白方的预谋，现在我们可以看出白方走 33.Kh2 的意义了（黑方吃车不带将）。

36...R×a1？！

图二

吃车导致速败,但即使改走顽强些的 36...R×b6,亦无力挽回败局。此后大致的变化是:37.R×a7+ Q×a7　38.Qb3 R×b5　39.Q×b5 Qc7（39...Kf7 40.Qc6）　40.Qc6 Qa7　41.d6 Qa2（否则将坐以待毙）42.Q×c5 Qd2 43.Qa7+ Kh6　44.Qa3 Q×f2（44...f3　45.c5!）　45.d7 f3（45...Qd2 46.Qf8+）　46.Q×f3 Qd2　47.Qg4 Kg7　48.c5,白胜。

37.b7 Qa4　38.b8＝Q Ra6

如走 38...Qd1,则简单的 39.Q×a1 即可结束战斗。

39.Rb7+ Kh6　40.Qf8+

足够取胜了。如果吹毛求疵,以下连将杀王的着法显得更为干净利索:40.Qh8+ Kg5　41.Q×h4+! K×h4　42.Rh7+ Kg5　43.h4+,下一步杀。

40...Kg5　41.Rh7

绝杀无解,黑方认输。

章晓雯输棋的主要原因是所选的布局变化不够恰当,很快陷入了困守的局面,通盘未能发挥其擅长搏杀的技术特点。沈阳取得优势之后,步步为营,通过一系列巧妙的构思不断扩大优势,最终完胜对手。凭借沈阳的胜利,江苏队也以 3：2 击败了上海队,取得了一场关键性的胜利。

第三十六局　周唯奇 胜 万云国

2013 年全国国际象棋甲级联赛第 14 轮

　　江苏籍特级大师周唯奇 2013 赛季加盟青岛队，打满全部 22 轮比赛，取得 9 胜 9 和 4 负的不俗战绩，为青岛队提前完成保级任务，为稳居积分榜中游立下汗马功劳。这是联赛第 14 轮青岛队迎战河北队的比赛，周唯奇与万云国的一场较量，是一盘平淡中见功夫，颇能体现其深厚功力的佳局。

　　1. d4 Nf6　2. c4 g6　3. Nc3 Bg7　4. Nf3 0-0　5. e4 d6　6. Be2 e5　7. 0-0 Na6

　　古印度防御是万云国应对后兵的主要布局武器，然而在此他通常选择走 7...Nc6，这步跳边马的变化则极少采用。赛后两人复盘交流时，万云国表示，在赛前准备时，他注意到在 2012 年亚洲团体锦标赛中，王皓曾执黑走这个变化战胜了周唯奇，因此决定如法炮制，同时打周唯奇一个措手不及。不过，对局的发展表明，他的小算盘似乎打得不是地方。

　　8. Re1

　　亦可 8. Be3，请参阅本书第二十局。

　　8...e×d4

　　常见的走法是 8...c6，在 9. Bf1 之后再走 9...e×d4，以下 10. N×d4 Ng4 11. h3 Qb6（该变例中的典型手段）12. h×g4 Q×d4，双方互缠。前述周唯奇与王皓的对局，王皓也是这么走的。此番万云国主动变着，究竟是有备而来还是临场记错了谱，我们无从知晓。但从接下来的几个回合可以看出，他对这一变化显然缺乏足够的体会。

　　9. N×d4 c6?!

　　黑方这样的走子次序使白方有较多的选择。可考虑走 9...Re8，在白方走了 10. f3 之后再走 10...c6，可形成这种变例中的典型局面，黑方可以接受。

　　10. Bf4!

　　如走 10. Bf1 就转入了我们已知的常见变化，但周唯奇敏锐地洞察到黑方次序上小小的不精确带来的问题，直接出象瞄准黑方的 d6 弱兵，是一步不落俗套的好棋！

10...Nc5　11.Bf3！（图一）

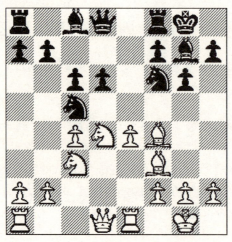

图一

用象保兵是似笨实佳的着法。和通常的冲兵 f3 相比，白象在这里可以防止黑方走 Nh5 攻击 f4 象，这一点对白方来说是非常重要的。因为在这个局面中白方的主要攻击目标就是 d6 兵，而 f4 象正是攻击 d6 兵的主要力量之一。

参考第 8 回合和第 9 回合的评注，现在我们不难发现，正是因为黑方次序上的不精确，给了白方这样选择的可能性。

11...Ne8？

这步消极的着法是黑方本局陷入困境的根源。此时应考虑走 11...Ng4!?，利用战术手段改善子力的位置（准备 Ng4-e5），因为白方不能走 12.N×c6？，否则 12...b×c6　13.B×g4 B×g4　14.Q×g4 Nd3，白方不利。因此白方较好的选择是 12.B×g4，则 12...B×g4　13.Qd2 Be5，黑势尚可。

12.Qd2 Ne6　13.Be3 Be5　14.Rad1 Qf6　15.N×e6 Q×e6

不能走 15...B×e6？，因为有 16.Bg5，再 Be7，白方得半子。

16.Be2！

出色的调遣！在这个局面中，白方的计划是通过对 d6 兵施加压力，束缚住黑方的子力，使其难以协调，然后再逐步向前推进。现在退象，在保护 c4 兵的同时，准备走 f2-f4，把黑象从攻守兼备的 e5 格驱走，此后，黑方的 d6 兵势必变得更加孱弱。

16...f5

黑方不能容忍白方无所顾忌地实施自己的计划，于是主动打开局面进行反击。尽管这样会造成王翼的削弱，易为白方所利用，但舍此也难给黑方提出什么更好的建议。

17. e×f5 Q×f5 18. g3 Be6 19. Bd4！

兑换黑方位置最好的棋子，是扩大优势的佳着。

19. . . Ng7 20. Bd3 Qf7

如走20. . . Qf6 21. Ne4 Qe7 22. B×e5 d×e5 23. Qc3，白方亦明显占优。

21. B×e5 d×e5 22. R×e5 B×c4 23. B×c4 Q×c4 24. Re7

经过交换，黑方虽然摆脱了d6兵这个沉重的包袱，但白方子力占位极佳，特别是两条开放线均被白方所占领，因此局势优劣已经不言自明。现在白车入侵次底线，由控制转入直接进攻，黑方已难应付。

24. . . b6

采用以下着法简化局面并不能使黑方的处境得到改善：24. . . Rf7 25. Qd7 Rb8 26. R×f7 Q×f7 27. Q×f7+ K×f7 28. Rd7+ Kf8（28. . . Kg8 29. Ne4） 29. f3 a5 30. Ne4 b5 31. Kf2等，黑方几乎是坐以待毙之势。

25. Qd7 Nf5 26. Re4 Qc5

如改走26. . . Qf7，白方可以大胆走27. Q×c6，不惧黑方走27. . . N×g3，因为有28. h×g3 Q×f2+ 29. Kh1 Qf3+ 30. Kh2 Qf2+（30. . . Qh5+ 31. Rh4）31. Kh3 Qf5+ 32. Rg4！ Qh5+（32. . . h5 33. Q×g6+） 33. Rh4 Qf5+ 34. Kh2 Qf2+（34. . . Qc2+ 35. Kh1） 35. Qg2，避开了长将，白方多子胜定。

27. Qe6+ Kh8 28. Rd2！

攻不忘守，老练之至！守住f2兵，避免了黑方可能的战术偷袭，白方即将发起总攻。

28. . . Ng7 29. Qe7！（图二）

兑掉黑方最活跃的棋子，转入必胜的残局，弈来简洁明快。

29. . . Q×e7 30. R×e7 Nf5 31. Rc7 Rfc8 32. Rdd7 R×c7 33. R×c7 Kg8 34. Ne4！

不为c6兵这种蝇头小利所惑，因为控制次底线比吃兵更为重要。现在黑方虽然不少一兵一卒，但双方子力位置的差异却使他的失败已经不可避免。

34. . . h6 35. Nf6+ Kf8 36. Nd7+ Ke8 37. Ne5！

白车牢牢控制住次底线，现在运马消灭黑方的小兵，白方巨大的局面优势

图二

已经转化为物质上的利益，至此白方胜局已定。

37...c5?

无望局面下的疏漏。不过即使改走 37...Ne7 38.N×c6 N×c6 39.R×c6 Kf7 40.h4 h5 41.a4，白方取胜也仅仅是时间问题。

38.Rh7！

致命一击！至此，黑方看到已经无法避免丢车（38...Rd8 39.Rh8+ Ke7 40.Nc6+），遂停钟认负。

黑方输棋的主要原因是对开局体会不深，被白方牢牢抓住 d6 兵的弱点大做文章，全局自始至终处于被动。而白方在取得局面的主动之后，通过有条不紊的子力调动，逐步渗透，使黑方一步步失去抵抗能力。本局虽然没有复杂的战术斗争，但白方构思严谨，计划清晰，实为完胜之局。

在联赛首循环两队的交锋中，周唯奇曾执黑战胜万云国，可惜因为队友不给力，青岛队最终以 2：3 输给了河北队。此番交战，周唯奇再胜对手，青岛队也以 3：2 复仇成功。凭借这场胜利，青岛队在 14 轮联赛结束之后积 15 分，基本上提前完成了保级的任务。

第三十七局　雷挺婕 胜 王珏

2013 年全国国际象棋甲级联赛第 14 轮

　　重庆小将雷挺婕，近年师从特级大师王玥，进步飞快，是冉冉升起的希望之星。雷挺婕 2012 年首次参加甲级联赛，但在重庆队只能担任替补，整个赛季只有两次出场机会。2013 年，雷挺婕被租借到山东队，坐稳主力位置的她打满了全部 22 场比赛，先后战胜沈阳、扎格尼泽、战平赵雪、谭中怡等名将，取得 8 胜 9 和 5 负的不俗战绩，令人刮目相看。以下我们选评第 14 轮京鲁之战，雷挺婕与王珏两位年轻新锐之间的一盘对局，该局的布局斗争颇有新意。

　　1. d4 Nf6　2. c4 g6　3. Nc3 Bg7　4. e4 d6　5. h3

　　这是古印度防御中白方一种非常别致的攻法（或者在 5. Nf3 0-0 之后走 6. h3），是由著名理论家马科戈诺夫率先引入实战的。近年来，在众多高手的精彩演绎下，该变例发展迅速，已成为古印度防御中的重要体系之一。

　　5... 0-0　6. Nf3 e5　7. d5 Na6

　　非常重要的临界局面！

　　在该变例的发展初期，黑方此时多走 7... Nh5，以便迅速冲起 f7-f5。但是白方对此有巧妙的对策：8. Nh2! Qe8　9. Be2 Nf4　10. Bf3 f5　11. g3! N×h3　12. Bg2，此时，黑无论接走 12... f×e4　13. Be3，或 12... f4　13. Nf3，发展下去都对白棋较有利。不过近年来，人们为黑方找到了一步更含蓄的应着：12... Qf7!，以 2008 年乔巴瓦执白对阵索莫耶夫的对局为例：13. Nf3（如走 13. B×h3 f×e4　14. Ng4 B×g4　15. Q×g4 Q×f2+　16. Kd1 Qd4+，导致长将；而在 13. Qf3 f×e4　14. N×e4 Na6　15. Q×f7+ R×f7　16. Nf1 Nb4　17. B×h3 Nc2+　18. Kd1 B×h3　19. K×c2 Bg2　20. Rh4 B×f1　21. Be3 B×c4　22. N×d6 c×d6　23. R×c4 Re8 之后，尽管白方对少兵有一定补偿，但仍属黑方好走）f×e4　14. N×e4 Bg4　15. R×h3?（应走 15. Qe2 B×f3　16. B×f3 Q×f3　17. Q×f3 R×f3　18. R×h3，白子位置极佳足以补偿一兵之失），此时，黑如能走出严厉的 15... Qf5!　16. Neg5 e4　17. R×h7 e×f3，则黑方具有决定性的优势。实战中黑方未能把握住机会。

　　除此之外，7...a5 亦是该局面下的一种常见续着。有趣的是在同一场比赛中，北京队的特级大师李超执白对阵山东队的特级大师温阳也走成了同样的开局，温阳在这里走的就是 7...a5，接下去是 8. g4 Na6　9. Be3 Kh8　10. Nd2 Ng8　11. h4 B×g4?!（并不成熟的战术组合，应直接走 11...f5 较好）12. Q×g4 f5　13. e×f5 g×f5　14. Qe2 f4　15. Nde4 f×e3　16. f×e3，白方较优，最终取胜。

　　实战中王珏采用的 7...Na6，曾被卡斯帕罗夫成功地应用到 1982 年布戈伊诺超级大赛他与卡瓦列克的那盘著名对局中。自此之后，这步棋一直被认为是黑方对付该变例的良佳对策之一。王珏后来也说，正是因为看过卡斯帕罗夫的那盘对局，她才决定选用这个变化。然而，本局随后的发展，却让我们不得不重新审视这一应着的价值……

　　8. Be3 Nh5　9. a3！（图一）

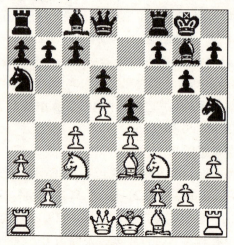

图一

　　前述卡瓦列克与卡斯帕罗夫的对局，白方在此续以"套路式"着法 9. Nh2，但很快就会明白，增加 Be3 和 Na6 的着法对黑方有利：9...Qe8　10. Be2 Nf4　11. Bf3 f5　12. h4（此时白方不能再走 12. g3?，因为有 12...N×h3　13. Bg2 f4!，黑方将恰到好处地利用白象在 e3 的状况）Qe7　13. g3 Nb4！（错误的是 13...Nh3?！　14. Rf1 f4　15. Bc1，对黑方不利）14. Qb3?〔不能吃马：14. g×f4 f×e4!　15. f×e5（15. N×e4 e×f4　16. Bd2 Nd3+　17. Ke2 Nc5）Nd3+　16. Ke2 R×f3!　17. N×f3 Bg4　18. N×e4 N×e5　19. Ned2 N×f3　20. N×f3 Rf8，黑方胜势；白方唯一正确的应着是 14. 0-0，在

14...g5！之后，形成双方各有顾忌的复杂局面〕Nfd3+　15.Ke2 f4！，黑方取得强大的攻势，最终获胜。

　　另外值得一提的是，2010年全国国际象棋甲级联赛，王玥执白对阵丁立人的对局，在此曾试走9.Nd2，但效果一般，在9...Qe8　10.Nb3 f5之后，黑方没有什么特别的麻烦。笔者揣测，可能正是因为这次不成功的尝试，促使王玥重新去研究这一变例并找到了9.a3这步棋。倘若如此，雷挺婕作为王玥的弟子，想必对此了如指掌。这步棋是对白方弈法的一个重要加强，尽管它并非首次在实战中出现。它的主要想法是迅速冲起b2-b4，使黑方a6马变成一个可怜的角色，并且加快后翼进攻的步伐。可以说，这步棋的出现，对8...Na6这步棋的可行性提出了严峻的挑战。

　　9...Qe8?!

　　白方没有走9.Nh2，黑方再"依样画葫芦"就有教条之嫌了，可考虑直接9...f5，尽快从王翼发展。

　　10.b4 f5　11.Rc1 Nf6　12.c5 f4?

　　严重的战略错误！因为黑方主动封闭局面后，白方的后翼进攻将更加肆无忌惮。不过，黑方确实也没有什么其他好棋可走。如试图调整a6马的位置走12...Nb8?，则在13.c×d6 c×d6　14.Nb5之后，立刻面临物质损失；而在12...f×e4　13.Nd2 d×c5　14.b5！Nb8　15.Bc4 Kh8　16.B×c5之后，黑方亦难应付。相对而言，静观其变的12...Kh8也许是较好的选择，尽管在13.Bc4之后，白方的优势也很大。

　　13.Bd2 d×c5　14.B×a6 b×a6　15.b×c5

　　尽管黑方迫使白方用象交换了位置尴尬的a6马，但付出的代价是让白方形成了强大的中心兵链，且黑方后翼的几个弱兵几乎是白方的盘中之物，因此白方已经取得绝对的优势。

　　15...a5

　　打算让白格象通过a6投入战斗。此时还有一种试图挑起复杂化的走法15...g5。白方如贸然接走16.N×g5?!，则16...Qg6　17.Nf3 N×e4　18.Nh4 N×c3　19.N×g6 N×d1　20.N×f8 Nb2　21.Rb1 Nd3+　22.Ke2 N×c5　23.Ne6 N×e6　24.d×e6 B×e6，尽管少半子，但黑方有较多纠缠的机会。不过，代替16.N×g5?!，白方可以简单地走16.Rb1 Qh5（伏17...g4）17.Rh2！，白方的王翼阵地固若金汤，而黑方的后翼则无法防守。

　　16.c6 Rb8

白方并不担心 16...Ba6，因为黑方孤象难鸣，且白方有办法将它赶出 a6—f1 斜线：17. Qa4 Bd3　18. Ng5 Qe7　19. Ne6 Rfc8　20. h4！，接下来有 Rh3，黑方没有满意的应着。

17. Qa4 Qe7　18. Q×a5 Rb3

从战略上说，白方已是必胜的局面，黑方唯有寄希望于制造战术复杂化。但白方兵多将广，且空间优势巨大，对此很易应付。

19. Nb5！ N×e4　20. Bb4 Qf7　21. B×f8？！

一个小小的不精确，应走 21. Q×c7！，更易控制局势，黑方如走 21...Q×d5　22. B×f8 将转入实战走法，白方必胜；黑另如改走 21...Bf5　22. Q×f7+ R×f7　23. Nd2！（比 23. c7 有力，因为在这种情况下黑可续走 23...a5！24. c8=Q+ B×c8　25. R×c8+ Bf8，黑方可吃回一子并继续纠缠）N×d2　24. Nd6！（24. K×d2？！ f3！）Ne4（24...f3　25. g4！）　25. N×f5 g×f5　26. d6！（但不要 26. c7？？ R×c7　27. R×c7 Rb1+，局势逆转）N×d6　27. B×d6，白方胜定。

21...B×f8　22. Q×c7 Q×d5？

速败。此时必须走 22...Q×c7　23. N×c7 Bd6　24. Ne6 B×a3，黑方尚有浑水摸鱼的机会。

23. Q×c8 R×f3

如改走 23...Q×b5　24. c7 Rc3（24...Rb2　25. Qe6+，再 26. Q×e5+）25. Qe6+ Kg7　26. c8=Q，白胜。

24. 0-0！（图二）

图二

一着轻巧的短易位,使黑方的一切反击企图均化为泡影,白方胜局已定。

24. . . N×f2

这一"亡命徒"式的着法只是让对局更快结束,改走其他着法亦无济于事。

25. g×f3 Q×f3 26. Qe6+ Kg7 27. Q×e5+ Kh6 28. R×f2

黑方无力再战,停钟认负。

这盘棋,雷挺婕胜在准备充分,并且对这一变例的理解明显胜过对手。王珏面对新变化,临场未能找到合适的对策,很快落入下风。本场比赛,山东队最终以3:2取胜,终结了三年来在联赛中对北京队连续六战不胜(2平4负)的尴尬纪录。此战之后,半程冠军北京队惨遭三连败,夺冠希望变得十分渺茫。

第三十八局 马中涵 胜 周建超

2013年全国国际象棋甲级联赛第16轮

联赛第16轮,卫冕冠军上海建桥学院队迎来了青岛实验初中队的挑战。自青岛队2011年重返甲级联赛舞台以来,上海队是他们唯一尚未战胜过的对手。本场比赛,青岛队积分稳居中游,基本已经完成保级任务,因此,队员们轻装上阵斗志满满,力争要打破"逢沪不胜"的纪录。

这是小将马中涵挑战"联赛劳模"周建超的一盘精彩对局。在上届联赛中,双方两度相遇,马中涵均采取了稳健的走法,试图以和为贵,结果因为功力上与特级大师存在差距,最终两战皆败。此番再战,马中涵在赛前做了充分的准备,决心利用先行之利积极进攻,争取有所作为。

1. d4 Nf6 2. c4 g6 3. Nc3 Bg7 4. Nf3 0-0 5. g3 d5

面对白方选用的侧翼象变例,周建超挺起d5兵,将棋局转入格林菲尔德防御,这是他比较喜欢的走法。

6. c×d5 N×d5 7. Bg2 Nb6 8. 0-0 Nc6 9. d5

另一种常见的变化是9. e3 Re8 10. d5 Na5 11. Nd4 Bd7,相比较而言,9. d5是较积极的下法。

9...Na5 10. Bf4 c6

接受弃兵是不明智的：10...B×c3?!   11. b×c3 N×d5（11...Q×d5 12. B×c7）   12. Bh6 Re8   13. Qd4 Nf6   14. Qa4 Qd5（如走 14...Nc6 15. Rfd1 Bd7   16. Rab1 Rb8   17. h3，黑方的压力更大）15. Rfd1 Qh5 16. Bg5 Nc6   17. Rab1，黑方虽然多兵，但出子面临严重困难，白方前景较佳。

11. e4 c×d5 12. N×d5!

12. e×d5 是更常见的选择，但这一包含弃兵意图的着法正是马中涵赛前精心准备的着法。赛前，他回忆起他的队友、越南特级大师阮玉长山曾在 2011 年全国国际象棋甲级联赛使用这种走法战胜了天津队的刘庆南，当时与其并肩而坐的马中涵对那盘棋有深刻印象。恰逢这站比赛，阮玉长山再次前来助阵，于是马中涵就这路变化向其请教，两人在赛前对此进行了细致的拆解。马中涵对这个走法充满信心。

12...N×d5 13. e×d5（图一）

图一

13...B×b2?

直接吃兵将使黑方遭受危险的进攻，这一点在赛前马中涵与阮玉长山的反复拆解中已经得到确认。但周建超这步棋走得很快，让马中涵暗暗吃惊：莫非他对此深有研究，证明吃兵可行？事实证明并非如此。

此时比较好的走法是 13...Nc4。简举一例：14. Qb3（前述阮玉长山对刘庆南的对局，白方在此选择 14. Qe2，亦属可走之着）Nd6（不好的是 14...

N×b2?！ 15. Be5 Qb6 16. B×g7 Q×b3 17. a×b3 K×g7 18. Rfe1 Kf6
19. Ne5 Bf5 20. Re3！，伏 g3–g4，黑方有丢子的危险）15. Rfe1 Bf6 16. Be5
Qa5 17. Bc3 B×c3 18. b×c3 Re8，黑方可以抗衡（选自瓦谢尔—罗德施坦
因，2010 年弈于比尔青年大师赛的对局）。

14. Rb1 Ba3！？

面对白车捉象，周建超竟足足考虑了 50 分钟才出着。由此可见，上一步
用象吃兵绝非有备而来，而是一种过于轻率的举动。长考之后，周建超选择退
象到 a3，这是一步出乎马中涵意料的着法，按照一般的思维肯定要走
14...Bf6，把象留在大斜线上，那么白方将续走 15. Rc1！（有力之着，威胁以
16. Bc7。黑象退到 a3 正是为了防止白方的这一手段）b6 16. Bc7 Qd7〔如走
16...Qe8 17. d6 e×d6（17...Be6 18. Nd4）18. B×d6 Be7 19. Ne5 Bb7
20. Rc7 B×d6 21. Q×d6 B×g2 22. K×g2 Qe6（22...Rd8 23. Nd7！）23. Q×e6
f×e6 24. Rd1 Rfd8 25. R×d8+ R×d8 26. R×a7，接下来有 Ng4 等手段，尽
管物质力量相等，但子力占位极佳的白方仍有很好的取胜机会〕17. Ne5 B×e5
18. B×e5 Bb7 19. Rc7 Qd8 20. Bf4 Rc8（如走 20...g5 21. Qg4 h6 22. B×g5！，
白方有制胜的攻势）21. d6 R×c7 22. d×c7 Qc8 23. Qa4 B×g2 24. K×g2，
强有力的 c7 兵决定了优势在白方一边。

15. Bh6 Re8 16. Qd4 f6 17. Qd3！

黑方的黑格象离开大斜线，白方立刻利用了这一点，先进后叫杀迫使黑方
挺兵削弱王前阵地，然后借捉象先手用后瞄住孱弱的 g6 兵，着法有力，次序
井然。现在我们不难看出，黑方虽多吃一兵，但出子严重落后，且受攻，明显
得不偿失。

17...Bc5 18. Nh4！ g5？（图二）

白方跳边马，防止黑方走 Bf5，并威胁以 19. N×g6，是预谋的攻着。

周建超未加深思，即贸然挺兵捉马，漏看了白方接下来严厉的战术打击，
导致速溃，实乃大失水准之着。对局时，马中涵认为黑方会走 18...Kf7，他
准备接走 19. Be4（亦可直接走 19. Rfe1）Rg8（不好的是 19...f5？！ 20. Qc3
Rg8 21. Bg2 Bd6 22. Nf3 等）20. Rfe1，白方将保持持久的压力。

还有一种选择是 18...Kh8，白方可接走 19. Bd2！（走 19. N×g6+？ h×g6
20. Q×g6 将是非常鲁莽的，因为有 20...Rg8 21. Qh5 Qe8 22. Qh4 Rg4 等）
g5（如走 19...Rg8 20. Rb5！ Bb6 21. Qc3 Bg4 22. R×a5 Rc8 23. Qa3，白
方多子占优）20. Nf5 Nc6 21. Rfc1 Ne5 22. Qe4，黑方仍十分难走。

图二

19. Be4！

不逃马，迅即利用 b1-h7 斜线的削弱，一击致命！

19...Kh8 20. B×h7 g×h4 21. Bg7+！

再弃一象，是白方战术组合的关键一环。如误走 21. Qg6？ Rg8 22. B×g8 Q×g8 23. Qh5 Qg4 24. Qe8+ Kh7 25. Be3 Bd6（如走 25...B×e3?! 26. Q×e7+ Qg7 27. Q×e3，对白方有利）26. Qf7+ Qg7 27. Qh5+ Kg8，白方没有比长将更好的选择。

21...K×g7 22. Qg6+ Kh8 23. Qh6！

避开了最后的陷阱！走 23. Bg8?? 看似将赢得更漂亮，但黑方有 23...Bf5！的解着，局势将立刻逆转。现在，黑方为解杀只有走 23...Q×d5，则 24. Be4+。白方得后胜定，黑方认输。

这盘棋，特级大师周建超状态不佳，而且多少有些轻敌，弈法显得过于轻率。而马中涵则准备充分，并且抓住了对手的失误，运用漂亮的战术组合迅速取胜。尽管因为整体实力上的差距，这场比赛青岛队还是以 2∶3 惜败上海队，但马中涵这盘短小精悍的对局仍是其中的亮点之一。这盘棋被评为本届联赛石家庄站最佳对局。

第三十九局 楼一平 负 马拉霍夫

2013 年全国国际象棋甲级联赛第 17 轮

俄罗斯名将马拉霍夫自 2008 年开始连续参加了六届中国国际象棋甲级联赛，先后效力于浙江队、成都队、天津队，是中国联赛史上最成功的外援之一。在公认的世界上最容易掉等级分的联赛中扎根六载，马拉霍夫超过 2700 分的等级分却稳中有升，不能不令人叹服他的强大实力，以至于每每有大牌外援来中国联赛表现不尽如人意（如伊万丘克、波诺马廖夫等）之后，就会有人说："他们来之前应该先问问马拉霍夫中国联赛该怎么下。"2013 年，马拉霍夫代表天津南开大学队出战了全部 22 轮联赛，取得 10 胜 12 和的辉煌战绩，为天津队登上联赛冠军宝座发挥了决定性的作用。他也成为继同胞莫蒂列夫之后，第二位获得联赛最佳男棋手殊荣的外援。

马拉霍夫不仅棋艺高超，而且为人谦虚，颇有儒将风范。当笔者邀请他自评一盘联赛对局以飨中国读者时，马拉霍夫欣然应允，并且用翔实的笔墨评述了本局。这是联赛第 17 轮，积分排名前两位的天津队（积 24 分）和上海队（积 22 分）之间的一场"榜首大战"，马拉霍夫执黑迎战楼一平，该局很好地体现了马拉霍夫驾驭复杂局面的高超水平。

1. d4 g6 2. e4 Bg7 3. Nc3 d6 4. Nf3 a6 5. a4 b6

这种布局我们一般称为"现代防御"。黑方的想法是先让出中心，自己在后三线布置子力，引而不发，然后根据白方的子力部署，采取相应的反击计划。它和"皮尔茨防御"的一个显著区别是黑方的王翼马很可能会出动到 e7 而不是 f6。这种布局的特点是双方不容易引起大规模的子力接触，有利于长时间的保持局势复杂化。因此通常为后手方立意争胜时使用。马拉霍夫曾在接受采访时说过："在中国联赛，对上强一些的对手，我会走得稳一些，立足于和棋；但对上实力稍弱的对手时，则会全力争胜，无论执白还是执黑。"楼一平虽然近年来进步很快成绩优异，但毕竟是非特级大师棋手，况且马拉霍夫此前已经连续三次战胜楼一平，心理上占有绝对优势。因此，本局尽管执黑，马拉霍夫仍然选择了这一含蓄且变化多端的开局，志在取胜。可事实上，在中国联赛面对水平稍弱的对手时，马拉霍夫经常祭出这一开局，且屡试不爽。

6. Bc4 e6　7. 0-0 Ne7　8. Qe2 h6　9. d5!?

如前所述，对付黑方的这种布局，白方可有多种选择，例如现在，9. h3 或 9. Re1 都是很自然的下法。实战中，白方选择立即挺兵，这样在 e6-e5 之后，将形成类似古印度防御的结构。这种走法看上去并不很合理，因为此后 c4 象的位置将显得很尴尬，但楼一平似乎自有想法……

9. . . e5　10. Ne1 0-0　11. Nd3 Nd7!?

这步棋削弱了对 c6 格的保护，允许白方立刻展开一次有力的进攻。也许比较稳妥的走法是 11. . . Kh7!?，接下来准备走 f7-f5，但马拉霍夫临场担心在 12. Nb4 之后，黑方将无法正常出动后翼子力，此后黑方可能将不得不走 a6-a5，但这会进一步造成 b5 格的削弱，这样的走法是马拉霍夫所不喜欢的。

12. Nb4!

果断！白马侵入 c6 格迫使黑方进行交换。此后白方将拥有一个 d5 据点，c4 象的活动线路也顺势被打开，可能这就是楼一平走 9. d5 时头脑中的主要想法。

12. . . Nc5　13. Nc6 Qe8

如果直接进行交换：13. . . N×c6　14. d×c6，白方的 c6 兵将成为一个让黑方非常难受且难以拔除的"兵锲"，局势对白方有利。

14. b4?!

看上去是一个合乎逻辑的续着，但在接下来的兑换之后，白方的 c6 兵突然面临被消灭的危险。更好的选择是 14. Be3!，黑如接走 14. . . N×c6　15. d×c6，和前一回合注释的变化相同，白方的 c6 兵很强且可以进行妥善保护，白方较优；黑另如续走 14. . . Bb7，则 15. b4 Nd7　16. b5 a5　17. Ra3，白方的机会同样较好，因为强有力的 c6 马会让黑方觉得很不舒服。

14. . . N×c6　15. d×c6 Ne6　16. Nd5!

最好的续着！白方间接保护 c6 兵并威胁以 16. B×h6，白如改走 16. Be3，黑方可选择有趣且前景不明朗的弃半子着法：16. . . Q×c6!?　17. Bd5 Q×c3 18. B×a8 Q×b4，或者在 16. . . Nf4　17. B×f4 e×f4　18. Ra3 B×c3　19. R×c3 Qe5 之后，形成一个双方机会大致均等的局面。

16. . . Nd4　17. Qd3 Qd8!（图一）

守住两个威胁（18. N×c7 和 18. B×h6），同时叫吃 c6 兵，白方面临考验……

18. b5?

图一

楼一平长考之后，出人意料地选择了弃半子的下法，以期保住 c6 兵之后，利用 d5 马的有利位置和对黑方后翼的压力取得补偿。这一想法虽然大胆，但此后形成的复杂化毕竟对黑棋有利。实际上，白方此时有一步非常有力的着法：18. f4!，黑不能走 18...N×c6?，否则在 19. f5 之后，黑方难以抵御白方的王翼攻势。因此，黑方应该走 18...e×f4，以下变化是：19. N×f4 Ne6!（但不能 19...Kh7?，因为有 20. Bb2 N×c6 21. N×g6! f×g6 22. R×f8 Q×f8 23. Rf1 Qe7 24. B×g7 K×g7 25. Rf7+ Q×f7 26. B×f7 Ne5 27. Qd4!，白胜）20. c3 N×f4 21. B×f4 a5，双方的机会大致相等。

18...a×b5 19. B×b5 N×b5 20. Q×b5 Ba6 21. Qb3

退后到这里是为了阻止 f7-f5。如改走 21. Qb4 B×f1 22. K×f1 f5!，黑方亦明显占优。

21...B×f1 22. K×f1 Qh4!

黑方必须通过对白王的进攻进一步扩大战果。如消极行棋，则白方对半子之失可能会取得真正的补偿。

23. Be3

无奈。如走 23. N×c7? Rac8 24. Nd5 R×c6，随着 c6 兵被吃，白方将毫无反击力；而更差的是 23. f3? Q×h2 24. N×c7 Qh1+ 25. Kf2 Bf6! 26. N×a8 R×a8，黑方有一个制胜的进攻。

23...Q×h2

值得注意的是 23...Q×e4!?，可能会引入如下变化：24. N×c7 Ra5

25. B×b6! （较差的是 25. Q×b6?! R×a4　26. R×a4 Q×a4　27. Qb5 Q×c2
28. g3 Kh7　29. Nd5 Rc8　30. c7 R×c7　31. N×c7 Q×c7，黑方有一个易胜的
局面）Rb8　26. Qc3 R×a4　27. R×a4 Q×a4　28. Nd5 e4　29. Qb3 （29. c7?
Qb5+!）Qa6+　30. Ke1 Bd4　31. c7 R×b6　32. N×b6 B×b6　33. Q×b6 Q×b6
34. c8＝Q+ Kg7，形成黑方多兵的后类残局。这里，因为白王位置暴露会给黑
方利用的机会，且白兵易受攻击，因此黑方有非常实际的取胜机会。当然，在
这个过程中，他要克服许多技术上的困难。

24. Ke2 Ra7　25. g3 Qh5+

当然要重新把后活跃起来，但更好的是 25…Qg2!，吊住白方的 e4 兵，
例如 26. a5 （如改走 26. Qc4 Rfa8　27. a5 R×a5　28. R×a5 R×a5　29. N×c7
Ra1　30. Kd2 Qh1，黑方有致命的进攻）R×a5　27. R×a5 b×a5　28. N×c7
Q×e4　29. Nd5 a4　30. Qa2 Qg4+　31. Kd2 Kh7　32. c7 f5!，黑方胜势。

26. Kd2!

顽强！如走 26. f3?! Qh2+　27. Bf2 Kh7，白象被牵制之后，白方将无法
组织任何有效的反击。而在谱着过后，黑方仍必须注意 a4-a5 的手段，白方的
后翼反击力量不容低估。

26…Kh7?!

马拉霍夫在此进行了长考，但还是未能找到最佳方案。谱着的想法是接下
来走 f7-f5-f4，但有嫌缓慢，给予白方良佳的反击机会。黑方容易想到的另一
方案是 26…Qf3，但白方有 27. B×b6! 的妙手，在 27…Q×b3　28. c×b3 c×b6

29. Rc1 之后，形成奇特的局面：黑方净多一车，但白方有车马支持的通路
兵仍使黑方深有顾忌，局势不明朗。

最好的续着是 26…Qg4!，此后大致有两种变化。

a）27. Qc4 Kh7　28. a5 Qc8! （但不能 28…Rc8?，因为白方有突然的战
术反击：29. Nf6+! B×f6　30. Q×f7+ Bg7　31. B×h6! K×h6　32. Rh1+ Kg5
33. Rh4，黑方反遭失利）29. a6 f5，黑方有决定性的优势。

b）白方如果立即走 27. a5，则 27…R×a5　28. R×a5 b×a5　29. N×c7
Q×e4　30. Nd5 a4　31. Qd3 Q×d3+　32. c×d3 f5!　33. Kc2 （33. c7 f4）Kf7
34. Nb6 （34. c7 Rc8）f4!　35. Bd2 e4!　36. c7 （36. d×e4 Bd4）e×d3+
37. Kb1 （37. K×d3 a3）f×g3　38. f×g3 h5　39. c8＝Q R×c8　40. N×c8 Be5
41. Nb6 （41. Be1 a3!，伏 42…B×g3）B×g3　42. N×a4 h4　43. Nc3 Ke6，黑
方胜定。

诚然，正如马拉霍夫所言，以上变化在临场有限的时间内很难算清，现在让我们回到实战。

27. a5 f5（图二）

图二

必然之着。如走 27...R×a5?! 28. R×a5 b×a5 29. Qb7，孰优孰劣就难以判断了。

28. e×f5?!

白方未能找到最佳方案。此时应走 28. Re1!，迅速摆脱牵制，黑方有两种可能的应着。

a) 28...f4?! 看起来是有力的一着，但白方可续以 29. B×b6! c×b6 30. a×b6，尽管少一车，但是推进得很远的双联通路兵使白方的机会丝毫不差，例如：

a1) 30...Ra5 31. b7 Qh2 32. c7 Q×f2+ 33. Re2 Qd4+ 34. Qd3 Qg1!（唯一保持平衡的着法，现在黑方必须要为和棋而战）35. c8=Q Ra1 36. Nf6+ B×f6 37. Q×f8 Qc1+ 38. Kc3 Qa3+（38...Ra3+? 39. Kc4 R×d3 40. b8=Q Rd4+ 41. Kb5 Qb2+ 42. Kc6，白胜）39. Kd2（39. Kc4?? d5+）Qc1+，长将和。

a2) 30...Qh2!? 31. b×a7 Q×f2+ 32. Kd1 Q×a7 33. c7 f3 34. Qc3 Qa6 35. Qd3 Qa1+ 36. Kd2 Qa5+，同样地，黑方没有比长将更好的选择。

b) 28...R×a5 29. N×c7 Qf3 30. B×b6 Q×b3 31. c×b3 Ra2+ 32. Kd3 f×e4+ 33. R×e4 Rc8 34. Rc4，仍是双方各有顾忌的尖锐局势。

28...g×f5 29. Ra4?

这是最后的错误。此后，马拉霍夫以简洁的手法迅速取得了足以制胜的优势。白方仍应走 29. Re1!，以下是 29...R×a5　30. N×c7 Qf3!　　31. Q×b6（如走 31. B×b6 Q×b3　32. c×b3 Ra2+　33. Kc3 e4+!　34. Kb4 Rb8　35. Nd5 Rc2　36. c7 R×b6+　37. N×b6 R×c7，黑方可胜）Ra3　32. Qb4 Q×c6　33. Q×a3 Q×c7，黑方多兵并有很好的取胜机会，但白方仍可继续抵抗。实战中的着法让黑方的任务变得容易多了。

29...Qf7!　30. a6

白方被迫冲兵，从而放弃了对黑方 b6 兵的压力，如走 30. N×b6 f4　31. g×f4 e×f4　32. Bd4 Q×b3　33. c×b3 B×d4　34. R×d4 R×a5，黑方胜来更易。

30...Rfa8　31. Qb5

在 31. Nb4 Q×b3　32. c×b3 d5! 之后，白方的局势同样无望。

31...R×a6!

弃还半子消除了白方一切反击，黑方保持净多两兵的物质优势，接下来一切都很简单了。

32. R×a6 R×a6　33. Q×a6

如走 33. N×c7 Ra5!（精巧的过门）34. Q×b6 Ra2，伏 35...f4 及 35...Qc4，黑方胜定。

33...Q×d5+　34. Qd3 Qa5+　35. Ke2

如走 35. Qc3?，黑有 35...f4 的精巧之着，可得子速胜。

35...e4

黑方之前的一切麻烦都是因为黑格象无法发挥作用，伴随着它投入战斗，白方再无力抗衡。

36. Qb3 d5　37. f3 Qa6+　38. Kf2 e×f3　39. Qd3

最后的尝试是 39. c4，但黑方亦不难取胜：39...Q×c4　40. Q×c4 d×c4　41. Bf4 c3　42. B×c7 c2　43. Bf4 Be5　44. Bc1 b5　45. K×f3 b4，等等。

39...Q×d3　40. c×d3 Be5　41. K×f3 Kg6　42. Bd2 Bd6

白方无力再战，投子认输。

这盘棋的前半段，白方弈得积极主动，但随后的弃半子作战方案值得商榷，使优势转向黑方。此后在复杂的战斗中，马拉霍夫显示出高人一筹的实力，最终取得了这场关键的胜利。本场比赛，马拉霍夫和居文君为津沪两队分别建功，另三盘弈和，这场榜首大战最终以平局收场，天津队继续以 2 分的优势领跑积分榜。

第四十局　马群 胜 高睿

2013 年全国国际象棋甲级联赛第 22 轮

联赛 21 轮过后，天津队积 31 分暂时领先，上海队积 30 分紧随其后，北京队积 29 分位居第三，三队均有夺冠希望。最后一轮，天津队的对手是在首循环曾战胜自己的重庆队，上海队则与另一支传统强队山东队交锋，北京队则要面对缺少了主将丁立人的浙江队。在争冠三强之中，天津队虽然大分领先，但小分却不及沪京两队，因此只有取胜才能确保夺冠。而北京队虽然积分落后，但最后的对手却是相对最容易对付的，因此联赛冠军的归属可谓扑朔迷离。

本局对阵的双方是一对青岛老乡，少时曾一起学习象棋，后又先后改学国际象棋。马群在 2013 年收获颇丰，首次参加全国个人锦标赛甲组比赛即获亚军，在联赛中也为天津队屡建奇功，本局的胜利更是直接决定了联赛冠军的归属。

1. e4 e5!?

高睿一上来就给了马群一个不小的意外，因为他对付王前兵开局的主要武器是西西里防御，1...e5 则很少采用。此番突然变着，显然是有备而来。马群定了定神之后，决定按照自己惯常的走法应对，看看对方的葫芦里究竟卖的是什么药。

2. Nf3 Nc6　3. Bb5 a6　4. Ba4 Nf6　5. 0-0 Be7　6. Re1 b5　7. Bb3 0-0　8. h3

如果走 8. c3，黑方可以选择走 8...d5，形成著名的马歇尔弃兵变例。白方为了避免形成这一变例而采用的着法，我们通常称为"反马歇尔弃兵变例"，8. h3 便是其中常见的一种，除此之外还有 8. a4、8. d3、8. d4 等选择，各有不同变化。

8...Bb7　9. d3 d5

在这个局面中，黑方最常见的选择是 9...d6，而实战中这一包含弃兵意图的下法则是最近 10 年才刚刚流行起来的。这也正是高睿赛前特意准备的变化，企图打马群一个措手不及。但是，这次他的如意算盘却打错了地方⋯⋯

　　10. e×d5　N×d5　11. N×e5　N×e5

　　兑马是近几年新出现的走法。以往在这个局面中，黑方通常应以
11...Nd4，双方另有复杂的攻守。

　　12. R×e5　Qd6　13. Re1　Rae8　14. Nd2　c5（图一）

图一

　　以上着法均有谱可循，黑方的这种下法其实可以称得上是一种非常规的马
歇尔弃兵。在弃兵之后，黑方调集子力对白方王翼施加压力取得局面上的补
偿，双方通常会呈现一种动态平衡的局面。

　　白方在这一局面中有 15. Ne4、15. Nf3、15. a4、15. c3 等多种着法可供选择，
简举一例：15. Nf3 Bd8！（该变例中黑方典型的运子手段）16. R×e8 R×e8
17. Bg5 Bc7　18. Bh4 Qg6　19. B×d5 B×d5，黑方对少兵有充分的补偿（选自
余泱漪—托马舍夫斯基，2012 年弈于中俄对抗赛）。

　　可以肯定，高睿在赛前对这些常见变化都做了详细的研究，然而接下来马
群却走出了出乎他意料的一着⋯⋯

　　15. Qf3！

　　新着！据马群所说，对于该变例他曾经进行过研究，并找到了这步改进之
着，但一直没有使用的机会。没想到，值此关键一役，这着棋却派上了用场！

　　平心而论，这步新着远不足以改变对该变例的评价。换言之，黑方此后如
果应对正确，仍可取得可抗衡的形势。然而，这步棋给对手临场带来的心理打
击却是显而易见的，这就是为什么给它加上一个感叹号的原因。

15...Bd8 16. Ne4 Qe5?

新着带来的威力是如此巨大，以至于仅仅两个回合之后黑方就应对失误，而这几乎是一步决定性的败着！在此之后，黑方少兵而无任何补偿。正确的着法是 16...Qc7，接下来的变化是 17. c4! b×c4（17...Nf6?! 18. Bf4）18. B×c4（18. d×c4?! Nf6）f5 19. Qd1! Kh8 20. Ng5 R×e1+ 21. Q×e1 Bc6! 22. Qd1 Re8，双方各有顾忌。

17. Bd2 Qc7

看上去，高睿似乎低估了白方这步简单的应着。现在黑方不能走 17...Q×b2?，否则在 18. N×c5 之后，黑方立刻崩溃。无奈之下，黑方只好再将后撤回，但白送一先显然不会毫无影响……

18. Qg3!

邀兑后，是确立优势的关键之着。可以看出，如果白象在 c1 而不在 d2，白方就没有这个手段，因为届时白方的 e1 车无根，黑方兑后之后续走 f7-f5，白方要丢子。

18...c4

无奈的选择。如走 18...Qc6? 19. B×d5 Q×d5 20. Bh6 Qe5 21. Q×e5 R×e5 22. Bf4 Rd5 23. Bd6 Ba5 24. B×f8 B×e1 25. B×c5，白方净多两兵胜定；而在 18...Q×g3 19. N×g3 Bf6 20. c3 之后，白方亦稳持多兵优势。

19. d×c4 b×c4 20. Q×c7 N×c7 21. Nd6 c×b3 22. N×b7 b×c2 23. Rac1 R×e1+ 24. B×e1 Bf6 25. R×c2 Nb5 26. b3

以上着法带有一定的强制性，经过简化，形成了白方净多一兵的局面。这种局面，只要白方稳扎稳打，黑方是很难求和的。而且值得一提的是，这样的局面对整个比赛的战局所产生的影响也是不容忽视的，要知道，在这种紧张激烈的决战氛围中，队友们看到本队有这样一盘稳持优势大有胜望的棋，无疑可以大大稳定军心。

26...h5 27. Kf1 Re8 28. Na5 Nd4 29. Rd2

更准确的着法是 29. Rc4。这一步以及接下来的几个回合，马群一直在选择最稳妥的着法，尽量不给局面增添任何不稳定因素。在这种关键的战役中，这样的心态是很容易理解的。

29...Rc8 30. Nc4 a5?!

这着棋使黑方的局势雪上加霜，因为兵在 a5 格显然更易攻击，改走 30...Kf8 要好一些。

31. Ne3

但是不能走 31. N×a5?，因为有 31...Rc1!，底线的牵制将使白方遭受物质损失。

31... Rc5

更糟的是 31...a4?! 32. b×a4 Ra8 33. a5! 等。

32. Rd3 Rc1 33. Rd1 Rc5 34. Bd2 Nf5 35. Rc1 Rb5 36. Nc4

更有力的是 36. Rc8+ Kh7 37. Nc4，黑方的 a5 兵必丢。

36... Bd8 37. Re1 Kf8 38. Re5 R×e5 39. N×e5 Nd4 40. Be3 Nf5
41. Bc5+ Ke8 42. Nc6 Bc7 43. Nd4（图二）

图二

43... N×d4?!

兑马之后形成象兵残局，黑方毫无希望。无论如何也应该走 43...Nh6，尚可进行较长时间的抵抗。

44. B×d4

这样一个残局，对大师以上级别的棋手来说是没有任何难度的。白方赢棋的计划很简单也很典型：在后翼制造一个通路兵，牵制住黑方的子力，然后在王翼取得决定性的物质优势。

44... g6 45. Ke2 Kd7 46. Kd3 Kc6 47. Kc4 Bd8 48. Bc3 Bc7 49. f3
Bb6 50. a4 Bd8 51. b4 a×b4 52. B×b4 Bb6 53. a5 Bd8 54. a6 Bb6

不能走 54...Kb6?，因为有 55. Ba5+。

55. Bc3 Bf2 56. Bd4 Bg3 57. Be3 Be5 58. a7 Kb7 59. Kd5 Bg3 60. f4

Ka8　61. Kc6 f6　62. Kd7 g5　63. f5 Be5　64. g4

黑方看到所有的王翼兵均会被消灭，只得停钟认输。

本场比赛，天津队又一次遭到重庆队的顽强阻击，"三个火枪手"王玥、马拉霍夫、科内鲁同时哑火，先后被对手逼和，老将宁春红则不敌本赛季最佳女棋手谭中怡。关键时刻，马群力挽狂澜，战胜高睿，终使天津队拿到宝贵的1分。

天津队与重庆队战平后，全场的目光集中在上海队与山东队的比赛。最终经过一场激战，两队同样打成平手。这样，上海队就失去了在最后关头超过天津队登顶的机会，反而被最后一轮大胜浙江队的北京队凭借小分优势超过，退居第三。而天津队则首次夺得全国国际象棋甲级联赛的冠军。他们也是继北京队、山东队、上海队之后，九年联赛间产生的第四支冠军队。

附录

（一）赛季回眸

2008 赛季

这个赛季的甲级联赛，无论是赛制还是竞争格局，和前几个赛季相比都有不小的变化。取消主客场、放宽外援上场人数、京沪争霸取代京鲁争霸，都是联赛中的亮点。

此前两个赛季，联赛都是实行主客场结合赛会制这样的赛制，这个赛季则取消了主客场，将18轮比赛改为6站赛会制，每站三轮。取消主客场让联赛进行得更紧凑，并且提高了各队引进外援的积极性。高水平外援的到来能够给一些年轻棋手提供不出国门就可以与外国棋手过着的锻炼机会，这对他们的成长是十分有利的。

在外援的引进制度上，联赛也做了重大的改革：由之前的每队每场比赛只允许派出一名外援棋手，改为可派出一男一女两位外援棋手，这一制度一直沿用至今。放宽外援人数限制之后，这个赛季的联赛涌入了大量高水平的外援。男子世界亚军肖特受邀代表浙江队出战，前6轮联赛积分垫底的重庆队自从请来了俄罗斯外援莫蒂列夫之后，实力大增，最终位居联赛中游。莫蒂列夫总共为重庆队出战9场比赛，个人取得6胜3和的佳绩。同年，另一位俄罗斯外援马拉霍夫也登陆中国联赛，在后半程加盟浙江队。如今，这两人已连续六年征战中国联赛，战绩斐然，成为中国联赛高水平外援的代表，两人还曾先后获得联赛最佳男棋手称号。这一年加盟联赛的高水平男外援还包括俄罗斯的兹维亚金采夫、伊纳尔基耶夫，印度的哈里克里什纳等。

女棋手方面，实力强劲的印度棋手科内鲁在最后两个赛会制比赛中加盟了高居积分榜三甲、有望冲击冠军的河北队。河北队本来男强女弱，有了科内鲁加盟后，被看成是夺冠热门。但科内鲁初来中国联赛似乎"水土不服"，竟先后败给居文君、王瑜、侯逸凡，令人大失所望。河北队最终冲冠失败，位列第三。另外，瑞典名将克拉姆林、格鲁吉亚的雅瓦希什维利、印度二号女棋手哈利卡、蒙古一姐蒙格图尔等也均在这一年参加了中国联赛。

另外，该赛季在每场比赛快棋台次的指定上，由原先的主队指定改为客队指定，应该说从一定程度上保证了比赛的平衡。

这个赛季，因为队内两大主将卜祥志和侯逸凡先后缺席部分场次比赛，致使卫冕冠军山东队成绩大受影响，早早失去了夺冠希望。与北京队争夺冠军的变成了年轻的上海队。上海队的周建超、居文君等小将经过前两个赛季的锻炼之后日趋成熟，已成为该队的顶梁柱，核心人物倪华更是屡次在关键时刻建功，尽显英雄本色。最后两个赛会制比赛，上海队又请来男子世青赛冠军得主哈里克里什纳和女子世界排名前十位的克拉姆林，祭出双外援阵容，实力大增，终于在最后一轮和北京队的巅峰对决中取胜，从而成为联赛新盟主。

老牌劲旅广东队因为队伍年龄老化，且引援不利，在这个赛季陷入困境，最终与升班马无锡队一道悲惨降级。

2009 赛季

这个赛季恢复了主客场结合赛会制的赛制，共有四个主客场赛事。然而，这也是迄今为止在甲级联赛中最后一次采用这种赛制。卫冕冠军上海队在这个赛季中展示出强大的实力，先后双杀北京队和山东队这两大夺冠劲敌，最终以较大的优势卫冕成功。队中的女将居文君取得 14 胜 2 和 2 负的佳绩，连续两个赛季获得最佳女棋手奖项。

这个赛季的另一大亮点是各队间棋手的流动趋于频繁，特别是几位名将的改换门庭，使各队间的实力此消彼长。广东队的名将梁充以及原河北队特级大师章钟分别以内外援的身份加盟重庆队，该队因此实力大增，并且开赛前 11 轮一直保持不败，成为京沪鲁三强之外另一支不容忽视的争冠力量。可惜该队后劲不足，下半程屡屡在弱队身上栽跟头，最终只位列第四。而之前一直效力于北京队的特级大师王皓在该赛季转投河北队，凭借出色的发挥夺得赛季最佳男棋手奖项，河北队也以明显的优势获得了男子团体冠军。

2010 赛季

在和火炬地产公司结束了五年的合作之后，雅戈尔集团成为联赛新的赞助商。赞助商为所有参赛棋手提供了统一的比赛制服，这是联赛史上队员首次拥有自己的比赛制服。

作为一届全新的联赛，一些新的改革举措颇为引人注目。首先是彻底取消了主客场，改为六站赛会制，这样的赛制一直持续至今。另外，取消了快棋台次，进一步保证了对局的质量。除此之外，一些细节上的规范化更是体现出了联赛的进步，例如首次采用"零迟到"规则，使用电子棋盘面向全球做实时直播，以及增强与棋迷互动，每轮赛后召开新闻发布会等。

这还是一届新人辈出的联赛。江苏队的神童韦奕年仅 11 岁，被破格允许参赛。在联赛的最后一轮，韦奕战胜了特级大师倪华，收获了他在甲级联赛中的第一盘胜局。如今经历联赛锤炼的韦奕现在已经是世界上最年轻的特级大师，2014 年更是助中国男队勇夺"奥赛"桂冠。江苏队另一员小将郭琦虽然 2008 年就开始在联赛中报名，但一直担任替补，出场机会寥寥。本赛季，郭琦取代清华才女阮露斐坐稳了江苏队主力的位子，出场 16 次取得 9 胜 3 和 4 负的优异战绩。与郭琦同岁的王珏也在同一年首次代表北京队出战甲级联赛，现在已成为我们年轻女棋手中的卓越代表。

同样值得一提的还有联赛新军人大附中少队。虽然因为整体实力差距较大，他们最终毫无悬念的降级，但几员小将都通过联赛得到了很好的锻炼。三名男棋手余瑞源、曾重生、杨凯琪在此后的赛季分别加盟江苏队、重庆队、河北队，继续征战甲级联赛，前两人先后取得特级大师称号，现在已是联赛的中坚力量。

这个赛季，山东队表现出了绝对的统治力，一路领先，最终提前三轮夺冠，创造了联赛史上空前的纪录。其中，侯逸凡取得 14 胜 3 和 1 负的骄人战绩，荣膺最佳女棋手称号，她的这一恐怖胜率至今仍无人能够打破。与此同时，重庆队的俄罗斯外援莫蒂列夫以 9 胜 6 和的优异战绩获得最佳男棋手称号，这是中国国际象棋甲级联赛有史以来第一位获此殊荣的外援。

2011 赛季

新赛季联赛在赛制上做出的最大改革是统一了比赛先后手，即主队三盘男子全部执白，两盘女子全部执黑，这样使队伍不能根据情况自由支配先后手，之前联赛中出现过的一位棋手连续执先的"长先"现象（例如在 2010 赛季，天津队的王玥在所有轮次中全部执先）将不复存在，也大大增加了比赛的悬念和弱队爆冷的概率。升班马青岛实验初中队在这个赛季中横空出世，不但早早保级成功，并最终紧随京沪两强，力压卫冕冠军山东队而获得联赛季军，爆出了联赛史上最大的冷门。

北京队是联赛中的老牌强队，也是联赛史上唯一从未跌出过前三名的队伍，然而自 2006 年夺冠之后，该队已连续四年未能问鼎，其中 2007 赛季和 2008 赛季在最后一轮的争冠直接对话中先后负于山东队、上海队，两次屈居亚军。本赛季，北京队在联赛第一循环发挥并不理想，仅排名第四位。但在第二循环比赛中，北京队奋起直追，取得九战全胜的战绩，尤其是最后一轮，在与上海队的巅峰对决中以 3：2 胜出，终于时隔五年后重夺联赛冠军。

除此之外，本赛季的保级形势也空前混乱，有超过半数的队伍被卷入残酷的保级大战中，这与以往联赛强弱分明的格局形成了鲜明的对比。可以说，联赛传统格局的颠覆就是从这个赛季开始的。

2012 赛季

本赛季的甲级联赛实现了"扩军"，队伍由 10 支增加到 12 支，这使得各队之间的争夺更加激烈，以弱胜强的冷门层出不穷，堪称是联赛史上竞争最为残酷的一个赛季。

这个赛季，领头羊的位置曾数次易主，北京队、江苏队、天津队、重庆队都曾先后登上积分榜首的位置，甚至升班马无锡队也曾在两轮比赛之后领跑过积分榜，然而笑到最后的却是上海队。上海队虽然在首轮比赛中就爆冷不敌升班马广东队，并在与主要对手北京队的两回合交锋中 1 平 1 负。但在其他比赛中，上海队发挥稳定，最终以领先北京队 2 分的优势，继 2009 赛季之后再次夺得冠军。

与此同时，保级大战也进行得紧张激烈。与上个赛季一样，本赛季又有半数队伍被拖入到这场残酷的斗争中。上赛季的黑马青岛队也神奇不再，始终在保级区徘徊。战至最后一轮，除成都队提前一轮降级外，竟有四支队伍尚有降级的危险。悬念一直持续到本赛季最后一盘棋结束，广东队凭借乌克兰外援沃洛基廷价值千金的一胜，在最后时刻逃出生天，而两个赛季之前还高居联赛三甲的浙江队则出人意料地降入乙级。两只升班马无锡队和广东队双双保级，这是联赛史上的第一次，也是迄今为止唯一的一次。

联赛的激烈争夺也使各队纷纷引进高水平外援助阵。最后一个赛会制，外援总数达到了创纪录的 19 人，联赛有史以来最大牌的外援伊万丘克加盟了为保级而苦战的河北队。尽管前三场比赛表现平平被对手接连迫和，但在最后一轮的生死战中，伊万丘克终于显露英雄本色，取得关键的一胜，助河北队保级成功。另外，成都队的女外援古妮娜也表现出色，曾一度取得 9 连胜，成为第一位获得联赛最佳女棋手称号的外援棋手。可惜，她的努力未能挽救成都队降级的命运。

本赛季另一件值得一提的事情是世界冠军侯逸凡离开了效力多年的山东队，回到家乡加盟江苏队，并出战男子台次。上赛季还在苦苦保级的江苏队面貌因此焕然一新，下半程更是一度打出 8 连胜，可惜最后一轮不敌北京队，最终名列第三。尽管如此，这已经是江苏队征战甲级联赛有史以来所获得的最好成绩了。

2013 赛季

这个赛季的甲级联赛真正进入了战国时期，天津队和江苏队的崛起彻底打破了京沪鲁三强轮流坐庄的联赛格局，中下游的队伍也频频扮演搅局者的角色。降级的湖北队曾先后击败冠亚军天津队和北京队，秦皇岛队也曾有过逼平上海队的出色表现。

天津队在赛季之初就被认为是有可能打破联赛格局的队伍。王玥在缺席一年甲级联赛之后重新回归，荣膺全国亚军的马群日益成熟，再加上两位超级外援马拉霍夫和科内鲁的加入，很多人甚至认为天津队的这个阵容是联赛史上的最强阵容。尽管老将宁春红发挥不佳，但凭借另外四员大将的努力，天津队一直稳居积分榜三甲之列。尽管也曾有过小小的低谷，但自从第 15 轮登上榜首位置后，天津队便一直牢牢保持着领先的优势，最后以 1 分的优势力压北京队和上海队，成为联赛史上第四支夺冠的队伍。队中两员大将马拉霍夫和王玥均打满 22 场得 16 分，在男棋手中胜率最高，科内鲁在关键的最后一个赛会制比赛中连赢三盘，马群则在最后一轮比赛中取得了一场决定性的胜利。这种强大而分散的火力点使多数队伍很难与之抗衡，天津队夺冠也可谓实至名归。

随着联赛水平的提高，高水平的外援也越来越多。最后一个赛会制比赛，世界冠军波诺马廖夫加盟了志在冲冠的江苏队，成为第一位登陆中国联赛的世界冠军得主。可惜，他在中国联赛中遭到中国小将的顽强阻击，出战四场竟寸功未立，悉数成和，江苏队在倒数第二轮的争冠之战中不敌天津队，最终只名列第四。

在这个赛季中，棋手的流动变得更加频繁。随着特级大师周唯奇和后起之秀倪诗群的加盟，上赛季为保级苦苦挣扎的青岛队在这个赛季中成绩明显回升，一直稳居中游，最终名列第七位。重庆小将雷挺婕租借加盟山东队，在个人第一个完整的赛季中取得 8 胜 9 和 5 负的战绩，表现不俗。等级分排名国内首位的王皓加盟升班马秦皇岛队。可惜因为国际赛事过多，王皓只为该队出战了 8 场联赛，整体实力偏弱的秦皇岛队最终无力避免降级的厄运。

另外，这个赛季还首次设立了最佳对局的评选。每个分站赛评选一盘，意在激励棋手下出精彩的对局。可以说，这一规定的实施大大增强了对局的观赏性。

（二）成绩回顾

火炬地产杯 2008 年全国国际象棋甲级联赛总排名：

第一名　　上海建桥学院队

第二名　　北京爱国者队

第三名　　河北金环钢构队

第四名　　天津南开大学队

第五名　　山东火炬队

第六名　　浙江省国际象棋队

第七名　　重庆移动国际象棋队

第八名　　江苏蓝珀通信队

第九名　　广东队

第十名　　无锡天诚队

火炬地产杯 2009 年全国国际象棋甲级联赛总排名：

第一名　　上海建桥学院队

第二名　　山东玲珑轮胎队

第三名　　北京爱国者队

第四名　　重庆移动通信队

第五名　　蓝珀通信江苏队

第六名　　国台酒河北队

第七名　　天津南开大学队

第八名　　浙江队

第九名　　青岛育才中学队

第十名　　青岛银行队

火炬地产杯 2010 年全国国际象棋甲级联赛总排名：

第一名　　山东格力国际象棋队

第二名　　江苏泰州国际象棋队

第三名　　浙江鄞州国际象棋队

第四名　　河北体彩国际象棋队

第五名　　无锡华方建设国际象棋队

第六名　　北京爱国者国际象棋队

第七名　　天津秦皇岛一步好棋队

第八名　　重庆移动通信国际象棋队

第九名　　上海建桥学院国际象棋队

第十名　　广东深圳华腾国际象棋俱乐部队

第十一名　青岛实验初中国际象棋队

第十二名　成都银行队

火炬地产杯 2011 年全国国际象棋甲级联赛总排名：

第一名　　北京爱国者队

第二名　　上海建桥学院队

第三名　　青岛育才初中队

第四名　　山东玲珑轮胎队

第五名　　浙江国际象棋队

第六名　　天津九州方圆南开大学队

第七名　　江苏蓝珀通信队

第八名　　重庆移动通信队

第九名　　河北航空队

第十名　　成都银行队

弈诚杯 2012 年全国国际象棋甲级联赛总排名：

第一名　　上海建桥学院队

第二名　　北京爱国者队

第三名　　江苏泰州队

第四名　　重庆队

第五名　　山东格力队

第六名　　天津"秦皇岛一步好棋"队
第七名　　无锡华方建设队
第八名　　河北体彩队
第九名　　青岛实验初中队
第十名　　广东华腾俱乐部队
第十一名　浙江鄞州队
第十二名　成都银行队

弈诚杯 2013 年全国国际象棋甲级联赛总排名：
第一名　　天津南开大学队
第二名　　北京北奥队
第三名　　上海建桥学院队
第四名　　江苏绿羊温泉队
第五名　　重庆市队
第六名　　山东格力队
第七名　　青岛实验初中队
第八名　　浙江队
第九名　　广东华腾队
第十名　　河北体彩队
第十一名　湖北能源队
第十二名　秦皇岛晚报队